朔州市朔城区文物旅游局 编著

山西出版传媒集团
山西人民出版社

图书在版编目（CIP）数据

走读马邑／朔州市朔城区文物旅游局编著 . -- 太原：山西人民出版社，2018.12

ISBN 978-7-203-10701-9

Ⅰ.①走… Ⅱ.①朔… Ⅲ.①朔州—地方史—掌故 Ⅳ.①K292.53

中国版本图书馆CIP数据核字（2018）第302127号

走读马邑

编　　著：朔州市朔城区文物旅游局
责任编辑：郭向南
复　　审：武　静
终　　审：秦继华
装帧设计：丹特森
出　版　者：山西出版传媒集团·山西人民出版社
地　　址：太原市建设南路21号
邮　　编：030012
发行营销：0351-4922220　4955996　4956039　4922127（传真）
天猫官网：https://sxrmcbs.tmall.com　电话：0351-4922159
E—mail：sxskcb@163.com　发行部
　　　　　sxskcb@126.com　总编室
网　　址：www.sxskcb.com
经　销　者：山西出版传媒集团·山西人民出版社
承　印　厂：山西臣功印刷包装有限公司
开　　本：889mm×1194mm　1/16
印　　张：18.5
字　　数：240千字
印　　数：1-3000册
版　　次：2018年12月　第1版
印　　次：2018年12月　第1次印刷
书　　号：ISBN 978-7-203-10701-9
定　　价：130.00元

如有印装质量问题请与本社联系调换

历史上的马邑是山西北部的边塞要地。远古时代已有峙峪等古人类生息,春秋初为楼烦地,三家分晋地归赵国,秦首置马邑县,两汉因之,北魏时期为京畿重地,北齐始称朔州,并设行军道,北周置总管府,隋唐时或总管府或行军道或马邑郡,辽设顺义军,宋置朔宁府,金改固州,明置朔州卫。马邑清晰的历史沿革,一方面反映了其在历代王朝统治中的重要性,另一方面也显示了其建构的地域历史文化延绵不绝。

马邑地域文化与山西乃至中国古代的历史紧密联系,息息相通,在这块厚重的土地上曾涌现出一大批影响中国历史的重要人物。他们不论是征战沙场的英雄,还是守护百姓的名臣,或是造福人民的饱学之士;不管出身汉族,还是鲜卑族、高车族、沙陀族,都是从马邑人中走出的优秀代表。他们的身上流淌着马邑人的鲜血,彰显着马邑人的精神风骨。

朔州市朔城区文物旅游局组织编写的《走读马邑》一书,恰好给我们带来一个审视马邑历史的全新视角:好像一位从容不迫地徜徉在马邑大地上的行者，边走边看，边看边想，边想边说，将马邑地区一个个生动的历史故事娓娓道来。

首先，该书通过通俗易懂、清晰流畅的语言，勾勒出马邑重要的人文历史脉络，这对挖掘当地历史文化具有重要的价值。全书以"马"为主线，从赵武灵王实行胡服骑射开始，按历史顺序讲述了名将李牧、秦将蒙恬、白登之围、马邑之谋、昭君出塞、班氏家族、大将张辽、牵招施政、贺拔家族、马邑和亲、斛律家族、隋末群英、隋炀帝北巡、战神李靖、枭雄刘武周、门神尉迟恭、马神张万岁、唐代名臣、高僧窥基、靖边大捷、盛唐状元苑论、飞虎子李克用、沙陀三帝、虎将周德威、安氏两父子、杨家将、忠直之臣崔斌、马邑大移民、八府巡按霍锳、"教成天下"田喜霽、增补《三字经》的张炜、大清榜眼王赓荣、马邑的牧马人、马邑的骑马人、马邑互市等一系列人物、故事。马邑各类历史人物似乎重新登上了舞台，演绎出一幕幕或气壮山河或令人叹息的历史大剧。为了说明这些历史人物的重要性，作者还常常不惜笔墨，援引国内外相关的历史掌故，或进行对比，或进行说明，使每一个小故事都能延伸出一个大问题，且因取舍有度裁剪精当，读来流畅舒适毫无拖沓冗长之嫌。

其次，《走读马邑》虽为通俗性的读物，但在对历史现象的"读"的过程中，编者进行了较深入的思考和分析，阐发了自己的观点，字里行间流露出对马邑的热爱，抒发了作者深切的桑梓情怀。如论说马邑初兴时最关键的因子是产马、熟悉马、爱马。再如对两汉班氏家族的代表人物班婕妤的分析，认为"班婕妤的传奇经历、自身修养和整体素质，又深深影响到她所在的班氏家族"。又如对刘武周、尉迟敬德、李靖等历史人物为什么能由人而神，也进行了客观的分析。而对马邑历史上的英雄人物，作者毫不掩饰地表达赞美之情，如张万岁是从马邑走出的中国第一养马专家，无疑应当属于马邑名人中的佼佼者，张万岁，真万岁；佛门巨子窥基个性鲜明，智慧绝伦，融将门之子与佛门伟器为一人，真是千古奇人；杨家将是中国古代最感人的满门忠烈象征，永远激励着一代又一代的人们忠于祖国、忠于职守。

再次，《走读马邑》一书是马邑地区旅游开发重要的历史文化著作之一。此书通过栩栩如生的细节描写，突显了马邑历史人物鲜明的个性和特点，为当地旅游开发者提供了更为细致翔实的文本。同时，通俗性和学术性俱存的特点，可以满足读者雅俗共赏的心理需求。这些广泛的受众通过阅读，既可以更多地了解朔州地区的历史文化，又会直接或间接成为旅游的重要客源。

总体来说，《走读马邑》一书，以通俗易懂的风格，深入浅出的解读，对挖掘马邑地域历史文化和开发当地旅游资源都起到不可替代的重要作用。相信此书会给广大的读者带来更多更新的文化信息，引导读者进行更深入的思考。

是为序。

山西大学历史文化学院院长、教授　郝　平

目 录

大将李牧 1
神驹降邑 7
秦始皇魂游马邑 11
白登之围后的马邑 13
马邑之谋 15
昭君出塞 19
辉煌家族中的班婕妤 27
威震江南的张辽 37
邺下黄须儿 47
宽严有度的牵招 49
弹弓射出的悲怆 53
贺拔岳和关陇集团 57
迎来公主处 玉体横陈时 65
唱出《敕勒歌》的斛律金 69
将星升起 将星陨落 75
炀帝三次北巡 81
"马邑告变"与战神李靖 85
乱世枭雄刘武周 93
凌烟图形 以门而神——唐代名将尉迟恭 103

马神张万岁	123
星耀马邑 威震边关	131
将门高僧——窥基	139
我勇我智 我边我城——李勣智破薛延陀	153
盛唐状元——苑论	157
"飞虎子"李克用	163
"沙陀三君"出朔州——漫说李存勖、石敬瑭、刘知远	173
周德威"虎帐夜谈兵"	183
奇门父子状元	193
悲壮的人生结局——杨业血战陈家谷	201
忠直崔斌	205
寻根马邑	211
八府巡按霍镔	227
世掌经纶 教成天下——内阁学士田喜罛	233
《增补三字经》与翰林张炜	239
大清榜眼——王赓荣	247
牧者如歌，牧者如神——马邑的牧马人	253
骑者无敌，骑者如风——马邑的骑马人	263
秦月汉关照互市	279

大将李牧

战国时期，名将李牧在马邑一带操兵练武，与强悍的匈奴对峙。而更早一些的赵武灵王时，影响后世至巨的胡服骑射，也是在这里拉开序幕的。胡服骑射听起来很简单，好像就是"改穿短衣紧袖以利于骑马射箭"，实际上根本不是那么回事，这是一场深刻的政治、军事与文化的改革。改掉祖宗传下来的宽袍大袖长衣服，等于改掉世代相传的生活习惯，抛弃祖宗的成法，这成了对祖宗的不忠不孝，那还了得！而弃用看起来威风凛凛、旌旗飞扬的车战战法，转而采用很难驾驭的骑兵作战，也让许多人觉得不够排场，甚至冒险。当时中原还没有骑兵，很多人对骑兵战法一无所知。赵武灵王以敏锐的嗅觉，发现了匈奴骑兵在战场上的巨大优势，就想以匈奴为师胡服骑射，但却遭遇到很多人，特别是有权势的旧贵族的坚决反对。改革在赵国首都遇到阻力，推行不开，于是赵武灵王就想到，在边境地区进行怎么样。当时晋北这里还没有马邑的地名，是赵国与匈奴搭界的边防要地。果然，在这里进行改革要顺利得多。一是马邑一带没有邯郸那么强大的保守势力，少了很多反对派。二是马邑与匈奴紧邻，匈奴骑兵的优点、特长，马邑人看得一清二楚。这里的赵军与匈奴骑兵对抗时明显吃亏，所以有学习与改革的强烈欲望。三是马邑产马，这就能为组建骑兵部队提供马源，也等于为改革提供了大量实践工具。就这样，马邑成为胡服骑射改革的一方沃土，而中原第一支具有实战能力的骑兵，也就在马邑这一带诞生。中原有了骑兵！这对赵国来说，无疑是重要的军事改革，而对马邑这块地方来说，也具有重要的意义。马邑产马，马邑人熟悉马、爱马，一旦与国策结合在一起，得到国君的重视，配合军队的实战需要，马邑的优势就立刻展现出来；反过来，如果国家不需要，不建立骑兵，那马邑产的马，就只能与先祖峙峪人的马一样，成为盘中美餐而已。有人会说："那马不是可以用于车战吗？"是的，车战也需要马，但车战的局限性也很大，只要战场稍微崎岖不平，战车就施展不开，派不上用场。同时，车兵耗费巨大，技术要求也极高，投入很大而产出有限，所以，一国配备的车兵部队不是越多越好。即使强大的秦国，有步兵百万、骑兵一万，而战车也只不过区区千乘。马邑的环境优势和区位优势推动了胡服骑射的大改革，而胡服骑射又释放了马邑所具有的巨大潜能，使得马邑日后在中国历史上大放异彩。交代了这些背景，我们再说李牧在马邑。

李牧（？—公元前229），战国四大名将之一，也是中国古代最杰出的军事家之一。他来到马邑一带戍边御敌时，赵国已在马邑一带建立起统治，这片地方是属于赵国的。早在赵武灵王执政不久，配合胡服骑射的政治改革，赵国也开始了"变法扩地"的大规模行动。所谓"扩地"，就是努力扩大疆域，这也是自赵武灵王以来赵国的基本国策。李牧到马邑，其最主要的任务就是实践胡服骑射，看看这究竟能在多大程度上提高军队的战斗力；同时李牧还有"扩地"的任务，即从匈奴手中夺取土地。当时赵国先是扩展至楼烦、榆中一带，并且大修长城，从今大同以东一直修到赵境之西端，也就是现在杀虎口一带；继而，赵军节节进逼，而匈奴步步退缩，赵境又推进到阴山下，并在高阙（地名，在今内蒙古九原以东）设立关塞，称高阙塞。马邑归了赵国，这就为李牧在马邑地区的活动提供了基础。此时，胡服骑射的改革已进行了半个世纪，赵军已建立起战国时第一支骑兵部队。赵军的标准打扮是紧袖短衣、长裤，腰系皮带，足蹬皮靴，其最主要的武器是弓箭，而最常用的战法就是骑射。面对强敌，李牧采取骄兵之计。他严格训练士兵，又每天杀牛犒赏士卒，使部下始终保持着旺盛的斗志。在积极备战的同时，他又努力发展农业和畜牧业，加强经济实力。在与匈奴对峙的数年中，李牧自己没有受到任何损失，而匈奴却逐渐产生骄惰心理，以为李牧怯战，不过如此。然而这种看法传回赵都，传到赵孝成王耳朵里，他也觉得李牧胆小无能。他责备李牧，但李牧不加理睬，照样采取防御策略。赵王发怒，就召回李牧，另派人来边境一带统兵。新将领上任一年多，经常主动出击，也经常损兵折将，边民和当地经济都受到不小的伤害。经过对比，赵王就要李牧重新出山，但李牧称病谢绝。赵王到李牧家中，一边有道歉的意思，一边也下了死命令："你非出山不可。"李牧这时提条件了："王必用臣，臣如前，乃敢奉命。"赵王答应了。李牧再回马邑一线，还是老样子——防守，防守，再防守。一连数年，匈奴毫无所得，只是对李牧更加轻视，警惕的心也放了下来。看到时机逐渐成熟，李牧经过精心策划，秘密调集了十多万人的大军，其中就有骑兵一万三千骑。注意！这不仅是整个战国时期数量最大的骑兵部队，也是当时一次出动最多的骑兵。对比之下，战国时期强大的秦国、楚国、齐国都各只有一万骑兵。而强悍如秦，一次出动的骑兵最多也只有五千骑。铁拳握好了，大战在即。为了麻痹匈奴，李牧命令边民外出放牧，匈奴抢夺牲口小有所获，而且与赵军接触，赵军都一触即溃，还有人当了俘虏。匈奴单于接到捷报后，更加觉得李牧不是对手，便亲自率领大军攻入赵境。中国历史上，农耕民族与游牧民族第一场大规模的攻防战开始了！李牧设下奇阵，放开中央诱敌深入，而他精锐的铁骑从两侧包抄，一举歼灭匈奴骑兵十多万人，并乘胜灭掉几个小部族，击破东胡，降服林胡，迫使匈奴单于远遁漠北。其后十多年，匈奴再不敢侵犯赵境，而李牧也因此威名远扬。这场大战，不是突然发生的遭遇战，而是李牧长期准备、有预谋、有策划的大仗，谋定而后动，体现出极高的军事谋划水平，所以成为历史上的经典战役。李牧以静制动，该出手时果断出手，也展现出一流名将的风范。李牧取得大捷后，乘胜进击，并继续"扩地"。疆土向西大大扩展，赵国长城也向西大大延伸，是战国时期各国长城中较长的一段。如今这段赵长城依然蜿蜒在茫茫戈壁之上，考古界都称之为李牧长城。李牧在军事斗争和扩土开疆两方面都取得成功。后来，在长平之战后赵国主力丧尽、危殆之极的时刻，李牧还能以人数虽少但却精锐的骑兵大败秦军，使得秦国在连吃三次败仗之后，不得不使出反间计，让赵王自己杀了李牧，失去了最后一道屏障，这才能够顺利灭赵。李牧在马邑一带成名，也让马邑这个地方与农耕民族和游牧民族的角逐紧紧纠缠在一起，与功高盖世的名将们的丰功伟业联系在一起。

　　这里再讨论一下，李牧与匈奴的这场大战是否与马邑有关？史书上没有明确的记载，这场大战具体发生在哪里也不清楚。不过，我们首先可以肯定，李牧不可能远离农业区的战略后方，跑到蒙古高原的戈壁滩上去安营扎寨，与匈奴对垒；他也不可能退到平原地带，因为到那里无险可守，完全是匈奴骑兵任意驰骋践踏的跑马场。因此专家们推断，李牧只能在晋北的大同盆地和朔州盆地凭险据守，与匈奴对垒，而在朔州盆地的可能性更大一些，也就是以马邑为中心展开布局的。

神驹降邑

李牧去了，蒙恬来了，秦始皇来了。他们来到马邑，建起了城邑，并且取名为马邑，这更加证实我们的推断：马邑正当北方游牧民族入塞的关口，反过来又是内地大军出塞的关口，双向控扼关键通道的战略要地，李牧只能在这里摆开战场，而蒙恬也必然在这里选择筑城，很难有其他的选择，这就叫英雄所见略同。

蒙恬（？—公元前210年），祖父蒙骜、父亲蒙武都是战国名将。蒙恬多谋善断，为秦伐齐，大破之，拜为内史。秦始皇三十二年（公元前215年），秦始皇因为笃信鬼神，曾派人四下访求长生不老药。有一位卢生，自称到过东海并见过神仙，带回一份写着谶语的文书，谶语的内容很吓人：

"亡秦者胡也。"对此该怎么解释？很多人说，谶语中的"胡"本来是指秦始皇的小儿子胡亥，但秦始皇理解错了，认为是指北方的胡人，也就是匈奴，因此就把很大的精力放到对付匈奴上了。当然，这种牵强附会的解释有些"事后诸葛亮"的味道，也不符合事实。始皇统一中国后，强悍的匈奴成为秦王朝最大的威胁，这是明摆着的残酷现实。所以，秦始皇派蒙恬统帅三十万大军出师抗击匈奴，完全是出于形势，而不是因为看到什么神秘兮兮的谶语。

蒙恬不愧是名将，短短几年工夫，他先是大修长城，"兵来将挡，水来土掩"，成功地抵挡住了匈奴骑兵的攻势。接着，依靠高明的军事智谋，他找机会发动反击来与匈奴抗衡、周旋。刚好此时匈奴因天灾和内乱，无力展开大规模的军事行动，因此蒙恬能够将匈奴挤压到河套以北，双方形成势均力敌的战略均势。

在大修长城和直道的同时，蒙恬也努力修建具有战略价值的城堡、要塞，马邑城就是在这种情势下建成的。东晋干宝《搜神记》卷十三《马邑》记载了这样一个传说："秦时，筑城于武州塞（今大同以西至左云间）内以备胡，城将成而崩者数焉。有马驰走，周旋反复。父老异之，因依马迹以筑城，城乃不崩，遂名马邑。"这意思是说，蒙恬开始修筑城邑，因为选址不当而屡筑屡塌。这时天降神马，在附近的地上反复跑圈，人们得到启示，按照马蹄印筑城，果然不再坍塌而顺利完工。为了纪念这天助神佑的灵异，筑好的城就以马来命名，这也就是"马邑"一名的来历。这段传说后来又被《后汉书》《水经注》《元和郡县志》《太平御览》等古籍所引用。众口一词,"神驹降邑"的传说由此深入人心。

两千多年来,马邑历经沧桑,许多惊天大事在这里发生,屡屡成为不同民族交战、争夺的焦点,也是无数英雄叱咤风云的历史舞台。在以万里长城为核心的国家防御体系中,马邑又是关键节点。然而,一旦硝烟散去,马邑就成为各民族友好交往的边贸大市场。当然,这些缤纷的史事证明的不是"神驹降邑"的神奇,而是当初蒙恬筑马邑城时选址的准确,使得筑好的马邑城具备了相当的区位优势,这里就体现出蒙恬的战略眼光和过人智慧。

秦始皇魂游马邑

秦始皇统一中国后，曾多次大规模出巡，既显示了他一统天下的帝王威风，又通过巡行对各地有了直观的了解。

他两次到过赵国故地，都有着具体的目的。而第三次，他是将朔州计划在巡行路线中的，准备在朔州等地实际查看公子扶苏和蒙恬防御匈奴的备战情况。不料途中病重，他感到自己将不久于人世，就写下玺书（加盖了玉玺的重要文书）给太子扶苏交代后事，要他"与丧，会咸阳而葬"，意思是要扶苏参与丧事，并且到首都咸阳安葬自己。但此时陷入昏迷的秦始皇并不知道，一场惊天逆谋正在酝酿中。中车令赵高先是私下扣留了秦始皇的玺书，接着在秦始皇病死河北沙丘后，将始皇的尸体放在车上，同时往车中放满鲍鱼，以鲍鱼的臭味来掩盖尸体发出的腐臭气味，而且每天还装模作样地上饭、奏事，装得和真的一样。那这一切都是为什么呢？原来，赵高与丞相李斯早已商量好，要立秦始皇的小儿子胡亥为帝，并且假传圣旨，赐死太子扶苏、将军蒙恬。这些都安排好了，秦始皇的车队才浩浩荡荡地按原计划入井陉（从河北进入山西），经太原北上，途经朔州，至九原，最后再从直道南归咸阳。这条路线经过马邑，但到达马邑的已经不是活着的秦始皇，而是他的尸体。

　　秦始皇魂游马邑，也了却了他生前要一赴这个战略要地的愿望。

白登之围后的马邑

秦始皇走了，秦王朝走了，新的大一统王朝西汉又来了。王朝在更替，而马邑依然伫立故地，并且引起新王朝更大的关注。为什么呢？这是因为，刚刚建立的西汉，其最高统治者刘邦在离马邑不远的白登（今大同以东），与匈奴大战一场，结果被匈奴骑兵严密包围七天，新生的汉王朝遭到非常屈辱的惨败。白登之围使刘邦领教了匈奴人的厉害，也迫使他不得不高度重视对付匈奴。马邑是汉王朝防御和进击匈奴的要地，自然会引起刘邦特别的重视。

在此之前，曾有过刘邦所封的异姓王韩王信，也就是史书上所称的"韩王信都马邑"的事。韩王信的封地包括太原郡（治晋阳）、雁门郡（治善无，即今右玉）共三十一县，都城在晋阳（今太原）。韩王信上书称："我这块地盘与匈奴接壤，匈奴经常侵入，晋阳离得太远，不便防御，请允许我改治马邑。"刘邦答应了。韩王信都马邑后，就修缮城墙，挖掘城壕，巩固防御设施。但不久，因为韩王信与匈奴常有书信来往，刘邦起了疑心，怕韩王信与匈奴暗中勾结，就下诏谴责。韩王信觉得越说越不清楚，索性投降了匈奴，山西大半都为匈奴所有。刘邦怎能就这样失去山西？失去马邑这样的军事重地？特别是让匈奴这样的仇家而不是别人占领马邑？所以他在白登之围后，念念不忘收复马邑。终于，汉朝大军出动，直指马邑，率兵的统帅是西汉重臣、太尉周勃。周勃兵临城下，久攻不克，大怒，就倾全力猛攻，终于城破。马邑重回汉朝，值得庆贺，但带着强烈雪耻复仇心理的周勃下令屠城，马邑尸横遍野，遭受了建城后的第一次大灾难，史称"周勃屠城"。

马邑地处汉匈对峙的风口浪尖，派谁来镇守是一个大问题。几经试验，汉景帝任用郅都为雁门郡太守。郅都是著名的廉吏、刚吏、酷吏，嫉恶如仇，不避权贵，被称为"苍鹰"。他来到雁门郡后，大力整顿防务，发展当地经济，各方面都步入正轨，井井有条。在经过几次接触后，匈奴人感到郅都是一个不好惹的狠角色，于是撤离边境。在郅都任期内，十多年中匈奴都不敢靠近朔州一步，马邑也就牢牢掌控在汉朝手里。然而，我们知道廉吏、刚吏、酷吏都是得罪人的，郅都的所作所为招来了许多仇家，终于在仇家们的强烈反对下，汉景帝轻信传言杀了郅都。而郅都一死，匈奴骑兵又开始南下侵扰雁门郡，马邑自然也不能幸免。不过几经风险后总算没有丢失，仍在汉王朝的手中。

马邑之谋

经过几十年的艰苦奋斗,特别是文景之治,汉王朝迎来了勃勃生机。到汉武帝时,国力大大增强,于是就产生了与匈奴一决雌雄的念头。

武帝元光二年(公元前133年),武帝召集群臣商议如何对付入侵的匈奴,恰好大行(官名)王恢带来了一个惊人的信息:马邑豪强聂壹,献上一条奇谋,说匈奴刚与汉和亲,对汉没有很强的戒心,可以在马邑城中设下埋伏,诱使他们入城,如此就可以大破匈奴。对这样一个大胆的计谋,汉武帝让公卿们讨论是否可行。结果韩安国不同意,而王恢则认为可行。武帝自己考虑了半天,也觉得到了认真对付匈奴的时候,于是就决定一试。六月,武帝一下动员了五位大将,他们是韩安国、李广、王恢、公孙贺和李息,带领三十万大军，埋伏在马邑城南的勾注（雁门关）谷中。聂壹则化装成商人去见匈奴单于，说："我能杀了马邑的长官，举城投降，马邑城中财物，您就可以尽得了。"单于被聂壹的一番说辞打动了，就答应出兵马邑。聂壹杀了

一个死囚，将他的头悬在马邑城上，说是马邑长官的头，要单于赶快进入。单于带着十万骑兵，穿越武州塞（今大同以西至左云之间）向马邑赶来。但在行军途中，单于觉得事有蹊跷：马、牛在野地，但却没有一个牧人。他觉得不对劲，就攻打了一座哨所，俘获了雁门尉史，也就是一个中级军官，以杀头来威逼。那个尉史架不住这威胁，就对单于招了实情，说："汉军正设下埋伏，准备诱您深入，打一场歼灭战。"单于听后长长吁了一口气，说："我得到这个尉史，真是天助我也！"就赶快引兵撤退，并封了叛逃的尉史为天王。汉军闻知匈奴人突然退兵，迅速纵兵追赶，但骑兵行动，快如风驰电掣，哪里还能追得及？只好收兵还营。一场惊天动地的马邑之谋，就这样功亏一篑了。汉武帝发怒，认为轻信了王恢，王恢自我辩解道："我本来的建议是引诱匈奴进入马邑，大军负责消灭敌人，而我负责袭击其辎重，这样就可以取得最大的战果。但是单于没有进来，我只有三万兵，也不敢追击。当初陛下给我三万人，这三万人完好无损，我现在还给陛下。"汉武帝对这场劳而无功的行动很不满意，想找台阶下，就冷冰冰地说："今天不杀王恢，无以谢天下。"王恢听说后就自杀了，做了一个很窝囊的替罪羊。

从此之后，西汉与匈奴中断了维持几十年的和亲关系，转而进入对抗时代，两国撕破了脸皮，刀对刀、枪对枪地开始了激烈的对抗。在长达十余年的艰苦斗争中，依靠天才将领卫青、霍去病率领大军，采取大规模野战兵团长途奔袭的战法，经过六次大的战役，汉朝终于打垮了匈奴主力，完成了世界史上农耕民族大规模战胜游牧民族的奇迹，也促使西汉王朝登上了中国历史的第一个巅峰。

回到马邑之谋的具体现场来，马邑地位重要，山环水绕，是设伏的最佳选择。马邑曾经被匈奴占领过，匈奴人觉得在马邑有一定群众基础，所以才会相信聂壹的献计。然而，不论具体的情况有多么千变万化、柳暗花明，汉与匈奴的关系确实已走到一个历史关头。随着双方力量的此消彼长，那种劳民伤财而屈辱的和亲再也不能无休止地继续下去了，西汉方面需要找一个理由、一个借口来开战。果然，在马邑之谋未能实现的情况下，汉武帝一方面要杀王恢以消这口愤懑之气；另一方面，他借此开动了对匈奴宣战的隆隆战车，并且无法再停下来了。这驾代表国家、民族意志的战车，其出发点，就是马邑之谋，就是重镇马邑。

昭 君 出 塞

马邑作为一个重要的通道和要塞，见惯了烽火连天、征战杀伐，见惯了将军出塞、单于往回。但绝代佳人以琵琶掩面，骑行在朔风大雪中，这还真是第一次见到，这就是被传诵千秋的昭君出塞。

汉宣帝时，匈奴分裂，五单于互相攻杀，其中呼韩邪单于曾求助于汉朝，面见宣帝。到元帝时，呼韩邪单于再次朝见元帝，并请求和亲，做汉朝的女婿，帮助汉朝守卫北方边疆。这时在深宫内，却发生了一件让许多人惊愕不已的事情。原来，元帝答应了呼韩邪单于的要求，就根据画工所画的宫女图开始挑选。看到一位宫女的画像，虽然面容姣好，但脸上有一颗丧夫落泪黑痣，元帝也没多加考虑，就定下这一位！然而，等到呼韩邪单于来到长安迎亲，入选宫女就要启程时，元帝却在最后审视时突然傻了眼！怎么回事？《西京杂记》称："及去，召见，貌为后宫第一。"这位入选宫女不仅脸上根本就没有黑痣，貌若天仙而又完美无缺，而且"善应对，举止娴雅"，完全是一位倾城倾国的绝代佳人！元帝觉得自己被大大蒙蔽了，盛怒之下亲自审问。原来，这位宫女名王嫱（约公元前52—公元前15年），字昭君，湖北秭归人。因为不愿贿赂画工毛延寿，毛延寿就故意将她丑化。此时，呼韩邪单于已经见了王昭君，没法更改，无奈之下元帝只好忍痛割爱，赏给昭君许多锦帛和黄金、美玉，并亲自送出长安十多里，送她随呼韩邪单于踏上归途。转回来，元帝立刻杀了毛延寿，但"无可奈何花落去"，美人去兮，君王痛兮，呜呼！后代有无数文人墨客对这件事大发感慨，从不同角度写下了无数咏叹的诗文。其中宋代王安石写的是"当年枉杀毛延寿，意态由来画不成"，立意是比较独特的，意思是昭君实在太美了，毛延寿哪里能画得出来。杀不杀他都没用，昭君是谁都画不成的！这一立意又被《红楼梦》中的林黛玉赞赏，反衬出昭君倾城倾国的美貌。

关于画工故意丑化昭君的故事，究竟发生在什么时候，

历史上有各种不同的版本。清代大学者顾炎武在其学术名著《日知录》"毛延寿"条中,专门做了辨析。他根据《西京杂记》中的相关记载,认为"据此,则画工图后宫乃平日,而非匈奴求美人时。且毛延寿特众中之一人,又其得罪以受贿,而不独以昭君也。后来诗人谓匈奴求美人,乃使画工图形,而又但指毛延寿一人,且没其受赂事,失之矣"。这里采用了顾炎武的说法。

昭君身着绒衣,骑着骏马,怀抱琵琶,在迎亲车队的簇拥下,肩负和亲重任,离长安,出潼关,过黄河,逾雁门,经马邑而走近最后的关隘——杀虎口。过了杀虎口,便是匈奴地界。前路漫漫,此生何归?人心思汉,马不前行。昭君不由潸然泪下,略加思索,吟出了哀婉凄楚、感天动地的《怨旷思惟歌》:

> 秋木萋萋,其叶萎黄。
> 有鸟爰止,集于苞桑。
> 养育毛羽,形容生光。
> 既得升云,获侍帷房。
> 离宫绝旷,身体摧藏。
> 志念幽沉,不得颉颃。
> 虽得委食,心有徊徨。
> 我独伊何,改往变常。
> 翩翩之燕,远集西羌。
> 高山峨峨,河水泱泱。
> 父兮母兮,道里悠长。
> 呜呼哀哉,忧心恻伤。

除昭君入选和亲公主的过程外，昭君远赴塞上的行程，也成了后世文人和艺术家绝好的创作题材。不知有多少人咏叹过、描绘过和吟唱过《昭君出塞》，凄楚迷离，哀怨动人，至今还有大批此类作品保留着，记录和见证着两千多年前关乎两大民族恩怨情仇的那一段往事。为汉匈之间和平友好祈愿，汉元帝还将昭君出塞之年（公元前 33 年）改元为竟宁；而昭君到匈奴后，被封为宁胡阏氏，也是祈愿和平安宁的意思。后来昭君就终老于匈奴，她与她的子女及其后裔，都为汉匈友好而不懈努力，使汉匈之间出现了四十多年的友好局面。

著名历史学家翦伯赞老先生说得好："王昭君已经不是一个人物，而是一个象征，一个民族团结的象征，昭君墓也不是一个坟墓，而是一座民族友好的纪念塔。"

昭君墓，民间俗称"青冢"。"青冢"一词出自唐代大诗人杜甫诗文的注解"北地草皆白，唯独昭君墓上草青"。约定成俗，慢慢就成了昭君墓的代名词。

昭君墓在全国有不下十几处，比较有名的有呼和浩特市东郊的"八拜昭君墓"、土默特左旗的"朱堡昭君墓"，鄂尔多斯市的"达拉特旗昭君墓"等，其中以呼和浩特市南郊的昭君墓最为有名。而山西省朔州市朔城区青钟村的昭君墓却在历史的长河中默默无闻，名不见经传，安详地沉睡于雁门关北侧紫荆山下。朔州昭君墓的知名度或许并不重要，重要的是山西朔州确实也有一座昭君墓，同样也是一座记录民族友好的纪念塔，这座塔就位于朔州市朔城区南榆林乡青钟村。近年来随着昭君文化的兴起，愈来愈多的历史资料不断被挖掘，证明坐落在雁门关脚下的这座"青冢"，极有可能就是"明妃之冢"。

唐代《明妃传》记录了昭君墓的地理位置："只今葬在黄河北，西南望见受降城。"也就是说，唐朝时人们看到的昭君墓是在黄河北面，离黄河不远，站在昭君墓上往西南望去，可看到雄伟的"受降城"。据考证，呼市地区的"八拜昭君墓"和"朱堡昭君墓"，其方位虽然都符合唐代《明妃传》中"葬在黄河北"的说法，但这里并非古代墓葬，而是两座汉代烽燧遗址。"达拉特旗昭君墓"在民间有很大影响力，至今仍有人认为，它就是真正的昭君墓。但考古人员发现，这个昭君墓并不是人工修筑的汉代墓葬，而是一座天然的石山，在石山上也没有发现任何与墓葬有关的汉代文物，不可能是汉代的王昭君墓。呼和浩特市南郊的昭君墓是在黄河之北，但与托克托县城北东沙岗的唐代受降城相距百里之遥，古人视力再好也不会"西南望见受降城"。可以说，呼和浩特市南郊的昭君墓也无确切定论。而朔州青钟昭君墓虽然被历史遗忘，被历代文人遗忘，但是诸多历史线索却把昭君墓的位置确定在这里。明朝《马邑县志》模糊地记载有"青冢，在县西南二十里。阔四五亩，高丈余，俗传为王昭君墓。考明妃冢，在丰州（今呼和浩特东郊）砂滩，兹其传者讹云"。明朝的编志人如何考证不得而知，但从此以后，昭君墓被推向了"丰州砂滩"，而且贯以"传者讹云"，压制了世人对朔州青钟昭君墓的探究，所以至今朔州人都不敢称自己的家乡也有一座昭君墓。值得庆幸的是编志人没有把"俗传为王昭君墓"抹去，也给后人留下了些许探索的空间。

《王昭君变文》中记载有昭君遗言："妾死若留故地葬，临时请报汉王知。"昭君生前数次请求回汉探亲，汉王朝不准。昭君死后要求安葬故地秭归，单于应允。这说明，昭君灵柩归汉必然要按出塞时路径返回，须途经青钟村，跨越雁门关。昭君灵柩之所以没能跨过雁门关是因为"表奏龙廷，敕未至"，只能留在雁门关脚下安葬。葬礼倾国而举，"一百里铺氍毛毯，踏上而行；五百里铺金银胡瓶，下脚无处"。这说明安葬昭君的时候，灵柩从单于庭出发，行程遥远，足足六百里。而从呼市单于庭经右玉杀虎口，到朔州青钟村也正好是六百里，空间距离非常吻合。

汉孝哀帝"差使杨少征杖节来吊，入于房廷，慰问藩王"。在返回途中，"行至蕃汉界头，遂见明妃之冢"。"蕃汉界头"应当是指雁门关一带无疑，而朔州青钟村与雁门关咫尺相邻，属于这一范围也毫无疑义。青钟村原名青冢村，民国年间因避讳而改名青钟，所以，此"青冢"应该就是"明妃之冢"。《明妃传》中提到的"只今葬在黄河北，西南望见受降城"，看似与朔州青钟昭君墓不相符，而事实是朔州昭君墓以南一百米左右原有一道河叫"黄水河"（现只存古河道），古称"小黄河"。此"黄水河"是不是《明妃传》提到的"黄河"，值得进一步考证。但退一步讲，朔州青钟昭君墓对于东都洛阳人来说在黄河之北也不为过，而且墓地西南正好有一座古城——神武郡（隋朝时称神武县），距昭君墓地不到五公里，抬眼即可望见。更为巧合的是，唐代在朔州也有一座受降城。《中国古今地名大辞典》中有"唐受降城有三，中城在朔州，西城在灵州，东城在胜州"的注解；《汉语大词典》也有"受降城，唐筑有三城，中城在朔州，西城在灵州，东城在胜州"的记载，从而佐证了这一推断。即汉使所说的"受降城"很可能就是神武故城。朔州的受降城是否就是神武郡，县志和考古资料既没有记录，也没有否定，有待考证。但从"神武"二字来看，其作为受降城又极有可能。历史的真相可能就是"昭君墓南缓缓流淌着玉带般的黄水河，向西南望去可以看到雄伟的神武受降城"。

另外青钟村中代代相传的民间故事，又仿佛带我们穿越时空回到已经逝去的岁月长河中，让我们依稀看到两千年前发生在这里的古老场景。据说，两千多年前，青钟村原先叫旧堡。村内有三个烽火台，堡墙与大垒堡、小垒堡、下水堡堡墙遥相对望。昭君出塞时，由于长安北部有三十多个小国家，通关手续烦琐，便决定从长安出发，过潼关，渡黄河，涉蒲阪，穿灵石，跨雁门关，出塞第一村就看到了旧堡村。小村依山傍水，风光秀丽，昭君就下令在此小憩。临行，昭君留恋这一带青草茂盛、水草盈盈，就说："雁飞不过衡山，我死后也不过雁门关，这个村是块风水宝地，将来有可能的话就把我葬于此地。"因此旧堡村就改名为青庄村。

时光荏苒，逝者如斯。昭君将她的半生奉献给了草原，构建了汉匈几十年的和平稳定。临死前她对单于说："希望我死后能把我埋回老家——大汉帝国湖北秭归；若不让我归国，就把我埋在离雁门关不远的地方，最好就埋在青庄村吧。"由于飞书汉帝请求尸骨还乡的奏表迟迟不见回音，单于只得遵从昭君遗愿，将昭君埋在了雁门关脚下的青庄村，并将青庄改名为青冢。

如今青钟村村北约一公里处，仍然矗立着一座巨大的青疙瘩（"疙瘩"是蒙古族俚语，即高大的土堆），方圆一百四十米，高约四米。经文物工作者和考古人员现场勘查，该古墓属于一座典型的覆斗形墓葬，规格较高，流芳千古的"落雁"佳人、"和平使者"王昭君可能厚葬于此。金代著名学者、大文豪元好问的《雁门关外》写道：

　　四海于今正一家，生民何处不桑麻。
　　重关独居千寻岭，深夏犹飞六出花。
　　云暗白杨连马邑，天围青冢渺龙沙。
　　凭高吊古情无尽，空对西风数去鸦。

诗如画，画如诗，诗中有画，画中有诗，充分表达了后人对昭君的无尽思念。

辉煌家族中的班婕妤

汉代有一个非常显赫的班氏家族，文武功勋、德行学问都盛极一时。这个家族从战国末年的班壹开始，到东汉时的班彪、班固、班昭、班超、班勇为止，近五百年的岁月间，为中国历史乃至世界史，贡献出一大批彪炳史册的杰出人物。其中的班婕妤，就是这个家族走向辉煌的关键人物，是这个人才链条上的关键环节。

班婕妤（公元前48年－公元2年），西汉楼烦县（今朔城区梵王寺村北）人。婕妤非其名，而是宫中女官，故称班婕妤。

她自幼聪颖，相貌俊秀，读书甚多，是我国文学史上以辞赋著称的女作家之一。她十七岁入宫，成为汉成帝的妃嫔。因为天生丽质，又有吟诗作赋的才能，被汉成帝立为"婕妤"。

成帝为她的美艳和风韵而倾倒，天天同她腻在一起。班婕妤文学造诣极高，尤其熟谙史事，常常引经据典，排解成帝内心的积郁；婕妤又精通音律，常使成帝在闻听丝竹声时，进入忘我的境界。对成帝而言，婕妤不仅是一名侍妾，而且是多方面的知音。成帝对婕妤越来越喜欢，简直到了须臾不可离的地步，恨不得整天与她厮守在一起。成帝是历史上有名的荒淫之主，但班婕妤却利用成帝邀她同辇出行的机会，给这位汉成帝上了一堂"帝范"课。这是怎么回事呢？原来，她当上婕妤不久，成帝对她正是"三千宠爱在一身"。当时皇帝在宫中巡游，常乘坐一种豪华的车子，绫罗为帷帐，锦褥为坐垫，两个人在前面拖着走，称为"辇"；而后妃等人乘坐的，则是一种较小的车，仅有一人牵挽。成帝为了与婕妤形影不离，就命人做了一辆大辇车。令成帝没想到的是，当他邀婕妤一同登辇时，却遭到婕妤的婉言谢绝！看到成帝惊愕的表情，婕妤从容地讲出了一番见解。她说："看古代留下的记载和图画，圣贤之君都有名臣在侧，即使出行，随侍的也都是名臣贤相，以便随时听取他们的真知灼见；只有夏、商、周三朝的末代君主，即夏桀、商纣王和周幽王，才有嬖幸的妃子在侧，图的是方便游乐戏玩，他们也都因之成了亡国之君。您如果跟我同车进出，那就和他们很相似了。"这番话说得成帝很不受用，但是也没法反驳，加上当时对班婕妤还有一股热劲，所以就捺下性子，对婕妤夸奖了一番。成帝的母亲王太后听到班婕妤以理制情，拒绝与皇上同辇出行，非常欣赏，就对左右的亲近随侍说："古有樊姬，今有班婕妤。"樊姬是古代楚庄公的夫人，楚庄公刚即位就迷上了打猎，不务正业，樊姬苦苦相劝，但楚庄公听不进去，于是樊姬再也不吃禽兽的肉，终于使庄公受到感动，改过自新，减少了出猎，并勤于政事。后来又由于樊姬的举荐，重用贤人叔孙敖为令尹（宰相），使楚国走向强盛，不过三年就称霸天下，成为"春秋五霸"之一。王太后将班婕妤与古代的樊姬相提并论，给了她这个儿媳妇最大的嘉勉与鼓励。受到王太后的嘉许，班婕妤在后宫的地位更加突出，她也更加注意检点自己的一言一行，加强在妇德、妇容、妇才、妇工各方面的修养，希望能借此对成帝产生更大的影响，并努力争取机会向成帝做出有益的劝勉，使他成为一个有道的明君。她有一条明确的底线，就是从不干预朝政，而且谨守礼教，不让成帝和身边小人抓住把柄，这也就使当时人对她产生深深的敬意。然而，虽然她多次劝诫汉成帝，但糜烂到骨子里的汉成帝却不是楚庄公，不是那种知错必改、奋发有为的贤君，而实在是提不起来的一摊稀泥；反之，班婕妤庄重自持，坚守礼法，也逐渐使成帝失去兴趣。在经过一段卿卿我我的热情之后，成帝与班婕妤终于不可避免地渐行渐远。这其中赵飞燕姊妹的入宫，就是主要的原因。

汉鸿嘉三年（公元前18年），成帝微服出行，游至阳阿公主府中，见到一个歌女，有着倾城倾国的美貌，而且一副无限娇羞的姿态，脸上又是一种若即若离的勾魂表情。成帝不由得怦然心动，便向公主讨要此女，此人就是后来艳名远扬的赵飞燕。她本名已不可知晓，但因美目细腰，体轻如燕，能掌上舞，所以被称为飞燕。赵飞燕入宫后，又引进妹妹赵合德，两姊妹轮流侍寝，连夕承欢，成帝曾以"温柔乡"来形容她们姐妹。后宫万千粉黛，都不值成帝一顾，因而赵氏姐妹逐渐变得飞扬跋扈，颐指气使，后宫完全成了她们的天下。她们造谣生事、蛊惑人心、挑拨离间，无所不用其极，而知书识礼、文静娴婉的班婕妤，面对赵氏姐妹的步步紧逼，只好退避三舍，不愿与她们恶斗。但她没想到的是，"是祸躲不过，祸从天上掉"，班婕妤又陷入另一场是非漩涡当中。

原来，成帝的正室是许皇后，很长一段时间，成帝都没有登临她的寝宫了。对失宠的深深恐惧，使许皇后情急之下与姐姐商议，想出一条计策，准备去请巫祝在宫中祈祷，然后说自己经过祈祷后得子，以此来挽回成帝的宠爱。谁知这事被赵飞燕探知，她便向成帝告密，说许皇后在宫中设坛，诅咒朝廷和自己姐妹俩。成帝盛怒之下，废了许皇后，并杀了许皇后的姐姐。接下来，赵氏姐妹把事情越闹越大。她们乘机告班婕妤的状，说班婕妤也牵连其中，并对成帝心怀不满。面对险恶的宫廷纷争和成帝严厉的质询，班婕妤从容镇定地回答道："妾闻死生有命、富贵在天，修正尚未得福，为邪欲以何望？若使鬼神有知，岂有听信谗愬之理；若使鬼神无知，则谗愬又有何益？妾不但不敢为，也不屑为。"成帝觉得她说得句句在理，也知道她平日的为人，同时感念不久前的恩恩爱爱，特加怜惜，不予追究，还赏赐黄金一百斤，以弥补心中的愧疚。

班婕妤有见识、有德操，不可能再这样同赵氏姐妹厮斗下去，就写了一篇奏章，自请前往长信宫去侍奉王太后。其用意在于一方面理由充足，容易获得成帝批准；另一方面，自己在王太后的庇佑之下，也比较安全，不容易受到赵氏姐妹的骚扰迫害。她的奏章很快获准，她移居长信宫，悄然隐退在明花暗柳之中。每天，天刚蒙蒙亮，她就开始一个台阶接一个台阶打扫，生活单调而清静，听到远处昭阳宫中传来的喧闹，她淡定而从容，表现出一副宠辱不惊的样子。

就在这种凄清的生活环境中，她开始寓情于笔墨、寄兴于诗赋的文学生涯，展现她出众的文学才华。她在有名的《怨歌行》（又称《团扇歌》）中写道：

> 新裂齐纨素，皎洁如霜雪。
> 裁为合欢扇，团团似明月。
> 出入君怀袖，动摇微风发。
> 常恐秋节至，凉风夺炎热。
> 弃捐箧笥中，恩情中道绝。

诗中，班婕妤自比秋后的团扇，也就是过期与无用的意思，暗指她与成帝之间的那种恩爱已成明日黄花，再也无法恢复了。团扇出现于西汉时期，又称绢宫扇、合欢扇，是当时妃嫔侍女手中的常见物品，既可轻摇慢挥，又可作为身份的标志和点缀。但在后世，团扇逐渐成为红颜薄命、佳人失宠的象征。这首《怨歌行》开了日后"宫怨诗"的先河，得到后世文人和文学评论家的极高赞赏。唐代大诗人王昌龄在七绝《长信怨》中写道："奉帚平明金殿开，暂将团扇共裴徊。玉颜不及寒鸦色，犹带昭阳日影来。"这就是从班婕妤的《团扇歌》化出，并且概括了班婕妤悲惨的晚境，谴责了帝王的用情不专，是传颂千秋的宫怨诗名篇；晚唐诗人王建的长短句"团扇，团扇，美人病来遮面。玉颜憔悴三年，谁复商量管弦？弦管，弦管，春草昭阳路断"，也是将团扇与凄楚的人生境遇联系在一起，也发轫自班婕妤和她的《怨歌行》，可见这首诗的影响之大。班婕妤写出《怨歌行》不久后，成帝立赵飞燕为皇后，又封赵合德为昭仪，居昭阳宫，该宫全用黄金、白玉、明珠、翠羽为饰。班婕妤的人生，走到了一

个大的转折点,她已形同枯木、心如止水,但在此期间,她还有一篇《捣素赋》存世:

  若乃广储悬月,晖木流清。桂露朝满,凉衿夕轻。……改容饰而相命,卷霜帛而下庭。曳罗裙之绮靡,振珠佩之精明。若乃盼睐生姿,动容多制,弱态含羞,妖风靡丽。……于是投香杵,扣玟砧,择鸾声,争凤音。梧因虚而调远,桂由贞而响沉,散繁轻而浮捷,节疏亮而清深。……调非常律,声无定本。任落手之参差,从风飚之远近,或连跃而更投,或暂舒而长卷。……佟长袖于妍袂,缀半月于兰襟,表纤手于微缝,庶见迹而知心。訫淞路之遐夐,恐芳菲之易泄。书既封而重题,笥已缄而更结。

  南朝沈约、谢朓、王融、范云创造新诗体——永明体,也就是格律诗的开端,其中沈约所创的《玉阶怨》,就是取自班婕妤的《自悼赋》:

  承祖考之遗德兮,何性命之淑灵。登薄躯于宫阙兮,充下陈于后庭。蒙圣皇之渥惠兮,当日月之盛明。扬光烈之翕赫兮,奉隆宠于增成。既过幸于非位兮,窃庶几乎嘉时,每寤寐而垒息兮,申佩离以自思,陈女图以镜监兮,顾女史而问诗。悲晨妇之作戒兮,哀褒阎之为邮;美皇、英之女虞兮,荣任姒之母周。虽愚陋其靡及兮,敢舍心而忘兹?历年岁而悼惧兮,闵蕃华之不滋。痛阳禄与柘馆兮,仍襁褓而离灾。岂妾人之殃咎兮,将天命之不可求。

  白日忽已移光兮,遂日晻莫而昧幽,犹被覆之厚德兮,不废捐于罪邮。奉共养于东宫兮,托长信之末流。共洒扫于帷幄兮,永终死以为期。愿归骨于山足兮,依松柏之余休。

  重曰:潜玄宫兮幽以清,应门闭兮禁闼扃。华殿尘兮玉阶苔，中庭萋兮绿草生。广室阴兮帏幄暗，房栊虚兮风泠泠。感帷裳兮发红罗，纷綷縩兮纨素声。神眇眇兮密靓处，君不御兮谁为荣？俯视兮丹墀，君思兮履綦。仰视兮云屋，双涕兮横流。顾左右兮和颜，酌羽觞兮销忧。惟人生兮一世，忽一过兮若浮。已独享兮高明，处生民兮极休。勉虞精兮极乐，与福禄兮无期。绿衣兮白华，自古兮有之。

《自悼赋》中有一句"华殿陈兮玉阶苔"。唐代李白也以《玉阶怨》为题写过"玉阶生白露，夜久侵罗袜。却下水晶帘，玲珑望秋月"的五绝，沿袭的还是班婕妤的那种"宫怨"，只不过全诗含思婉转、余韵如缕，以不怨之怨而深于怨，在传统的"宫怨诗"上有所突破。

绥和二年（公元前7年）三月，汉成帝驾崩于长安城的未央宫，王太后让班婕妤担任守护陵园的职务。从此，班婕妤陪伴巨冢大丘，谛听着松风天籁，冷清而寂寞地度过了孤单落寞的晚年。

班婕妤一生工辞赋，有作品一卷，可惜大部分佚失，现仅存《自悼赋》《怨歌行》《捣素赋》，其中《怨歌行》最为著名。班婕妤曾生下一个皇子，数月后夭折，从此，她虽然承宠很长时间，却再也没有生育。

对于班婕妤的文学水平，后世评论家纷纷给予极高的评价。南朝梁·钟嵘《诗品》中评论"（班婕妤）是将百年间，有妇人焉"，并将她列入"上品诗人十八位之列"；清代沈德潜同样称班婕妤为古代一流诗人。

然而，班婕妤最为后人称道的，还不仅仅在于她的文学才能和文学作品，她的人格风范、道德操守，也都是后人不断赞誉和描述的话题。南朝梁·何思澄《班婕妤诗》"寂寂长信晚，雀声愁洞房。蜘蛛网高阁，驳藓被长廊。虚殿帘帷静，闲阶花蕊香。愁愁视日暮，还复守空床"，是对她不幸境遇的一种概括。而晋·左九嫔《班婕妤赞》"恂恂班女，恭让谦虚。辞辇进贤，辩祝理诬。形图丹青，名侔樊虞"，则是对班婕妤道德风范的一种概括。东晋大画家顾恺之也以艺术形式刻画了班婕妤，他在《女史箴图》中就有班婕妤与汉成帝同辇出行的画面，把端庄贤淑的班婕妤作为劝导妃嫔们慎言善行的楷模。今天，许多人仍是以"中国古代最完美的女人"来歌颂班婕妤，可见她的历史影响之大。

班婕妤的传奇经历、自身修养和整体素质，又深深影响到她所在的班氏家族。

我们在后文《牧者如歌，牧者如神——马邑的牧马人》中，还要简单述及班氏家族的兴起过程：那位楚国的大臣子玉，怎样变成晋北大牧场主班壹；秦始皇又怎样以其姓命名城邑（班氏县），并给予其崇高的表彰，但这只是班氏家族兴起的第一阶段。

班婕妤的父亲班况，在汉武帝出击匈奴的战争中，驰骋疆场、立功绝域，被封为越骑校尉。班况生三男一女，老大班伯，熟谙《诗》《书》《论语》，曾数次出使匈奴，为定襄太守。他精选椽吏，搜捕贼盗，郡中称为神明；老二班斿，官拜谏议大夫，以博学有才深受皇帝器重；老三班稚，以方直自守见称，终官延陵郎。至于班况的女儿，就是我们正在说的班婕妤，风光一时，也是家族引以为荣的一段佳话。这可以算作班氏家族发展的第二阶段。

以后，班稚有子班彪，班彪又生班固、班超、班昭。班彪开始修撰《汉书》，他的儿子班固子承父志，修成了《汉书》

的基本部分，但不幸身故，妹妹班昭挺身而出，最后在同郡人马续的帮助下，完成了这部皇皇巨著。班昭是古代仅有的女性史学家，是班氏家族中又一位杰出的女性，人称"曹大家"，为人和行事风格都很像她的祖姑班婕妤，也是古代女性中的道德典范，为班氏家族史续写了新的辉煌一页。班固是史学大家，其影响力几乎可比肩史圣司马迁，常有人一提起来就说"马、班"；而他修撰的《汉书》开创了断代史（只写一个朝代的史书）之先河，是二十四史中最优秀的断代史，于是又常有人将"史（《史记》）、汉（《汉书》）"并列；另外，班固还是汉代著名文学家，以史传散文和汉赋驰名于世，他的名篇《两京赋》一直被后人传颂。至于他的弟弟班超，更是震撼历史的中华英杰。班超年轻时"投笔从戎"，开始在万里山河的广袤大地上寻找发展前途。他发出"不入虎穴焉得虎子"的时代最强音，以三十余人的小部队孤军深入，不但立功边疆，坚守西域三十年，为丝绸之路的畅通立下了巨大功绩，而且在探索丝绸之路的过程中，曾派出部将甘英远到波斯湾，探索了以往中国人从不知晓的异域绝国，大大扩展了中国人对世界的认识，因此被封为定远侯，名垂青史；他的儿子班勇，也长期奋斗在西域，成为捍卫祖国统一、维护民族团结的光辉人物。这一段是整个班氏家族最辉煌的一段，也就是第三阶段。

从第一阶段向第三阶段的过渡、转化，班婕妤无疑是关键人物，起了关键作用，而且她的入宫就是具体的转折点。我们不管她入宫时家族是否还在马邑，但至迟入宫后，其举家迁到长安以西的延陵应当是可以肯定的。所以，马邑是这个家族成长、发育的基础，马邑的环境、文化哺育了班氏家族和班婕妤本人，而整个班氏家族又在帝京长安进一步发展壮大并步入辉煌。把三个阶段联系起来，这个家族在马邑繁衍、成长近二百多年，班婕妤和班氏家族都是马邑的光荣和骄傲。

威震江南的张辽

脍炙人口的古典小说《三国演义》生动地刻画了三国名将张辽。《三国演义》第十一回,说吕布手下有八员大将,"第一个雁门马邑人,姓张,名辽,字文远"。

张辽(公元169—222年),虽然三国鼎立时风光一时,但其实他在群雄纷争的战乱期间并不惊艳,甚至有些落魄、不得意。这样说,是因为在那个乱世,一个人固然很难独自创业打江山,但能碰上一个可以依托的明主也非易事,跟不好就会进错门、站错队,而结果就可能随着主子一起完蛋,身败名裂。张辽换过几个主人,随后就投奔吕布。吕布是个有勇无谋的武夫,他本人也是换过几个不同的主子,所以被称为"三姓家奴",这就是张辽的不得意处。虽然曹操、吕

三晋历史名人

张辽

字文远，三国时代雁门马邑人（今山西朔县），英勇善战，多谋略。他辅助曹操，屡陷阵杀敌，刘格努力统一北方，屡立战功，威震天下的名将。三振天下，封他为晋阳侯，终老。

奋月江鸿绘
者王曦

布第一次交战，吕布胜利了，但这场胜利其实也没有什么可自豪的，军阀混战，"狗咬狗，两嘴毛"罢了。等到吕布战败为曹操所俘，曹操要杀吕布时，吕布更是一副可怜相，祈求曹操饶命。这时，忽然传来一声大叫："吕布匹夫，死则死耳，何惧之有！"发出这一声的，就是被刀斧手捆绑着的张辽。曹操杀了吕布，然后就来处置张辽。曹操指着张辽说："这人好生面善。"张辽说："濮阳城中曾相遇。"曹操说："你原来也记得！"张辽又说："只是可惜！"曹操说："可惜甚的？"张辽说："可惜当日火不大，不曾烧死你这国贼！"指的是当初在濮阳城中，张辽差点烧死曹操。曹操大怒道："贼将安敢辱我！"拔剑在手，就要亲自来杀张辽。张辽全无惧色，引颈待戮。这时，曹操背后一人攀住曹操胳膊，另一人跪在他面前，说："丞相且莫动手！"小说写到这里是"且听下回分解"，攀住曹操胳膊的是刘备，而跪在曹操面前的则是关羽。刘备说："此等赤心之人，正当留用。"而关羽说："关某素知文远忠义之士，愿以性命保之。"曹操掷剑笑着说："我也知道文远忠义，刚才只是试探罢了。"说完亲自解开绑在张辽身上的绳子，并脱下自己的外套给张辽穿上，到此时张辽就投降了曹操。接着曹操拜张辽为中郎将，赐爵关内侯。这一段张辽降曹的过程不算壮烈，但已勾画出张辽的性格特征，算是一条汉子吧。

张辽在《三国演义》里的第三次出场是"屯土山关公约三事"，说关公被围困在土山，曹操派张辽去劝降。聊了几句闲话，张辽就直奔主题，说关公如果当时即死，其罪有三。关公问是哪三宗罪。张辽说："第一是您和刘备拜了结义兄弟，现在你们兄弟失去联系而您先死了，等哪一天刘备出现了，要找您找不到，要用您用不成，岂不辜负了你们当初的结义之盟？第二，刘备将家眷托付给您，您一死，他的家眷无所依托，这岂不是您的罪过？第三，您武艺超群，熟读经史，素有匡扶汉室的远大志向，现在说死就死，说是要赴汤蹈火，其实只是匹夫之怒，于国家、于社会有什么益处？"这三点说得很结实，加上与张辽既是老乡又是朋友，关公不禁沉吟不语。张辽看关公动了心，就提出三项劝降条件，而关公也提出三个条件，核心就是"降汉不降曹"，为自己找个台阶下，这里不细说了。从张辽的整个说辞来看，他考虑得相当周密，而用语也相当得体，既指出关公目前无路可走只能投降，又保留了关公的尊严也就是面子，这是关公无法拒绝的。结果是关公降了曹操，"身在曹营心在汉"，又演绎出后来的封金挂印、过五关斩六将一系列故事，但这都同张辽的劝降有关。可以说张辽这番劝降十足地显示出张辽谋略过人的一面，以及他良好的语言表达能力。不过，按《三国志·张辽传》中的记载，张辽说降的不是关公而是敌将昌豨，并曾亲自单身到昌豨的家中去见昌豨的妻子和儿子，表现出一副极为诚恳的态度，动之以情，晓之以理，使得昌豨彻底放心而投降曹操。这些情节为小说所无，张辽的说辞也与《三国演义》中不同，但这没有什么关系，都只证明张辽的劝降功夫委实了得，能击中对方的心理要害，并且容易让对方接受。那么张辽的这般大智慧究竟源自何方？小说没有提，这里也暂时卖个关子，且等下回分解吧。

　　此后若干时间，张辽在小说中没有什么大作为，不过在《三国志》中却有不少记载，主要是跟随曹操平定河北、辽宁一带，立有战功并受到封赏。在跟随曹操征柳城（今辽宁朝阳市）的战斗中，曹军突然遭遇乌桓（古代北方少数民族）骑兵，张辽力劝曹操应战，而且表现得非常昂扬激愤，曹操大为感动，将大旗交给张辽。激战之下，曹军大胜，斩敌酋蹋顿单于。又有征讨反叛的陈兰、梅成一役，兰、成退入天柱山，高十几千米，道路极其险峻狭窄，部下都说："这路太险了，难以深入呀！"张辽回答道："正所谓一对一，狭路相逢勇者胜，我们一定要冲过去！"经过苦战，张辽平息了叛乱，杀了陈兰、梅成。曹操表扬道："登天柱，履险峻，平息兰、成，这是荡寇的大功！"

小说中的赤壁之战，张辽在冲天火光中射中黄盖救了曹操。战后曹操安排军事部署，张辽被委以"最为紧要"的合肥方面主将，并搭配了乐进、李典为副将；曹操还私下嘱咐张辽道："但有缓急，飞将报来。"这显示出张辽在曹操心目中的地位不断提升。

张辽有了独当一面的机会，同时也就有了大显威风、名垂青史的机会。东吴方面在赤壁之战中大败曹操，吴主孙权志得意满，开始准备主动进攻曹操，选中的第一个目标就是张辽镇守的合肥。打了大小十余仗，不分胜负，孙权只得退到距离合肥五十余里的地方安营扎寨。老将程普率领大军前来支援，孙权的底气足了很多，心态也就放松了。就在此刻，张辽差人下了战书，孙权看后大怒："张辽欺吾太甚！来日不用新军，看我亲自迎敌！"当夜，孙权就整备人马，三军拔寨，往合肥进发。在与张辽的一番混战中，孙权不仅没有占到便宜，反而折了大将宋谦，在部队四处逃散的危险关头，还是程普率军救了孙权。

孙权大败一场，一方面是咽不下这口气，一方面也深深自责过于轻敌。这时，东吴著名勇将太史慈向孙权献计，说手下有人已混在合肥城中，可以里应外合，自己愿带五千人前往接应，一定能够取胜。孙权因伤感宋谦之死，复仇心切，来不及细考虑，马上批准了太史慈的计划，让他前往偷袭。

张辽这方面是如何应对的呢？首先是在大胜之后，严令部下不许解甲宿睡，保持高度戒备。很多人不解，说："我军大胜，吴兵远遁，何不卸甲休息？"张辽回答道："为将之道，勿以胜为喜，勿以败为忧。如果吴兵趁我等放松之际前来偷袭，我们将何以应对？今夜的防备，要比平常更加谨慎。"话犹未了，后寨起火，一片叫喊声。张辽披挂上马，并不急于做出反应，而是下令手下不能乱，乱者先斩。很快，李典抓获了东吴方面的内应，内乱平息了。这时张辽听到城外一片喊杀声，知道是东吴方面到了，他将计就计，命令手下放火并打开城门，嘴里也大声喊叫。太史慈见城门大开，

放下吊桥，只道是内应成功了，挺枪纵马率先冲入城中。就在这时，城上忽然万箭齐发，太史慈身中数箭，好不容易被部下死救回去，不久便伤重而亡，年仅四十一岁。

张辽此战大捷，书写了人生的一段辉煌。然而，他怎么就能在对方里应外合之际，如此从容镇定地应对呢？这里，就要揭开张辽的一段身世之谜。而在此之前，还要先说说历史上惊天动地的"马邑之谋"。什么是"马邑之谋"呢？原来西汉武帝时，马邑人聂壹曾向武帝献计，在马邑布下数十万伏兵，自己前去引诱匈奴单于，准备在马邑一举歼灭匈奴主力。然此谋虽然未能成功，却使边塞马邑成为诱敌深入的化身，而聂壹自己也成为谋略专家，在历史上都占有相当引人注目的地位。

根据陈寿《三国志》卷十七《张辽传》记载，张辽"本聂壹之后，以避怨变姓"。这段史实让我们恍然大悟，原来张辽的祖先不是别人，正是献出马邑之谋的聂壹！张辽身上即使没有设伏诱敌的遗传基因，也会深深记得先辈献策里应外合的故事。此次战役，太史慈想以他的里应外合取胜，但碰到的却是设伏诱敌专家的后人张辽，等于小鬼碰上了钟馗，最后的结果就不言而喻了。

在相对平静了一段时间之后，合肥一带又燃起战火。对于前一次的战斗，虽然明明是张辽获得大胜，但《三国演义》用的回目却是"孙仲谋大战张文远"，好像二者只是恶战一场，并没有说谁输谁赢，这对张辽来说似乎不公平。且慢！罗贯中是善于造势的，这样写是故意埋下伏笔，将前一场战斗说得平淡一点，以便为下一场真正的大战造势。下一场也就是我们现在讲的大战,《三国演义》用的回目是什么呢?是"张辽威震逍遥津"!如此震撼的回目,在《三国演义》中是很少出现的,可见这场战斗在罗贯中心目中确实非同一般。那让我们仔细看看,张辽究竟是如何"威震"的?

曹操去汉中征讨张鲁,但对战略要地合肥还是放心不下,临行派人捧着一个盒子送给张辽,盒子边上有一个小纸条,上面写着"贼至乃发(打开)",这也就是我们常听的"锦囊妙计"了。紧接着,孙权就率领十万大军进至合肥一带,攻占了皖城,占得先手,并推进至逍遥津一线。至此,张辽赶快打开曹操的盒子,结果里边写的是"若孙权至者,张(辽)、李(典)将军出战,乐(进)将军守城,护军勿得与战"。看到这样的最高指示,众人都摸不着头脑。张辽说:"主公(指曹操)远征在外,吴兵以为一定可以攻破我军。如果吴军获胜,主公千里回师救援根本来不及。我理解主公的意思,就是要我们趁吴军还未汇合就主动出击,折其声势,以安众心,然后可守也。成败之机,在此一举,大家不要犹豫了。"布置完战术,张辽就招募敢死之士,得八百人,杀牛备酒犒赏一番。第二天一清早,张辽披甲执戟,大呼自报姓名,率先冲入敌阵,杀敌数十人,其中还包括两名敌将,冲破敌人的栅栏后,一直杀到孙权近前。孙权大吃一惊,只好率部退上一处高地,以长戟自守。这时张辽下战书,约孙权决一死战,孙权不敢应战。但随后孙权看到张辽兵少,就指挥部队将张辽反围了起来。张辽挥舞长戟左冲右突,率领数十人冲出重围,但还有很多人被困在阵中,他们急得高喊:"张将军别扔下我们!"张辽再次冲入,奋力搏杀,如入无人之境,终于杀开一条血路，救出自己的手下。经过张辽的几次猛烈冲击，吴军已经丧失战斗意志，没人再敢上前迎战张辽。战到中午，吴军的心理开始崩溃，只能退后修筑防线，采取守势。相持十余天后，张辽发动总攻，吴军全线溃败，战局一发不可收拾，张辽所部乘胜追击，就连吴主孙权也差点被俘，好不容易才死里逃生，逃回东吴。这一仗，张辽以八百壮士大败东吴十万人，打得江南人人害怕，就连小孩夜啼，一听到张辽的名字也吓得不敢再哭了。

战后，曹操大大褒奖了张辽，晋升他为征东将军。一年后，曹操亲征孙权，来到合肥前线，他视察了大战的战场，回顾当初的战况，不禁赞叹良久，又增加了张辽的兵力，让他继续镇守合肥这一战略要地。之后曹操父子不断对张辽增加褒赏，张辽的官也越当越大，直到晋阳侯、食邑两千六百户，这已是当时对功臣的最高奖赏了。

逍遥津之战是中国古代有名的以少胜多战役，《三国演义》用"威震"来形容张辽是一点都不过分的。《三国志》裴松之注引孙盛的总结说，此战曹操定下基本方略，张辽坚决执行，临阵指挥得当，将士齐心用命，再加上张辽突出的武勇，都是最后取得大捷的基本保证。

过了很久，逍遥津之战的余威犹在，即使张辽病重，孙权对张辽还是十分忌惮。一次隔江对峙，孙权对诸将说："张辽虽病，不可当也（不可直接与他交锋），慎之！"但尽管吴军小心翼翼，可抱病在床的张辽还是指挥部下击败了吴将吕范。

魏文帝黄初三年（公元222年），张辽病逝于江都（今扬州市江都区），谥曰刚侯。六年后，魏文帝曹丕追念张辽，又特别提到了张辽在合肥之功："合肥之役，（张）辽、（李）典以步卒八百，破贼十万，自古用兵，未之有也，使贼至今夺气，可谓国之爪牙矣。"

这番表彰，是为名将张辽一生画上的一个圆满句号，也表明在朔州所出的诸多名将中，张辽所取得的战功是特别辉煌的！

邺下黄须儿

从西汉末年起，由于内地形势纷乱，朝廷无暇顾及边陲，马邑一带陷入激烈的民族纷争中。南匈奴、乌桓与鲜卑，号称"北族三强"，在马邑一带纷纷登场，同时还有依托三强的地方豪强也借树登枝，搅扰得地方一片乱象，当地民众生活困苦，而且陷入不知谁是"正统"、谁是可依靠对象的困惑中。

南匈奴进入马邑后，与当地人杂居，逐渐繁衍生息，人口迅速增长。东汉政府对南匈奴特加优待，给地给钱，南匈奴单于也声言要报效东汉朝廷。南匈奴协助东汉击败北匈奴后，边疆形势逐渐稳定下来，马邑地区成为民族融合的中心地区。永和四年（公元139年），乌桓攻占了马邑，第二年东汉又与南匈奴在马邑大战，马邑再次站在风口浪尖上。

建安十二年（公元207年），曹操开始对乌桓用兵，派其子鄢陵侯曹彰率领大军，兵锋直指马邑。曹彰开始占上风，推进到桑干河以北。在一场大血战中，曹彰身中数箭，但他毫不退缩，愈战愈勇，终于大破乌桓军，俘歼数千人。当时在高处观战的鲜卑大人轲比能看到曹彰如此英勇无敌、所向披靡，觉得自己不是曹军对手，就主动请服，退出了马邑一带的角逐。这样，北方就平缓下来，进入短暂的安定时期。

曹彰（？—公元223年），是曹操的第三子，长一脸黄须。王维《老将行》中说的"射杀山中白额虎，肯数邺下黄须儿"指的就是曹彰。曹彰与乌桓的这场恶战，有可能就发生在马邑附近。马邑是名将之乡，马邑人见惯了无畏勇士血战沙场，而曹彰在马邑人的眼皮底下表现得如此神勇、如此坚强，正如俗话所说，是在"关公庙前耍大刀"，令人赞叹不已，也奠定了曹彰跻身一流勇将的基础。从此，只要一提起曹彰，人们就会想起他大破乌桓时的豪勇。

古典小说《三国演义》中，曹丕篡位登基，是为魏文帝。忽然听说曹彰领兵赶来，着实吓了一大跳，因为他深知这位三弟功夫了得，是个不怕死的拼命三郎。这番前来，是不是要与他争皇位？好在曹彰没有那个野心，对政治不感兴趣，这才使曹丕放下心来，而曹彰也借此保持了一个勇将的完整人格与志趣，没有堕落为一个庸俗的政客。

宽严有度的牵招

牵招（？—公元231年），字子经，三国时安平观津（今河北武邑）人。他起先是袁绍的部下，后来投靠曹操，担任护乌桓校尉，也就是具体处理乌桓事务的官员。这一职务并不是谁都能担当的，因为少数民族事务极其复杂、敏感，处理不好就可能引发剧烈冲突，造成战祸或悲剧。牵招有着同乌桓打交道的丰富经历，所以才会被曹操任命担任此职。

后来魏文帝曹丕又改任牵招为护鲜卑校尉。这同前一职务一样，既不能偏左，也不能偏右，必须战战兢兢，如履薄冰，小心处理，稍不留心就会惹来麻烦，导致前功尽弃。牵招到任后，广布恩信，招诱降附，采取怀柔政策，吸引鲜卑十余万聚落臣服于曹魏。看到牵招处理民族事务果然有一套，曹丕又任命牵招担任雁门太守。任内牵招教民习武、演练战法，又上表免去境内500多家乌桓的租税，让他们备好鞍马，到远处去侦察敌情，敌人一有动静就快速将消息传回大本营，这样己方就有了充足的准备，迎敌时便能屡屡告捷。不断的胜利既助长了本方军民的士气，也削弱了敌方的战斗意志，治下雁门郡迎来了较长时间的安宁。

此外，牵招又离散、分化鲜卑，降服了三万多家，并与河西（黄河以西，即今内蒙古、陕北一带）鲜卑十万家取得联系，从而孤立了鲜卑大人轲比能，使得曹魏在与轲比能的争斗中占了上风。随后，他修治、加固句注北的故上馆城，也就是属于马邑的一处要塞，以镇抚内外，使得内外归心、边塞安宁。同时牵招发现，境内武风炽扬而儒风不振，教育落后，民智未启。于是，他下令兴办书院，以提高当地民众的文化水平。为了解决郡治吃水问题，他还亲自勘探地形，凿山开渠，引山泉入城。

牵招在表现出高超的怀柔施政水平的同时，也不忘恩威并施，展现他不凡的军事决断能力。太和二年（公元228年），鲜卑轲比能围困护乌桓校尉田豫于马邑。田豫向牵招告急，但牵招的上级怕难以取胜，就下令牵招不许施救。牵招上表请行，果断率军救援，同时放出要北取鲜卑故地的传言，使轲比能犹豫不决，结果部众离散，只好撤出马邑，向平城（今大同）方向撤退。在追击过程中，牵招大获全胜，生俘上千敌军，并缴获很多战利品。

此时，曹魏方面正与蜀国对垒，战况胶着。牵招看出蜀国诸葛亮有可能与轲比能结盟，让轲比能从山西方面攻击曹魏，进而形成两面夹击之势。牵招迅速将此分析上报朝廷，但朝臣们多数不以为然，认为诸葛亮与轲比能相距甚远，不可能形成掎角之势，也不相信他们会勾结起来。但事有凑巧，当时人在祁山（就是"六出祁山"的那个祁山，在今甘肃礼县）的诸葛亮，还真的同轲比能私下来往，要结成军事同盟，而轲比能也答应了诸葛亮的请求，并派出部属去攻打曹魏，和蜀军遥相呼应。情报传来，应验了牵招的预判，魏文帝看到牵招料事如神，并且已有应对方案，就下诏给牵招，让他相机行事，果断应对轲比能与诸葛亮的军事结盟。牵招奉诏，会同并州刺史坚守雁门，阻断了轲比能南下夹击的通道，使得鲜卑与蜀汉结盟一事化为泡影。后来，牵招还准备在马邑地区开垦屯田，储集粮草，为下一步征讨鲜卑积蓄力量，但不幸病逝。"出师未捷身先死，长使英雄泪满襟。"牵招驻守雁门十二年，威震边塞，政绩卓著，受到民众爱戴，成为三国时期最杰出的边郡太守之一。

说到这里，我们借用成都武侯祠的一副著名对联，来描述一下牵招的政绩与治边思路。这副对联：

能攻心，则反侧自消，自古知兵非好战；

不审势，即宽严皆误，后来治蜀要深思。

对联的作者是清代名士赵藩，立意、对仗、书法俱佳，是广为传颂的名联。上联说的是诸葛亮采纳了马谡的建议——对少数民族要"攻心为上"，不能一味攻杀；下联说如果不根据形势判断，则宽和严都不对，该宽该严都要仔细斟酌。这副对联既是对诸葛亮的极高赞颂，又是对诸葛亮治蜀方略的高度概括。然而，这副对联若用于形容牵招会更加贴切。牵招在治理雁门郡时宽严得当，两手都要抓，两手都要硬，深得少数民族的爱戴和敬畏；同时牵招预先识破了诸葛亮与轲比能结盟的图谋，又及时采取措施阻断结盟的实际可能。因此，在这一问题上牵招比诸葛亮更胜一筹，用这副对联来形容牵招是更加合适的。

弹弓射出的悲怆

从曹魏、西晋到十六国时期再到北魏，在近三百年的漫长时间内，马邑一直处在时代大潮的风口浪尖上，经历了西晋、鲜卑拓跋部、拓跋部建立的代国、前赵、后赵、前燕、前秦、后燕的轮番光顾。许多杰出人物如轲比能、檀石槐、拓跋力微、拓跋猗卢、拓跋什翼犍、石勒、刘库仁、慕容㑺、慕容垂等，都曾到过马邑，来也匆匆，去也匆匆，成为一时过客。他们对马邑马上得之，马下失之，许多战事或在马邑发生，或围绕马邑展开，使马邑一次次沦为疆场，一次次卷入大潮漩涡。马邑记录了错综复杂的民族关系，见证了兄弟相残的人间情仇。那为什么那么多的征战都集中在这里？因为它是各族拼死相争的战略要地。又为什么马邑能很快从大乱中转治？因为这里饱经战火，从长官到百姓都有由乱而治的丰富经历，而且大乱之后，人心思治，所以会很快平定下来。

曹魏时，鲜卑大人轲比能是继檀石槐之后的英雄人物，他为人勇健、公正廉洁，深受部族爱戴。他麾下控弦十万余骑，连许多汉人也去投奔他。汉人教他制造兵器，传授其兵法及先进的汉族文化，使轲比能部的军事技术与治民治军水平都有了大幅度的提升。轲比能又与鲜卑另一部族领袖步度根化解宿怨，联手对抗曹魏。他们在马邑与曹魏军大战，取得全歼对手的胜绩。但经过反复的对抗，落后的鲜卑人终究难以对付各方面远比自己强大的曹魏势力，在轲比能遇刺身亡后，他这一部退出马邑地区，远遁漠北，马邑一带得以短暂安宁。

到西晋时，朝廷命魏舒负责治理马邑地区。魏舒乃文武全才，藏而不露，在处理细碎事务上，并未显出有什么过人之处。然而，此人大智若愚，一旦遇到国家大事，他提出的方略往往超出众议，显得棋高一着。西晋文帝司马昭对魏舒非常器重，认为他是有大智慧的高才，而且相貌堂堂，是众人之领袖。在他的治理下，马邑地区经济文化得以逐步恢复，魏舒也因政绩突出而受到朝廷表彰。

鲜卑是我国古代的一个民族，分为五大部，其中拓跋部最为强盛，后来建立北魏王朝的就是拓跋部。到曹魏时，拓跋部的领袖力微有部众二十万人，是当时北方第一强大势力。甘露三年（公元258年），力微在盛乐（今内蒙古和林格尔）建都，并且与曹魏通好。在阴馆（属马邑，即今朔城区夏关城）举办的酒会上，力微的儿子沙漠汗乘着酒兴，拿起弹弓射出弹子，飞鸟应声而落。当时鲜卑人还不知道弹弓，在场的王公大人们都觉得很新奇，但同时他们又认为沙漠汗久居汉地，受汉文化影响太深,如果由他当鲜卑领袖很不合适,用今天的话来说,也就是他的行为举止太"超前"了。于是,这些人联合起来,在力微面前造谣,最后"矫诏"在杀虎口杀害了沙漠汗。等力微醒悟过来时已不可挽回。射弹弓会闹出如此惨剧,这是历史的悲怆,也是马邑的不幸,但这也是当时错综复杂民族关系的一个剪影。

北魏天兴元年(公元398年),拓跋珪定都平城(今山西大同),营宫室,建宗庙,立社稷。马邑属京畿,为北魏王朝的腹心。在拓跋珪的一系列建树中,马邑人庾岳兄弟在各方面为拓跋珪出谋划策,起了重要的作用。庾岳和父兄一样,世代掌管牧业,也属于马邑的牧马人。庾岳能征善战,治军严明,经常以少胜多,多次率军击败反叛者,名冠当时北魏诸将,士众服其智勇。而在担任地方行政官员时,他又沉稳严谨。一次,州中果园鲜果成熟,下属送给他,他说:"果子还没给皇上尝鲜,我怎么敢吃?"后来,他一直当到三公之一的司空,他的侄子有罪被诛,父辈兄弟都被杀,但庾岳父子却被赦免,可见拓跋珪对他还是十分信任的。不过,生逢乱世,一个人立有大功,重权在握,仅凭谨慎是很难独善其身的。庾岳躲过一难,难躲第二难,终究被拓跋珪冤杀,当时人都为他叫屈。过了多年,拓跋珪的后人,太武帝拓跋焘征战路过庾岳墓地,想起他为北魏王朝初创立下的赫赫战功,不由悲伤动容,遂下诏为庾岳立庙,并敕令马邑子民四时致祭,同时还寻找他的子孙,以继承他的爵位。

在作为平城京畿的九十六年中,马邑地区的经济文化都有所恢复和发展。由于连年征战,马邑地区人口稀少,劳动力大量短缺，在道武帝拓跋珪从外地迁入156万人之后，这种局面才有所改观。道武帝环绕首都修筑长城，并努力发展定居农业，不许拓跋部以外的部落再过那种落后的游牧生活。东胡尔朱氏受封北秀容（今朔城区下团堡及小平易以西一带），方圆三百里，主要从事畜牧业，兼营农业，结果马牛羊大蕃息，成为支持北魏政权兴兵用武和财政收入的主要支柱。拓跋珪父子曾三次到马邑视察，幸灅源，观灅水，也就是今天的神头海，又曾兴建楼烦宫，旧址大约就在今朔城区南梵王寺村至宁武天池一带。

贺拔岳和关陇集团

贺拔岳（？—公元534年），北魏后期神武尖山（今朔州市朔城区神武村一带）人，鲜卑族，和他的两个哥哥贺拔允、贺拔胜同是北魏后期著名将领。

这弟兄三人走上历史舞台，确实有些不平凡。北魏时为同"茹茹"（也称"蠕蠕"或"柔然"，是当时的一个少数民族政权）对抗，在沿边一带设立六镇，即六个军分区，而武川镇（今内蒙古武川县）是六镇中最重要的一个。贺拔三兄弟的祖父贺拔尔头来到武川戍边，立了功被封侯，而其父亲贺拔度拔因功出任武川军主，这弟兄三人就都出生在武川。北魏后期，到处爆发农民起义，天下大乱。一方面是国内吃紧，顾不上边防，原来地位很高的六镇军人变成没人管的弃儿，军饷没有了，甚至吃粮都很困难，六镇军人活不下去了，纷纷起义，杀回内地，这就是有名的"六镇起义"；另一方面，有人看上了贺拔度拔及其儿子们的军事才能，把他们调回内地镇压农民起义。就这样，弟兄三人跟随父亲回到内地。经过几度分分合合，先后投奔过不同的主人，盘马弯弓，征战天下。这三兄弟个个骁勇善骑射，《周书》卷十四说贺拔胜"长于丧乱之中，尤工武艺，走马射飞鸟，十中其五六"，还有一次曾一箭射中双鸟。太祖（北周创建者宇文泰）每云："诸将对敌，神色皆动，唯贺拔公（指贺拔胜）临阵如平常，真大勇也。"贺拔胜官居重位后，开始爱上坟籍（经典），并且招引文儒之士，讨论义理。他死的时候，别无家财，唯有随身兵器及书千余卷而已。三人中武功最高的当数贺拔岳，能左右骑射，勇武过人。他从未读过兵书，但临阵时却能说出很多与兵书不谋而合的见解，让听到的人十分惊讶。当时一个大军阀尔朱荣曾问计于贺拔岳，听了回答后称赞他"卿之言真丈夫之论也"，又说"得卿兄弟，天下不足平也"。在尔朱荣为首的北秀容集团中，贺拔三兄弟纵横捭阖，颇有一些作为，但时局混乱，也因此命运多舛。有意思的是，按当时立传的规矩，兄弟三人应当同立一传，但因为他们三人后来各投其主，分别在北魏、东魏、西魏和北齐、北周朝中任事，下场与结局也各不相同，所以他们弟兄的传记分散在《魏书》《北齐书》《周书》和《北史》中，这在二十四史中是很罕见的。

贺拔岳是个军事天才，在短暂的一生中打过不少胜仗，其中在岐州（今陕西凤翔县）的一战，不仅显露出他的军事才能，而且整个过程很有意思。

贺拔岳奉尔朱荣之命，到关中征讨万俟丑奴（北魏末年西北少数民族起义首领，匈奴人后裔），万俟丑奴的部将尉迟菩萨与贺拔岳隔着渭水对峙。贺拔岳兵少势弱，但毫不畏惧，同尉迟菩萨展开骂战。骂的时间长了，菩萨不想再这样打嘴仗，就派了手下一个"省事"（官名）向贺拔岳传话。贺拔岳发怒道："我和菩萨说话，你是什么人，敢来多嘴？"那位省事自恃隔着河，认为贺拔岳拿自己没什么办法，于是有些出言不逊。结果贺拔岳一箭射去，省事应声倒地。当时天晚了，双方收兵。第二天贺拔岳假装败退溃逃，菩萨就在后边追击。追到一处狭路，菩萨的队伍无法齐头并进，只好排成单行行进，谁知这时突然杀出许多人马！原来，前一天晚上双方罢兵，贺拔岳就派人潜伏下来，作为奇兵，此时这些埋伏的勇士突然杀出，结局就是菩萨不但被打得大败，而且本人也被贺拔岳生擒。后来，贺拔岳还打了不少胜仗，不断被提升，逐渐成为关中的实际统治者。此间他还更换了主人，在不同的政权中周旋，最后被东魏高欢的手下侯莫陈悦密谋杀害，年仅三十几岁。

　　贺拔岳率领两千羸弱部下来到关中，在群雄逐鹿的险恶环境中，硬是左冲右突，为自己也为别人打下一方地盘，这显示了贺拔岳确实具有相当的军事才能。然而，在当时那个军阀混战的激流漩涡中，仅仅武艺高强，仅仅会打仗是不够的，政治上不够老辣成熟是贺拔岳的一块短板，也是那个时代许多像他一样的军人共同的短板。不过，话又说回来，贺拔岳最终并没有沦落为一个时代的匆匆过客，他在历史上居于一个很特殊的地位，甚至可以说是有很大贡献的重要角色。

　　这，就是他为后来叱咤风云、名震天下的关陇集团奠定了崛起的基础。

当年追随贺拔岳从武川进入内地的，是一支人数不多的小部队。这支部队一直跟着贺拔岳，后来就来到关中。别看他们人数不多，却藏龙卧虎，其中有不少杰出的人才。当时，贺拔岳年轻，而这些属下更年轻，在跟着贺拔岳南征北战的过程中，这些人得到很大的锻炼，茁壮成长，也为贺拔岳的赫赫战功出了不少力。在贺拔岳不幸遇害后，群龙无首，一位年轻军官站了出来，接过了贺拔岳的担子，成为贺拔军团新的指挥者。他，就是宇文泰。

宇文泰出身武川镇军人家庭，祖先是鲜卑族宇文部的酋长，代代尚习武，人人有军功。他的父亲宇文肱参加六镇暴动后，率家迁移中被北魏杀害。当时才十八岁的宇文泰投奔了贺拔岳军团，并随之进入关中。六年后，贺拔岳被杀，宇文泰被弟兄们推为主帅。不久，魏孝武帝为高欢所逼，从洛阳西奔长安，想依赖宇文泰重振皇威，但宇文泰趁机杀了孝武帝，另立元宝炬为傀儡皇帝，自己都督中外诸军事兼大丞相，执掌国政，史称西魏。由于宇文泰起势很快，因此很多人都来投奔，使得西魏迅速壮大起来。但年仅二十七八岁的宇文泰能实际执掌西魏大权，能驾驭一大帮资历在他之上的军人，主要原因就是他依靠原来的武川镇军官组成了一个坚强的核心集团，如当时的高级将领念贤、寇洛、赵贵、李虎、独孤信、侯莫陈崇、梁御、若干惠、王德、韩果、宇文导、贺兰祥等全都是武川人（贺拔岳生在武川，也算半个武川人）。宇文泰的高明之处在于，他以武川镇军人为骨干，但又不排斥其他地方有才干的人，这就打破了保守封闭的地域偏见和僵化分裂的民族偏见。一时间，当时的关中世家大族、籍贯两京的鲜卑贵族和来自江南的高门士族，纷纷投靠宇文泰，并逐渐形成一个包含不同地域、不同民族的军事贵族集团。由于这个集团主要活动在关（关中）、陇（陇右，指陇山之右，今甘肃东部）一带，所以国学大师陈寅恪先生为这个集团取名为关陇集团，并且认为他们实行的"关中本位政策"是这个集团取得巨大成功的根本原因，这些独创性的见解得到学术界的广泛认可。

为了进一步扫平民族界限和地域成见，宇文泰给手下赐予鲜卑复姓，如贺兰、拓跋、宇文等，让他们的身份显得高贵一些，又将来自代北（今山西大同以北）的鲜卑军人的籍贯改成京兆（长安周围）、关陇等；他还大力推进汉化，用当时最先进的汉文化来武装自己，用儒家思想来指导整个国家。于是，这些手下人的身份就变成了贵族，籍贯变成长安、关中，而且都开始具有不同程度的汉文化素养。这些举措大大提升了这个集团的凝聚力和认知能力，使其变成一个跨地域、跨种族的军事政治联合体，这就是关陇集团的形成过程。

此后，关陇集团实行了一系列政治、军事和经济的改革政策，取得了巨大的成功。西魏的疆土不断扩大，最后发展到北周后期，终于灭掉北齐而统一了中国北方，为中国古代的巅峰盛世隋、唐两代的横空出世，打开了大门。

宇文泰封他的手下为八柱国、十二大将军，他们成为关陇集团中的宝塔尖，他们掌握了西魏、北周、隋、唐四朝政权，权势延续了两百多年。这些上层人物，通过复杂的婚姻关系，编织起一张范围很广的关系网。北周第一位皇帝宇文觉、武帝宇文邕都是宇文泰的儿子；隋朝开国皇帝杨坚是大将军杨忠的儿子；唐朝开国皇帝李渊是柱国大将军李虎的孙子。另外，宇文泰的女儿嫁给八柱国之一于谨的儿子于翼，其孙子于志宁是唐初的宰相；宇文泰的得力干将侯植，其孙子是唐初名将侯君集；宇文泰另一位干将杨绍的两位孙子是唐代宰相杨思道、杨恭仁；而武则天的外祖父杨士达也是杨忠的孙子。据统计，关陇集团除了建立西魏、北周、隋、唐四个朝代外，出自这一集团的皇帝、太上皇有近三十位，皇后有十多位，而宰相和大将则有六七十位，其中有北周武帝、隋文帝、唐高祖、唐太宗、武则天等杰出帝王，有长孙皇后等著名后妃，和一大批名垂青史的政治军事人才，雄姿英发，生气勃勃，称得上中华民族的一代精英，其巨大影响持续一百多年，前无古人，后无来者。

关于关陇集团成员之间的联姻，这里具体谈一下独孤信和他三个女儿的婚事。可别小看这件事！其结果、其影响都是无可比拟的。

独孤信是关陇集团的核心人物之一，官居柱国大将军。他的长女为北周明帝的皇后；四女嫁给八柱国之一李虎的儿子李昞，而李昞的儿子就是唐朝的开国皇帝李渊；七女所嫁的不是别人，正是赫赫有名的隋朝开国皇帝杨坚！如此独特的婚姻关系，其结果就是独孤信的两个女婿、一个外孙都是皇帝，其中还包括隋唐两大王朝的开国皇帝！这种由一个集团产生三个朝代开国皇帝的现象，在历史上是绝无仅有的。而这令人惊叹的婚姻，使独孤信得到一个有趣的外号——"中国古代第一老丈人"！是的，他这种身份不仅古代唯一，即使近代的宋查理和他膝下的"宋家三姐妹"也没法和他相比，太不可思议了。

然而，这种婚姻关系带来的，还不仅仅是龙子龙孙、开国君王。我们知道，杨坚自称是出自"弘农杨氏"，也就是历史上头一等的汉族高门大姓，不过史学家们都断定他这是假冒的，他也根本不是汉族。我们没法同杨坚辩论他的出身、他到底属哪个民族，姑且就算他是汉族吧！他算汉族，但他的岳父独孤信却是鲜卑族，他的夫人、他的皇后独孤伽罗也就只能女随父亲是鲜卑族。这样一来，他们的儿子，那搅乱了整个中国历史的隋炀帝杨广，自然就是汉族与鲜卑族的混血儿，而且两种血统至少各占百分之五十。至于李渊，当然也同杨坚一样，不愿意承认自己是"胡人"（少数民族）出身，也要冒充汉族的高门大姓。他姓李，姓李的门户最高的是哪一家？一比较最高的就是陇西李氏，也就是西汉飞将军李广的那个陇西李氏，于是李渊果断地冒充了这一名门大户。同样，专家们断然否定李渊出生于陇西，但为了讨论的方便，我们这里也姑且"算"李渊出身汉族大户，"算"是汉族。李家这一脉"算"是汉族了，但其外祖父独孤信是鲜卑族，这没办法，没法再假冒，李渊同他的姨表兄弟杨广一样，也只能是两种血统各占百分之五十的混血儿。但是，李渊自己的皇后窦皇后又是鲜卑族！这样，他们的儿子、一代明君李世民，通过简单的推算，身上就有四分之三，也就是百分之七十五的鲜卑血统！这样说还必须加上"至少"二字，因为他是否有那个所谓的陇西李氏血统还有着大大的问号。

  血统如此，证据确凿，无可置疑。不过，从另一个角度去看这个问题，却能得到一个全新的历史解读、文化解读。隋、唐两代最高统治者，血管里流淌着异族的血脉，他们在面对来自汉族以外的文化、习俗、信仰时，自然就不会有那种厌恶、敌对的排斥感，反而因为血浓于水，会产生一种发自内心的文化认同感、民族亲和感，对异族的东西感到亲切，容易接受。出自这样深层次的心理原因，就直接导致隋唐两代会推行中国古代历史上最开放的对外政策和最平等的民族政策，包容大度、广泛吸纳、勇于学习，这就一点也不奇怪了。另外要举出的例子是，李世民的长子李承乾，贵为皇太子，却一点也不喜欢汉族的生活方式，而是宁愿披头散发，去当少数民族酋长李思摩的徒弟，过那种住帐篷、吃烤肉的游牧生活。这种野性的诱惑对李承乾能有如此大的吸引力，其深层次的原因，就是他的骨子里就有着曾外祖父独孤信鲜卑文化的深深烙印。几场婚姻，能影响到后来两个强大王朝的对外政策和民族政策，这听起来似乎不可思议，然而这是真实的历史，也是关陇集团文化多元化的具体显现。

在关陇集团崛起的过程中，是贺拔岳将他们带到了关陇一带，如果不是这样，这个集团可能就无法形成或者会遇到很多困难。当时没有比关陇更合适的发展地区，关中的地域优势是特别突出的。贺拔岳启用了他们、培养了他们，使一帮年轻人成长为杰出的军事人才；还有贺拔岳自己是少数民族，他本身就能恰当处理各族之间的复杂关系，这些都感染、熏陶和点化了集团成员，使得后来的关陇集团在处理各民族团结的问题上，几乎成为历史的典范。

贺拔岳走了，但他的后来者接踵而上，形成了一个历史上的神话——关陇集团。

我们在啧啧称道关陇集团的同时，不要忘记了它的引路人——贺拔岳。

迎来公主处　玉体横陈时

公元535年（东魏天平二年，西魏大统元年），北魏分裂为西魏和东魏，马邑地属东魏。东魏的北境与蠕蠕（匈奴、鲜卑之后活跃于漠北的少数民族）也就是柔然搭界，二者战和不定。马邑一带屡次成为战场，但也曾是双方多次迎亲的场所。双方嫁出的女孩都称"公主"，但谁是真公主谁是假公主，后世已难以一一确定。

东魏兴和三年（公元541年），柔然统治者阿那瓌送上丰厚的聘礼迎亲，而东魏丞相和实际的统治者高欢也亲自送"公主"出嫁，双方在马邑聚会，一时鼓乐喧天、旌旗飞扬、热闹非凡。迎亲办得隆重，双方都很满意，于是二者的关系大大改善，一方嫁女儿，一方迎公主，马邑一次次成为喜庆之地，起到了桥梁作用。

东魏武定三年（公元545年），高欢为儿子高澄向柔然头兵可汗求婚，但对方的回答却是"高王自娶则可"，意思是认为高欢比较有出息，我的女儿要嫁就嫁老子，不嫁儿子。这可让高欢为难了一阵子，他陷入犹豫不决中。此时，他的下属都劝他为了国家大计，必须与柔然联姻，应当答应这场

婚事。而出乎意料的是，就连他的夫人娄氏和差点成了新郎官的儿子高澄，也都力劝他娶对方的公主。高欢不能不答应了，于是他抱病来到马邑，亲自迎接异国的公主。这位公主在历史上很有名，称"蠕蠕公主"，与欧洲历史上的"茜茜公主"一样，是通过复杂的跨国婚姻加强不同国家之间的联系，也就是后世所谓"嫁出一公主，胜过十万兵"。

高欢到马邑迎亲，聘礼不用说何等丰厚，场面不用说多么排场，而头兵可汗给蠕蠕公主的嘱咐则是"等抱上外孙再回来看我"。这嘱咐充满了人情味，使得这场涉外婚姻喜上加喜，表明双方关系已到了一个非常亲密的阶段。这还不够，公主到了晋阳也就是太原，高欢的发妻娄氏情愿让出正室之位给公主，自己退居二线做偏室，这可让高欢万分感动，跪在娄氏面前表示谢意。就这样，一场发生在马邑的婚姻，化干戈为玉帛，促使东魏与柔然的政治关系大大改善，为双方赢得了一段和平时期。

当东魏变成北齐时，与东魏对应的西魏也变成了北周。而再到北齐后主也就是高纬时，东西双方力量对比早已失衡，北周不断向北齐发动凌厉的攻势，战场告急文书如雪片般飞来，但后主高纬却根本不管，甚至根本都不看告急文书，自己照旧过那种花天酒地的享乐生活。周军已打到近在咫尺的平阳了！身为丞相的高阿那肱连着接到三封告急文书，但他压着不上奏，而高纬却带着爱妃在祁连池（今宁武天池）游猎。等到天快黑时，使者报告"平阳（临汾）已陷落"。面对生死攸关的危急情况，高纬的爱妃冯小怜却若无其事地要求高纬"再杀一围"，继续游猎。高纬听了，决定不回去，留在祁连池"再杀"那些对自己无害的麋獐狐兔。终于，晋阳就要失陷了，走投无路的高纬先将家人送到马邑安置，随后自己也仓皇北逃。后来因为情势危急，他又转而逃往青州（今山东），就在那里断送了自己的国家，北齐亡国了。关于这段史事，唐代著名诗人李商隐有《北齐二首》，其中一首写道：

一笑相倾国便亡，何劳荆棘始堪伤。

小怜玉体横陈夜，已报周师入晋阳。

巧笑知堪敌万机，倾城最在著戎衣。

晋阳已陷休回顾，更请君王猎一回。

诗中"一笑"指的是周幽王宠爱褒姒，点烽火调动诸侯以求其一笑，借所谓"烽火戏诸侯"的典故来讽刺高纬，而冯小怜的"更杀一围"也成了值得后人千秋警示的名典。冯小怜玉体横陈在哪里，史书上没有明说，但因为高纬曾送家人到马邑，或许马邑就成为冯小怜冤魂安葬的地方吧。

唱出《敕勒歌》的斛律金

提起斛律金,知道的人就会想起那首传唱千古的《敕勒歌》。而不知道的人在读到《敕勒歌》,叹赏不已时,往往会问:"写出这首诗的是哪一位大诗人?"等答案揭晓时,才知道这是一位几乎不识汉字的少数民族武将写的,他的名字就叫斛律金。把斛律金与《敕勒歌》联系在一起是最常见的,但很多人不知道,斛律金战功累累、贡献多多,他的历史贡献并不是仅仅写了一首出名的诗而已。

斛律金(公元488—567年),字阿六敦,朔州敕勒部人,高车族。其高祖倍侯利,以壮勇闻名塞北,北魏道武帝时率领他的家族迁入内地,赐爵孟都公。敕勒,即丁零,是南北朝时居住在我国北方的一个游牧民族,被当时另一个少数民族茹茹(即"蠕蠕"或"柔然")击败,种族离散,其中斛

律金所在的一部内迁到朔州。这个家族历北魏、北齐、北周诸朝，屡立战功，位至封王，所谓"明月忠壮，仍世将相，声震关右，势高时望"。这里明月是指斛律金的儿子斛律光（公元515—公元572年），字明月，人称"落雁都督"；而"声震关右"意思是他们这个家族当时在山西及其他广大地域都享有很高的声望，并且世代相传。

斛律金这个人，性敦厚，善骑射，行兵用匈奴的方法，看见一团烟尘就能知道敌人有多少骑军、多少步兵，而趴到地上听一听，又能知道对方的远近。他刚当上军主时，与柔然主阿那瓌在一起，阿那瓌看到斛律金射箭，由衷地佩服他的功夫。北魏末年，天下大乱，斛律金趁机而起，先后投奔过几股不同的势力，先和弟弟斛律平一起投奔了军阀尔朱荣，后又归于高欢。在纷纷乱乱中斛律金逐渐崭露头角，官也越当越大，变成高齐政权中的重要角色，直至位居三公之一的太师。由于斛律金和北齐最高统治者联姻，皇帝们也频频成为斛律金府中的常客。当时，斛律金一门有一位皇后、两位太子妃、三位公主，尊崇无比。但此刻，斛律金也隐隐感到一些高处不胜寒。他对儿子斛律光说："我虽然不读书，但也听说过东汉时大官梁冀等人，身为外戚，权高位重，可一个接一个，无不覆灭。我的女儿如果得宠，就会受到别人的嫉妒；但如果失宠，又会受到皇上的嫌弃。我家一直是以建立功业和忠于皇上而得到富贵，岂能靠女儿伺候皇上来得宠！"他想辞掉自己的官职但未获批准，因此常生活在忧虑之中，生怕哪一天会因树大招风而为自己招来祸患。由此，可以看出斛律金生在那个乱世，却能凭着朴素的直觉，保持清醒的政治头脑，行事比较低调、谨慎，不是一个妄自尊大、忘乎所以的土军阀。凭借着这种小心谨慎，他总算平安度过了有生之年。他辞世时八十岁，也算得上福禄寿三全了。

斛律金的直觉还不仅仅表现在政治军事方面，在文化方面，他同样有着过人的良好感觉。他所在的敕勒部发祥于敕勒川，也就是今天内蒙古呼和浩特附近的平川地区。这里北靠阴山，南邻黄河；山势崚嶒，大河奔腾；雄关险道，控扼四方，不仅土肥水美，而且物产丰富，既是优良的牧场，也是兵家必争之地。面对生之养之的敕勒川，深厚的感情无时不在。经过长期政治军事生涯的历练，斛律金有着广阔的胸怀和超群的文化理解力，他看到敕勒川的雄浑气象，领悟了敕勒川的内在魅力，心中就有了感觉、有了冲动，就有了放声高歌的强烈愿望。古人爱唱歌，所谓"诗言志，歌咏言"是也，而游牧民族更是离不开唱歌。不然，一个人在空旷、寂寥的大草原上，守着无法交流的牛羊，长天白日怎么度过呢？唱歌已成为游牧民族的一种生活方式，是调节心态的基本手段，是情绪的一种宣泄渠道，同时还是彼此的重要交流方式。这里说唱歌是基本的生活方式，重要到这般程度，可能我们今天的人感到不容易理解，那就举个例子吧！史书记载，成吉思汗要向将军们下指令，但无论成吉思汗自己还是将军们都不识字，而且当时蒙古人也没有文字，所以不能用书面的文书来传谕，怎么办呢？将指令编成歌然后让使者唱，连唱多遍，滚瓜烂熟了，使者就去对将军唱，将军们对这种口头传达方式很适应、很习惯；反过来将军们的请示汇报也一样，仍然是采用唱的方式。传递军国大事都靠唱，可见"唱"在游牧民族生活中的重要性了。斛律金是敕勒人，当然爱唱歌、会唱歌。面对蓝天白云下的敕勒川，印象、情感一齐喷涌而出，斛律金不能不引吭高歌，以表达对敕勒川的喜爱、敬畏、眷恋。

　　据说，《敕勒歌》是用鲜卑语唱出来的，是歌而不是成文的诗，这也不奇怪。敕勒部和敕勒川，谁依托谁来命名已说不清楚了，但由于敕勒部没有文字，甚至没有独立的语言，因此用鲜卑语的敕勒川来命名自己部族，这种可能性是比较大的。然而鲜卑语同样没有文字，所以最初的《敕勒歌》只能是歌而不是诗，靠着口口相传而流传开。那么，鲜卑语是怎样一种语言呢？从现在流传下来用汉字记录的鲜卑词语来看，它粗犷、豪放、直白、坦率、真诚，喜欢用现实存在的事物来做比喻，如蓝天、白云、苍鹰、骏马。提起今天的少数民族歌曲，我们可能立刻想到慷慨激昂、舒展辽远的《敖包相会》《嘎达梅林》《赞歌》，想到抒情缠绵、朗朗上口的《跑马溜溜的山上》，以及王洛宾的西部民歌。对照这些草原民歌，再去想象用鲜卑语唱的歌，我们大概就能找到一点感觉了。

回到《敕勒歌》，它太朴实了，它也太真诚了！"敕勒川，阴山下，天似穹庐，笼盖四野。天苍苍，野茫茫，风吹草低见牛羊。"寥寥数语，没有一点多余，没有一句废话。首先，"敕勒川，阴山下"，交代了环境、位置，将历史上多个民族出没并拼死争夺的阴山与敕勒川联系在一起，就使读者对敕勒川立刻萌生了特别的感觉。而将天比作穹庐，是因为游牧民族住的就是穹庐也就是圆形尖顶帐篷，他们对穹庐太熟悉了，而且越是在广阔的大草原，就越容易感到苍天真的像大帐篷一样罩在上面。这比喻不仅贴切、生动，而且太形象了。有专家研究过，游牧民族大多敬天，把天看作最神圣的崇拜对象，匈奴人如此，突厥人如此，契丹人如此，后来的蒙古人如此，那整天头顶着万里长空的敕勒人也同样如此。把最熟悉的穹庐和最崇拜的苍天联系在一起，是斛律金发自内心的感情流露；而天苍苍、野茫茫，这是其对自己生活环境的宏观认识和基本的描述。说它宏观，原野茫茫是无垠的，走完一程又一程，永远走不到尽头，永远是远在天边；而说天苍苍，苍是抽象的，很难用具体的语言来表达什么是苍苍，但它所引发的却是一种特别的美感，壮阔、舒展，不仅是视觉上的，而且是精神层面的，根本无法用别的词汇来代替。

在宏观与抽象交替的语汇营造出的这个巨大的空间里，当你在其中极目四望，在其中张开想象的翅膀，上下驰骋、左右翻飞时，微观而具体的描述突然来了！风吹草低，原来隐藏在草中的牛羊显露出来了！那草长得是如此茂密，以致无风的时候就看不见牛羊。不难想象，有这样高的牧草滋养着，那牛羊又该长得多么肥壮，而能长出这样牧草的敕勒川，又是何等的富庶、肥美！赞美、欣喜、自豪油然而生，这还用得着再说别的吗？就这样，短短二十七个字，从宏观到微观，从抽象到具体，从视觉印象到情感流露，一直到精神上的愉悦，那种感受所引发的，不仅让人难以忘怀，而且给人以充分的人生启迪：就应该用这样的态度去对待自然、对待家乡！这首歌达到了一首歌所能达到的最高境界。所以，它理所当然地成为中国古典诗歌中的上乘之作，并值得永远传唱。

我们现在看到的汉语《敕勒歌》是经过翻译的，是将鲜卑语的歌变成了汉语的诗。但除了翻译者本身所具有的文学素养值得赞叹外，我们也不难断定，斛律金原来的鲜卑语歌，其风韵、其用意就应当是这样的；翻译的每一个字都绝对忠实于原意，根本不可能是其他的意思。因此，说《敕勒歌》是斛律金的天才之作，就是对这首杰作的基本评价。

文化程度不高、不懂汉语的人，是否能写出高水平的诗歌？回答是肯定的。既然身为刺客的荆轲能高歌"风萧萧兮易水寒"，既然不读书的刘邦能写出"大风起兮尘飞扬"的《大风歌》，既然同样不读书的项羽能唱出"力拔山兮气盖世"的《垓下歌》，那又有什么理由去怀疑心胸开阔、阅历丰富的少数民族杰出人物斛律金，同样能唱出"天苍苍，野茫茫"的《敕勒歌》呢？

将星升起 将星陨落

公元581年（隋开皇元年），杨坚篡夺北周政权建立隋朝，是为隋文帝。这个新的王朝为中国历史上最强盛的黄金时代——隋唐拉开了序幕。

当时，隋王朝在朔州郡设立朔州总管府（隋文帝开皇年间），表明了对这一战略要地的重视。与之前的情况相同的是，朔州继续是中原汉族与塞上游牧民族拼死相争之地，马邑（隋炀帝大业年间改朔州为马邑郡）继续是和蕃"公主"出嫁塞外的必经之地；不同的是，中原换了政权，变成了大隋，而塞上漠南也换了主人，成了突厥。隋与突厥的冲突起起伏伏，有时甚至非常激烈，马邑多次成为双方角逐的战场；但有时也嫁娶往来、称兄道弟，先后有安义公主、义成公主经马邑而远嫁塞上，好像彼此从来没发生过冲突似的。后来突厥分裂为东、西两大部，东突厥是隋朝扶持下建立的，于是隋朝主要的敌人就是西突厥。

开皇十九年（公元599年），汉王杨谅率领杨素、高颎等名将出朔州讨伐西突厥，高颎先派部下在朔州征战七日，获胜后追击至大青山以北七百里而还。第二年隋文帝又让杨谅与史万岁出朔州道，再次与西突厥开战，并取得大捷。出发与凯旋都在朔州，朔州一时好不风光，但这里位置非常，好日子也不是常有的，因此朝廷特别强调要加强马邑的防御。隋王朝将一个又一个经过慎重选择的能吏和名将派往马邑，并且大力修缮加固这里原有的长城，使之成为抵御突厥入侵的第一道坚强屏障。然而，花开花谢，潮起潮落，马邑（朔州）既是将星升起之地，也是将星陨落之地。

先说在朔州升起的将星。隋初，太原祁县人郭衍任朔州行军总管。他骁勇善战，有谋略，领兵驻守平凉（今甘肃平凉）时，几年中突厥都不敢犯边。接着，他担任开渠漕大监，负责开凿从长安到潼关的漕渠。这一段人工渠是隋代大运河的重要组成部分，是解决首都粮食供应的生命线。郭衍统率水工，凿渠道，引渭水，仅用不到两年时间，就凿通漕渠四百余里，为巩固长安的首都中心地位立下大功，这条渠也被誉为"富民渠"。后来隋文帝挑选朔州总管人选，挑来挑去，最后选中了郭衍。

郭衍到任后，看到辖境内恒安镇（今山西大同）运粮不便，就选择肥沃土地设置屯田，一年下来所产粮食不仅满足了军需，而且还有万余石的剩余，解除了百姓们辗转运输的劳苦；在修长城的同时，他还整修了毁废已久的桑干镇（今朔州山阴县），这些都使文帝非常满意。

杜彦，性勇敢，善骑射，以大都督的身份坐镇朔州，声威远震，突厥不敢犯边。赵仲卿，政令威严，对突厥征伐多有胜绩。宇文弼，慷慨有大节，博学多才，为官正色，为百僚忌惮。源雄，任朔州总管期间，多次俘获敌军将士，后来隋文帝准备伐陈，任命他为朔州行军总管，文帝还特意为这一任命颁布诏书，称："只有你上大将军、朔方公源雄，见识清明确当，风度优雅果敢。你于马邑竖起抗敌大旗，安抚北方部族。你的智谋避免了外敌入侵，仗剑而出断绝了野心者的阴谋。沙漠以北，全都获得了朝廷的恩惠；吕梁一带，无不倾心于我朝。现在我选拔统帅伐陈，特地要任你为总管。"从这份诏书看，隋文帝对源雄给予了极大的赏识和信任。果然，平陈后，源雄再度任朔州总管。裴肃，出自著名的河东闻喜裴氏家族，性刚烈正直，有治政才干，任朔州总管期间，甚有政声和能名。韩洪，名将韩擒虎之弟，骁勇善战，膂力过人，与其他人不同，他被一次任命为代、朔二州总管，可见朝廷对他的青睐。还有李充、吐万绪等，都是一时的不二之选，在朔州任上立有军功。

在这一时期内，在马邑升起的最著名将星，自然非李渊莫属。

李渊（公元566—635年），字叔德，自称陇西狄道人。他的祖父李虎，是宇文泰手下的八柱国之一，是撼动历史的关陇集团的核心成员。他的亲姨母就是隋文帝的皇后独孤伽罗，因此他是隋文帝的内侄，隋炀帝的表兄。有了这一层特殊关系，所以李渊在隋文帝时"特见亲爱"，而在隋炀帝时也身居高位，担任太原留守。但是，隋炀帝是一个特爱猜忌的君王，心中对这位才华出众的姨表兄暗暗提防。当然李渊也心知肚明，为了避祸，他使出韬光养晦之计，整天嗜酒纳贿，以示自己胸无大志。大业十一年（公元615年），炀帝任命李渊为山西、河东抚慰大使，命他剿灭山西地区的农民起义。李渊击败了数股义军，势力不断壮大。当时突厥已经与隋决裂，双方撕破了面皮，不断冲突，首当其冲的马邑是隋王朝的命门，因此炀帝要李渊率所部兵马北上，与当地守军合并，以共同对付突厥。

　　由于当时形势吃紧，李渊深知自己与突厥的力量相比悬殊。他在北上时就确定了"当用长策以御之，和亲而使之，令其畏威怀惠"的方针，也就是恩威兼施、"两手都要硬"的意思。他到马邑后，对属下王仁恭说："突厥逐水草而居，持骑射为长，风驰而来，电掣而去。我若固守城池，就会常常挨打。我们也应同其所为，习其所好，才能与之抗衡。"他精选了一支两千人的队伍，完全按照游牧民族的生活习惯，逐水草而居，演练成一支特别有战斗力的精骑。这些精骑平时射猎驰骋，关键时为奇兵，出其不意攻其无备，使突厥着实吃了不少亏。由于接连失利，突厥对马邑产生了一种恐惧心理，一到这里就心里发怵。一次，突厥战斗不利，但根本没参与此次战斗的两位特勒（突厥高官）路过马邑，其部下突然莫名其妙地溃散。李渊、王仁恭当然不会放过这天赐良机，出兵追杀，不仅杀敌数千人，两位特勒也都被射死。而射死其中一位的，正是后来大名鼎鼎的唐太宗李世民。突厥一败再败，那种心理崩溃引发的恐慌感就进一步弥漫开来，很长一段时间都对马邑走避为上，不敢来犯。

马邑是许多将星冉冉升起的地方，是这些人的福地，但同时也是另一些将星的陨落之地。李渊属下担任马邑太守的王仁恭，就是其中最悲怆的一位。王仁恭是天水上邽人，而天水正是飞将军李广和名将赵充国的故乡。从名将之乡出来，这王仁恭也确实不是等闲之辈。他性格刚毅、沉稳，善于骑射。因为屡立战功，进位大将军。以大将军的高位担任一个级别低了许多的郡太守，这不是"杀鸡用牛刀"，而是面前的敌人过于强悍，隋王朝不能不认真对付。

大业十年（公元614年），突厥始毕可汗率轻骑数万来寇马邑，当时郡兵不满三千，王仁恭挑选精锐逆击破之；后来突厥再次来犯，又被王仁恭率四千骑掩击，斩获千余人，大获六畜而归。王仁恭在马邑小试牛刀，但这时隋王朝已走到了它的最后岁月，遍地农民起义，处处烽火连天，再加上突厥就在不远的地方窥伺，随时准备借机入侵，使王仁恭不敢有丝毫的懈怠。但成也马邑，败也马邑，当李渊奉调离开马邑时，王仁恭孤立无援，就屡吃败仗并受到隋炀帝的责难。刘武周在马邑起事时，王仁恭被马邑少年张万岁杀死，一代将星就这样陨落在马邑。

炀帝三次北巡

隋末一段不长的时期，也就是几年内，有三位君王级的大人物先后出没在马邑，这也算是中国历史上的一段奇闻。一位是在马邑起事、被突厥封为"定杨可汗"的刘武周；一位是在马邑抗击突厥，后来当了唐朝开国皇帝的李渊；还有一位就是隋朝的"现役"皇帝隋炀帝杨广。

隋炀帝害死其父，抢得皇位，依靠权臣杨素的支持，平定了汉王杨谅在并州（今山西太原）的叛乱，实现了对全国的控制。不过，由于是靠血淋淋的政变上台，他经常梦魇附身、夜不成寐，除赶快迁都洛阳、躲开长安那个魅影幢幢的地方外，他还不断四处巡游，以夯实自己的统治基础，寻求心理上的安慰。他下诏书道："古者帝王，观风问俗，皆所以忧勤兆庶，安集遐荒。自蕃夷内附，未遑亲抚，山东经乱，须加存恤。"这意思是，巡游四方是安定国家的必要举措；而"蕃夷内附"指的是已经入居塞下的东突厥的启民可汗，炀帝说自己因为太忙，还没顾得上去看望启民可汗。讲完了理由，隋炀帝就开始巡游。

大业三年（公元607年），炀帝率六宫等大队人马，旌旗千里，浩浩荡荡，在禁卫军护卫下，来到山西北部。雁门太守进献的食物精美，炀帝一高兴就升了他的官；而马邑太守杨廓献上的食物不精，炀帝不但罢了他的官，还罚他到前一位太守那儿去学习为官之道，学习人家是怎么接待皇上的。炀帝途经马邑，来到榆林郡（今内蒙古托克托县），与突厥启民可汗举行了盛大的联欢聚会。就是在这次聚会上，隋炀帝命建筑大师宇文恺建了一座可容纳千人的大帐篷。之前，著名学者颜之推在《颜氏家训》中说："南方人不相信会有能容纳千人的大帐篷，而北方人不相信会有能容纳万石粮的大船。"这下，这座空前的大帐篷让许多人开了眼，也使得隋炀帝踌躇满志，很得意了一阵子。总体来说，隋炀帝的第一次北巡是成功的，起到了安抚突厥、宣扬国威的作用，也满足了炀帝自己的表现欲望。

第二年，隋炀帝继续北巡，率庞大的车队出雁门、过马邑，再出杀虎口，来到五原（今内蒙古包头），视察了那里的长城，并下令在汾州（今汾阳市）以北汾河源头建汾阳宫（今宁武县天池附近）。本来，建汾阳宫对隋炀帝来说是一件轻松愉快的事，这汾阳宫环天池而建，山水楼阁相互辉映，是一处理想的避暑胜地。但隋炀帝在这里打猎，几天下来一无所获，感到十分扫兴。偏偏他的儿子齐王杨暕打猎却大有斩获，还将打到的麋鹿献给炀帝，这更使隋炀帝脸上挂不住，恼羞成怒之余，即刻罢免了杨暕的左右从官。就因为如此小事，弄得炀帝的第二次北巡很不愉快，这也反映出炀帝的北巡是将私欲与国家大事搅和在一起的，而且很容易受到个人情绪的影响，并不是一种理性行为。

过了几年，在洛阳待烦了的炀帝又开始了第三次北巡。本来，由于对突厥采取分化策略，突厥与隋朝长期和平相处、相安无事，但启民可汗死后其子始毕可汗继位，一方面"部众渐盛"，另一方面也自恃力量增强，而逐渐开始与隋朝拉开距离，并出现冲突。炀帝的大臣裴矩向炀帝献策，让炀帝将宗室女嫁给始毕可汗的弟弟，以离间始毕兄弟。可始毕的弟弟不敢接受，这一计谋没有成功，反而让始毕由此对隋产生怨恨。一计过后，这位足智多谋的裴矩又献一计，说突厥本来憨厚淳朴，只是因为有了一帮极为狡猾的黠胡在旁指点，这才使突厥变得聪明起来。他要炀帝想法除掉始毕身边的黠胡，而首先的目标就是始毕的心腹谋臣胡悉。炀帝采纳了裴矩的计谋，假托要在马邑举办盛大的互市，拿出许多珍贵的宝物，说只要有米者，就可得到这些宝物。胡悉性本贪婪，就背着始毕"率其部众，尽驱六畜，星驰争进"，抢着赶着来到马邑。曾经多次设下过圈套的马邑，再一次成为轻信者的葬身之地，胡悉与他的部众被隋军"诱而斩之"于马邑城下。然后炀帝诡称胡悉背叛，所以杀了他，并"诏报"始毕可汗。始毕当然清楚这是隋炀帝要除掉自己身边谋士的狠毒之着，因此始毕开始拒绝向隋朝纳贡，双方的裂痕进一步加深。

隋炀帝的三次北巡，本来的目标是缓和或进一步加强与突厥的关系，以减轻边境压力，但由于把私欲与国家大计混在一起，且在具体处置上耍小心眼，不仁不义，企图以小智小术对待突厥，结果反而弄得双方刀兵相见，边境局势更加紧张。马邑在这三次北巡中，时而是接驾驿场，时而是互市之地，时而又成为血腥的屠场，可叹也夫！

也就在炀帝第三次北巡期间，爆发了震惊全国的"雁门之变"。隋炀帝对突厥翻手为云，覆手为雨，小算盘打得很精，既要威慑震撼，又要假施仁义；但突厥对隋的怨恨日增，二者渐行渐远，隋炀帝想通过北巡来达到控制突厥的目的，已经愈来愈难以达到了。大业十一年（公元615年）八月，隋炀帝从汾阳宫出发再度北上，谁知他刚一出雁门，突厥始毕可汗就得到情报，立即率数十万骑兵风驰电掣而至，准备偷袭隋炀帝，这是炀帝完全没有想到的。幸亏义成公主及时通风报信，炀帝才仓皇逃入雁门（今山西代县）。很短时间内，雁门郡四十一城，突厥已攻陷三十九城，雁门城也岌岌可危。当时小小的雁门城内塞了十五万人，粮食、水都成了大问题。突厥的飞矢不断落在炀帝面前，炀帝吓得大惊失色，眼睛都哭肿了。此刻，有人建议重金悬赏各方来救，并要炀帝不再征辽（攻打高句丽），炀帝都答应了。重赏之下必有勇夫，各地纷纷来援，义成公主也在突厥后方帮忙。经过长达三十几天的围城，好不容易突厥才退去，这就是历史上有名的"雁门之变"。解围之后，将士们要求隋炀帝兑现重奖的承诺，但炀帝却一如过去那样反悔，声严色厉地问道："你们想收买人心吗？"吓得谁也不敢再提重赏的事了。此次"雁门之变"，马邑没有处在风口浪尖上，但在突厥退兵时却遭到一劫。隋炀帝得知突厥退走，一边要挽回点颜面，一边也想乘机出口气，就派出骑兵追击。在马邑城中，经过一番战斗，截获突厥老弱病残两千人，并将他们带回作为战俘，也算是自己有所斩获。

"马邑告变"与战神李靖

在中国古代数千年的诸多名将中,李靖是其中出类拔萃者,是古代十大名将之一。而在唐朝,他更是当之无愧的第一名将,并被誉为战神。那他与马邑有什么关系呢?这就要从"马邑告变"说起。

李靖(公元571—649年),字药师,隋唐时雍州三原(今陕西三原)人。他少年时就饱读史书,胸怀大志,喜欢钻研兵法。他的舅舅、名将韩擒虎对这位少年奇才十分赏识,曾拍着他的肩膀说:"可以一同讨论孙吴兵法者,就只有这个孩子了!"但直到青年时代,这都还没得到应验。隋炀帝大业末年,李靖担任马邑丞,也就是相当于现在市政府办公室主任的一个小官。在李渊、王仁恭与突厥开战时,他察觉李渊有谋取天下的异志,出自忠君爱国和年轻人的一腔热血,

他将自己捆绑起来，准备到江都（今江苏扬州）向隋炀帝告发。然而走到长安，因战乱道路不通而无法前行，这就是"马邑告变"的大致过程。

接下来发生了什么呢？按史书记载，李渊起兵晋阳，攻入长安，知道这个年轻人竟然准备告发自己，大怒之下就要杀他，李靖大呼："您举义兵，准备推翻暴君，难道就因为私怨而杀壮士！"这时，李世民在旁为他求情。他得免一死，后来就成为李世民的部下。

然而，除正史记载外，关于李靖如何出道，还有着完全不同的版本，首先就是唐代传奇《替龙行雨》。这个故事说，年轻的李靖一次赶路错过了宿头，天色已晚，正不知到哪里去投宿，忽然发现树林中隐约透出灯光。走近一看是一处大宅院，就上去敲门，结果门人以主人不在而拒绝让他进门，禁不住李靖苦苦哀求，门人才禀报了主家老太太。老太太看他儒雅有礼，不像个坏人，就答应容留他。睡到半夜，院子里忽然闹腾起来，一会儿老太太敲门进来，对李靖说："实话告诉你，我家不是普通人家，这里是龙王之府。刚才玉帝颁下旨意，要我家龙王天一亮就去楚州行雨，可是他外出不在家，我家又没有男丁，只好求你代替了！"李靖说："我是凡人，怎么能替龙行雨？"老太太说："不要紧，我看你相貌堂堂，气宇轩昂，一定能完成这件事。"李靖看老太太确实为难，就毅然答应了下来。老太太叫人牵出一匹白马，让李靖换上龙王的白衣，说："你只要骑上这马，它就会把你带到预定的降雨区域。再给你一个小瓷瓶，到时候你只要将瓶中的水滴三滴下去就可以了，千万不要多滴！"李靖骑上白马，腾云驾雾，也不知走了多少行程，云开雾散，现出苦旱中的楚州（今江苏淮安）。当时楚州已是三年未下雨了！李靖举起瓷瓶，滴下第一滴水，顷刻之间，云雾弥漫、电闪雷鸣，下起了倾盆大雨；李靖又滴下第二滴水，雨下得更大了！三滴过后，大雨如注，地上开始出现积水。这时的李靖，目睹了三年苦旱、满地生烟的楚州大地，悲悯之心油然而生：旱了这么久，滴三滴水哪里够？他接着就滴下第四滴、第五滴，由于一门心思都在救民苦难，情绪过于激动，他已控制不住自己，就不住地往下倾倒，直到把一瓶水全部倒光！此后，他骑着白马返回龙宅，本以为自己做了一件大好事，却吃惊地发现，老太太与家人都穿着囚服，齐齐跪在院子里。

见到李靖，老太太对李靖说："年轻人，你闯了大祸了！"李靖惊问是怎么回事。老太太说："你滴一滴水，地上就是水深一尺；滴三滴就是水深三尺，你把瓶中水全部倾倒，那楚州已经是水深数丈，成了泽国，而楚州之民也成了鱼鳖了！"李靖大惊，难过地流下眼泪。老太太安慰李靖说："这事不能怪你，这是天意，是命里注定的，你也是一片好心，好心没办成好事罢了。现在玉帝要追究降雨失误，我一力承担就行了。我看你胆识过人，有忧国忧民的大志向、大抱负，将来必定有大的发展机会，年轻人你好自为之吧！"在这个故事中，李靖本来是人，却能替龙行雨。它告诉我们，在唐代人的心目中，年轻的李靖就心忧天下，少有大志，具有非凡的担当意识和人格魅力，而这也就预示着李靖未来的远大前程。

与这个完全是神话的说法不同，李靖的出道还有着人间化的又一个故事。唐代传奇《虬髯客传》说，隋末，天下大乱，权臣越国公杨素府上来了一个高大、英俊的年轻人，慷慨激昂地向杨素指陈国是、议论时局。杨素一方面听得啧啧称奇，对这位年轻人十分赏识，拍着自己的座椅对年轻人说："你迟早会坐到这座位上来。"但另一方面，老迈昏聩的杨素对年轻人所说的见解、方略却只能是听听而已，根本不可能采纳。不过此时杨素身边的一位美丽的侍女却听得入神，她被这位年轻人的见识、情怀和风采深深打动了！等年轻人怀着失望的心情从杨素跟前离开后，这位侍女追了上来，悄悄问年轻人住在哪里。不消说，这位年轻人正是李靖。李靖回到旅社休息，快天亮时，忽然有人敲门，打开门，进来的正是白天在杨素家问他住址的那位女郎，她就是红拂！这段故事流传千古，也就是脍炙人口的《红拂夜奔》。此后，李靖与红拂去太原投奔李世民，路上又遇到大侠虬髯客，三人结伴同行。后世不知有多少文学家、艺术家以此为题材，描述这乱世中的风尘三侠，大陆作家王小波的《红拂夜奔》，台湾作家高阳的《风尘三侠》，不知让多少读者感动得落泪；而且在天南地北的建筑装饰与工艺品中，也都有他们的形象。相比之下，《替龙行雨》和《红拂夜奔》的故事都比李渊要杀李靖的情节有趣多了。但神话归神话，传说归传说，真实的历史还是由李靖成为李世民部下开始的，后来他才崛起成为唐朝第一名将的。

李靖在李世民麾下，因为军功一步步获得提升。在一次战斗胜利后，获得李渊的手书褒奖，说："既往不咎，过去的事我早已忘掉了。"等唐王朝展开讨平四川与江南的军事大行动时，李靖已是统帅数十万大军的行军总管了。很短时间内，他率领唐军，所向披靡，一直打到广东、广西，包括如今的越南，连下九十六州，收得六十余万户，取得了唐开国以来的最大胜利。此后，又接连讨平辅公祏等农民起义，并在抗击突厥的战斗中一枝独秀，未尝败绩。李渊闻知后得意地对诸将说："李靖简直是萧铣、辅公祏身上的'毒瘤'，一旦长上就要了他们的命！古代那些名将如白起、韩信、卫青、霍去病，哪一个能比得上李靖！"从要杀李靖，到对李靖如此赏识，正是李靖过人的军事才能改变了李渊的态度。太宗继位，李靖担任刑部尚书。为什么会让李靖担任文官呢？这个我们稍后再说，接下来，李靖升迁为中书令，也就是宰相，又转任兵部尚书。

贞观三年（公元629年），李靖回到阔别已久的朔州（唐武德四年复改马邑郡为朔州）。但这一次，他早已不是区区郡丞小吏，而是节制四路数十万大军的唐军最高统帅（行军道总管），唐朝对突厥的大反攻开始了！李靖麾下李勣、薛万彻、张公瑾、柴绍等，哪一个不是身经百战的骁将？但他们对李靖的指挥却都佩服得五体投地，并乖乖地服从命令。李靖除指挥众人外，自己也敢于出奇制胜，他亲自率领三千铁骑从马邑出发，神不知鬼不觉直趋恶阳岭（今朔州平鲁），深入敌人的大后方。这大胆的奇袭吓得突厥可汗出了一头冷汗，说："唐军如果不是倾国而来，李靖怎么敢深入这么远？"可实际上当时唐军并未集结完毕，李靖能动用的兵力就只有这么多。李靖算准了突厥毫无准备，对可能发生的偷袭猝不及防，所以才敢采取如此大胆的突袭行动。初战告捷，李靖再接再厉，继续对突厥发动凌厉攻势。等李靖俘获逃往突厥的隋炀帝萧后之后，李世民大喜过望，封李靖为代国公；紧接着，李靖突袭突厥颉利可汗，又获得大胜，国土拓展至阴山以北大漠一带。而最终当李靖部下张宝相生擒颉利可汗，献至长安时，这一次李世民激动得差点流下眼泪。他说："当年国家草创，太上皇为了百姓，不得不称臣于突厥十二年，这奇耻大辱，令我痛心疾首，坐不安席，食不甘味，今天这耻辱才得到洗刷！"极度兴奋之余，下诏大宴将士并大赦天下，以示庆祝。以后，李靖又在青海一带击败另一强悍的游牧部族吐谷浑，而部下侯君集远出大漠，灭掉高昌国（今新疆吐鲁番东南），使唐的疆域扩展到整个新疆。总计起来，李靖所部共歼敌一百几十万，是古代名将中歼敌最多者之一；而他所获得的战功，即打下唐王朝的多半江山，也是无人可及的。因为有如此卓著的大功勋，李靖被封为卫国公，开府仪同三司，这是当时对一个功臣所能给的最高赏赐。然而，除实际的加官晋爵外，还有着前所未有的荣誉奖励。这最高荣耀，就是活着时荣登凌烟阁二十四功臣像，而死后则陪葬昭陵，离李世民的陵寝最近！凌烟阁功臣像，是唐太宗李世民下令，将二十四位为国家立下大功的功臣画像挂在禁苑的凌烟阁中，这是用以表彰功臣的特殊手段，也是古代中国人梦寐以求的人生巅峰。至于昭陵的二百多座陪葬墓，位次高低是按照距离李世民本人九嵕山陵寝的远近来体现的，距离越近，恩宠也就越高。不仅公家的表彰如此隆重，私下李世民也对李靖不称"卿"不称名，而是直呼其为"兄"。李靖晚年病重，李世民关切他的病情，李靖直说没事，李世民马上亲自写信给李靖，要他将贴身照顾他的老太太派来，自己要从老太太口中询问李靖的真实病情。李靖的后人保存有李世民给李靖的二十多封亲笔信，信中情真意切，催人泪下。这些都充分体现了李世民与李靖之间英雄相惜的深厚感情。

　　接下来，我们再说李靖为什么会担任文职。原来，李靖不是一般的武将，他文韬武略无不精通。有一组陶塑，表现李靖和大侠虬髯客正在下棋，虬髯客苦思冥想，想出一步绝招："李靖啊李靖，今天我赢定了！看你有什么招能破解？"这步棋的名字叫"双拳敌四海"，但儒生打扮的李靖，略加思索，镇定而从容地还了一招，在旁观战的红拂不由得露出淡淡的微笑。虬髯客仔细一看，完了，完了！大惊失色，暴跳如雷。李靖的这招叫"一子定中原"，无解！这组陶塑曾荣获中国第一届全国工艺美术大奖，其名字就叫《红拂观局》。棋局中，三位大侠的性格、抱负、人生态度都跃然而出，李靖沉着、冷静、深邃、高远，"一子定中原"的奇招显示了他的心胸、志向，显然不是虬髯客的"双拳敌四海"、只凭一身武功打天下所能比肩的。李靖曾著有《李卫公问对》的兵法专著，是水平极高的军事学巨著，深为后人叹赏。李靖的部下侯君集，曾向唐太宗告状，说皇上让李靖教自己兵法，可李靖有所保留，不肯全部教，因此诬告李靖有反心。李靖反驳道："我教给他的，不管对付哪一个少数民族，也包括国内的反叛势力都足够用了，他还不知足，看究竟是谁有反心？"这事后来没有追究，但也能反映出李靖军事学的水平之高，是无人能及的，而且只拿出一部分就天下无敌了。李世民准备伐高句丽时，李靖年事已高，李世民还准备请李靖坐着车担任随军顾问，足可见李靖在唐人心目中，是一位无人可比的战神。另外，史书上有记载说，李靖的书法水平也非常了得，只可惜没有作品流传下来。

李靖从马邑起步，又在朔州获得大捷。他文武全才，出将入相，被誉为唐朝的第一名将、贞观名臣。由于他在唐人心目中的崇高威望，所以早在唐代就已经受到特别的敬重和爱戴，并逐步开始半人半神化，直到最后彻底变成神。这样的例子很多，尉迟敬德不也成了门神吗？那李靖成了什么神呢？台湾有很多神宫供奉三太子，其中台南新营太子宫最负盛名，香火也最旺盛。三太子是谁？就是哪吒小儿；而他的老爹，正是天宫中地位极为显赫的托塔李天王，也就是身跨人神两界的唐代战神李靖！

乱世枭雄刘武周

山西有一座张壁古堡，名列中国十大魅力古镇之一，也是山西热门旅游景点之一。除了一般古镇淳朴、宁静的原生态风貌之外，张壁还有两个别处所无的显著特点：一是庙多，小小一座村庄，竟然有三十几座古庙；二是村中有一条长达几公里的古地道，当初最早吸引游人的就是这条神秘的古地道。庙多和地道，说起来都和一个人有关，这个人是谁呢？

三十几座古庙，供的神祇大多非常奇怪，都是我们不熟悉甚至根本没听过的，而其中的一座定杨庙，更是连当地人都说不出所以然的怪庙。直到这里成为旅游景点差不多十年后，人们才弄明白，"定杨"原来就是搅乱了中国数年的"定杨可汗"刘武周。而这座定杨庙，也被正式命名为定杨可汗祠。远在介休的张壁古堡，怎么会有一座定杨庙呢？这说来话长。

刘武周（？－公元622年），祖籍河北景县，到他父亲时徙居马邑，因此他算是半个马邑人。刘武周生在尚武风习极浓的马邑，耳濡目染，从小就爱好武艺，尤其善于骑射，以骁勇闻名乡里。骁勇善骑射，是许多马邑青年共同的特点。物以类聚，人以群分，年轻的刘武周身边，自然就有了一帮同类朋友。为此，他的哥哥常责骂他，说他交友不慎，必招灭门之祸。家中不容他，他就远走他乡，闯荡中到了隋朝的东都洛阳，在太仆杨义臣手下当了一名卫兵。隋炀帝征高丽时他曾应募入伍，以军功被擢升为建节校尉，后来回乡任鹰扬府校尉，这个职务不算低，用今天的话说，就是独立团团长了。在任期间,他与太守王仁恭侍婢私通,害怕事情暴露被诛,正好碰上天下大乱,于是就称病在家,暗中聚集乡闾豪杰,准备发动起义。

大业十三年(公元617年),马邑郡发生大饥荒,饿殍遍野,郡守王仁恭不肯开仓放粮,刘武周便趁机向众豪杰鼓噪:"今百姓饥饿,死人相枕于野,王太守闭仓不恤,他哪里肯体恤百姓!"他大声疾呼:"盗贼若此,壮士守志,并死沟壑。今仓内积粟皆烂,谁能与我取之?"这些豪言壮语赢得了当地豪侠的响应。终于在二月初七,刘武周假装在郡厅与王仁恭议事,本郡少年张万岁从后庭突入,杀了王仁恭。刘武周当即宣布起事,下令割下王仁恭的头示众,一面开仓济民,一面传檄境内,短短十来天就聚集起上万人,刘武周自称太守。为了避免腹背受敌,他主动派遣使者,与北方的突厥联络。起事后,刘武周击败雁门郡派来讨伐的隋军,并攻占雁门(今山西代县)、楼烦(今山西静乐县)等郡。在夺得隋炀帝十大行宫之一的汾阳宫后,将其中的宫中丽人送给突厥始毕可汗,而始毕则回赠其许多军马,使刘武周的兵势更加壮大。在刘进一步攻占定襄(今内蒙古和林格尔)后,始毕可汗封他为定杨可汗。定杨,指的是平定杨家也就是平定隋朝,而可汗,是突厥的最高首领。另外突厥还赐予刘武周狼头大纛,也就是绣着狼头的大旗。狼是突厥人的图腾,将这样的头衔和荣耀赐给刘武周,说明他在突厥人眼中已经是十分有地位的了。

刘武周返回马邑,至此已发展成一方割据势力,地盘越来越大,人马也越来越多。野心急剧膨胀的他迫不及待地于当年也就是大业十三年（公元617年）在马邑称帝，年号天兴，这是马邑历史上第一次成为"帝都"。至今马邑还有不少遗迹，据说都和刘武周的帝京有关。刘武周称帝后，自然少不了一番大分封。他的妻子沮氏成了皇后，而他的妹婿苑君璋当上了内史令，大致相当于后来的宰相。注意，这个苑君璋也是马邑人，也不是个省油的灯，后来也曾起起伏伏，混迹江湖，成为一个乱世英雄。

刘武周称帝，明确发出了推翻隋朝的信号，而此时全国各地也相继有一批草莽英雄称帝割据，一时间天下大乱，隋王朝的江山风雨飘摇，危在旦夕了。此时，镇守太原的隋朝高官李渊，尽管与隋炀帝杨广是姨表兄弟，但刘武周称帝和汾阳宫失守，都是在他管辖的范围内，他有失职之嫌，自然担心隋炀帝会怪罪他，于是就学刘武周，一边率众起兵，一边称臣于突厥，以绝后顾之忧。接着，他留四子李元吉驻守太原，自己率兵打到关中，攻占长安。第二年（公元618年，隋大业十四年）五月称帝，国号"唐"，改元"武德"。

而刘武周这边，仍在招兵买马、扩大地盘，其间河北人宋金刚率万人来投奔他，是这段时间发生的一件重大事件。宋金刚骁勇善战，早就听说的刘武周十分高兴，他马上封宋金刚为宋王，还将自己的妹妹嫁给宋，并分给其一半家产。

宋金刚主管军事，很多人前来投奔，其中就包括马邑人尉迟恭。如果说刘武周得宋金刚是如虎添翼的话，那尉迟恭的到来，就更是刘武周后来能闹得北方大地鸡犬不宁的重要本钱。

刘武周拥有山西北部大片地区后，下一步如何走就成了问题。一个妹夫宋金刚主张趁李唐在关中立足未稳，南下攻占晋阳也就是太原，与李渊一争天下；而另一个妹夫苑君璋却主张"北连突厥，南结唐朝，南面称孤，足为上策"。刘武周选择了宋金刚的建议，任命宋金刚为西南道大行台，以尉迟敬德为偏将，率兵三万南下攻打太原。尽管苑君璋此时还在进谏，但刘武周已听不进去了，他留下苑君璋守马邑，自己也随军南下了。

刘武周、宋金刚兵锋甚盛，又得到突厥援助，很快打到太原郊外。李渊派驻太原的四儿子李元吉，遣将出战被打得大败，刘武周趁势攻占石州（今离石）、平遥、介州（今介休），完成了对太原的战略包围。远在关中的李渊听到太原被围、形势吃紧，一方面觉得太原是自己起家的"龙兴之地"，不能丢下不管，而另一方面也没太把刘武周放在眼里，就派一支军队前往讨伐。谁知刘武周设下埋伏，几乎将唐军全歼，仅主将被生擒后狼狈逃脱。李渊闻讯，感到大失颜面，更重要的是感到对手不是等闲之辈，需要认真对付了。这时，尚书右仆射裴寂主动请缨，李渊便命他出兵征讨。裴寂是唐初重臣，也有些军事经历，但在久经战阵的宋金刚面前，毕竟还是太嫩了些，竟然轻易被宋军断了水源，渴乏之际仓皇转移营寨，又被宋金刚偷袭打得大乱。裴寂狼狈逃窜，一昼夜狂奔三百里，山西中、北部地区，除太原外大都沦陷。而太原城中，负责镇守的李元吉惊慌失措，自己连夜逃跑，将守卫孤城的重任丢给下属，结果太原不战而降，也成了刘武周的地盘。

一连数次大败，这对李渊来说还是从未有过的耻辱。更要命的是，自己的龙兴之地，有强兵数万、粮食可支十年的太原，竟然如此轻易地失守，李渊的震怒可想而知。他要袒护自己的儿子李元吉，说他年幼不懂事，便迁怒于辅佐李元吉的宇文歆，还想杀了他当替死鬼，这当然说不过去，后来也没有真杀。

这边李渊还在追究战败责任，那边刘武周却在进一步扩大战果。裴寂连连败退，被挤压到黄河边的一隅之地。无奈之下，他让当地居民烧毁财物，准备以坚壁清野来坚持下去。但当时天下大乱、群雄并起，谁知道谁是正统，谁知道谁是"王师"？老百姓并没有明确的归属感，不一定非要帮助唐军不可。他们反对唐军的这一举措，甚至趁机起事，响应刘武周。

四次大败后，唐军又发动了第五次攻击，希望借此挽回败局。但这次仍同前四次一样，唐军继续在失败的斜坡上急剧下滑，李孝基部全军覆没，本人战殁在浍州（今山西翼城）战场，并且还有几位高级将领被俘。山西全境，几乎都被刘武周占领，新兴的唐王朝顿时感到极大的危机。李渊下手诏说："贼（刘武周）势如此，难与争锋。宜弃河东（黄河以东山西之西南部），谨守关西而已。"这话说得如此悲惨，固然是严峻的形势所迫，但李渊哪肯就此放弃命根子一般的山西？他这手诏其实也是一种激将法，看手下谁能站出来力挽狂澜？果然，二儿子秦王李世民挺身而出，上表说："太原王业所基，国之根本，河东殷实，京邑所资。若举而弃之，臣窃愤恨。愿假臣精兵三万，必能平殄武周，克复汾晋。"李世民是唐初最杰出的军事人才之一，李渊手下确实也没有比他更合适的人选，所以李渊不但痛快接受了李世民的主动请缨，同时将关中能调动的主力部队都交给了李世民，希冀他能挽回败局，稳定甚至重新控制山西。他亲自远送李世民到关中东部的华阴，可见他对儿子此番出征寄托的厚望。

武德二年（公元619年），李世民率部趁冰坚渡过黄河，与宋金刚展开对峙。李世民坚壁不战，为的是稍稍挫一下宋的锐气，然后再耐心寻找战机。当时从双方的实力对比和所处形势来看，刘部是"代北士马甲天下""人性劲悍、习于戎马"，战斗力很强，再加上得到突厥的援助，兵锋正炽，一时难与争锋，同时刘部连战连捷、士气正旺，而相反唐军连遭败绩，士气低落，没法仓促出战。但若从当时双方所处的大形势来说，刘、宋是外线作战，兼之裴寂实行的坚壁清野起了作用，宋部粮草补给困难，而唐军却近黄河，从富庶的关中运粮比较方便。李世民分析道："金刚悬军深入，精兵猛将咸集于是；武周据太原，倚金刚为捍蔽。金刚无积蓄，以掳掠为资，利在速战。我闭营养锐以挫其锋，分兵汾（今汾阳）、隰（今隰县），冲其心腹，彼粮尽穷，自当遁走。当待此机，未宜速战。"

李世民闭营不出，但也不是消极等待，一有机会，也会主动出击敲打敲打宋军，攻占一些地盘，慢慢消耗宋的实力，并且向当地百姓做做宣传工作，争取人心。到了此刻，拖延时间对李世民有利，形势也在逐渐转化。

当时被唐军占据的浍州，虽然孤悬敌境，但战略地位重要，是楔入刘部的一颗钉子，也是卡在刘部运粮道上的咽喉要地，所以刘武周一心要拿下此地。但几次进攻都未得手，反被唐军不断袭击，断了粮道。经过一年多的拉锯战，刘、宋军粮食难以为继，饥荒造成心慌，人心向背开始向李世民一方转化。武德三年（公元620年），宋军终于撑不住了，无奈之下只好向北撤退。机会来了！善于捕捉战机的李世民哪肯错过这个大好机会，立即亲自率领精锐出击，穷追不舍。追了二百多里后，唐军显得极度疲乏，李世民手下大将刘弘基拉住李世民的马辔，几乎要哭出来地劝谏道："不能再追了！大王战到今天，这功劳也够大了，但您还要不停深入，难道不要命了！且士卒饥疲，也该让他们歇歇了！"李世民回答道："宋金刚计穷遁走，众心离沮。功难成而易败，机难得而易失，这机会绝不能放过！"说完，他率军继续紧追宋军不放，至雀鼠谷（今灵石境内）追上了宋军。一日八战，俘斩宋军数万人，缴获辎重一千多辆。在雀鼠谷西原，李世民已是三日未解甲、二日不食了。当时军中只有一只羊，李世民与将士分食之，旋即起兵继续追赶，宋金刚退至介州（今山西介休）。这一战，唐军狂追近千里，创造了中国古代军事史上的光辉战例，也是古代骑兵追击战中的经典之作。

宋金刚退至介州，李世民尾随而至。宋金刚率残部两万多人，背城列阵，准备同唐军决一死战。此战，李世民拿出了他的看家本领：他先让部下李勣率领小股部队与宋金刚纠缠在一起，从早上打到中午，从中午又打到下午，死缠烂打，双方都没吃饭、没喝水，精疲力竭，眼看都要支持不下去了。就在此时，李世民突然率领最精锐的铁骑，从阵后杀了出来！在这致命一击之下，宋金刚部立刻阵势大乱，溃不成军。李世民乘胜追击，一直追到张难堡（今介休张兰镇），唐守将竟然没认出来人是秦王李世民，紧闭大门，据堡自守。李世民脱去甲胄，守将这才认出，赶紧请李世民入城。至此，李世民才得以饱餐一顿。是役，李世民将军事学中的"付出最小代价以消耗敌方军力，然后利用骑兵突然性强和冲击力强的特点，出其不意发动攻击"的战法发挥得淋漓尽致，取得了辉煌的胜利。此战在军事史上享有盛誉，也表明李世民已经进入中国古代一流军事家的行列。

　　刘武周在太原得知宋金刚大败的消息后，知道大势已去，于是在李世民兵临太原城下时，弃城而逃，投奔突厥。李世民顺利收复太原这李唐王朝的起家之地，赢得了实质性的大捷，也挽回了失去的颜面，那股高兴劲就不用提了。而在马邑，刘武周对曾经劝他不要和唐军对抗的妹夫苑君璋说："恨不用君言，乃至于此！"但一切都悔之晚矣，刘武周被唐军困在马邑，苑君璋与突厥联兵，夜出万余人攻破马邑，救出刘武周，到神武县，也就是今天的朔城区东神武村。后来（武德五年，公元622年），刘武周不甘心做突厥的走卒，还想再回到马邑，以图东山再起，但事泄，为突厥所杀。到此，曾经搅乱中国北方六年、使新兴的唐王朝狼狈不堪的刘武周"马邑起事"，就以刘的命丧异邦而彻底告终。

　　讲完了这一段纷繁史事，那还要回答一个前边提出的问题：为什么在介休的张壁古堡，会有一座定杨庙呢？这得先从宋金刚在介州决战后突然失踪说起。溃败中的宋金刚，在唐军的穷追不舍下突然失踪了，几经搜寻还是不见踪影，这样唐军虽然取得大捷，但没能抓住宋金刚，就使这场胜利打了一个不小的折扣。直到后来宋金刚投奔突厥又背叛，为突厥所杀，此事这才了结。但对李世民来说，没能生擒宋金刚还是一个终生难忘的遗憾。那么，宋金刚究竟是如何从唐军的眼皮底下逃脱的？这就与张壁古堡的地道有关了。民间传说宋金刚下了地道，唐军搜寻不到，他得以逃归晋北。传说归传说，但这也是宋金刚能够逃脱的唯一合理解释。至于堡中的定杨庙，一是说明，张壁是刘武周苦心经营的一个据点，事先在这里花了很长时间和很大精力挖出了长达几公里的地道，并非是仓促逃难到这里，他在当地还是有一定群众基础的；二是说明，刘武周从反抗隋朝暴政起家，在山西一部分民众心目中，是一个敢于造反的叛逆者形象，因此百姓才会给他立庙祭祀；至于第三点，刘武周多次逢凶化吉、绝处逢生，能够在汉民族与突厥两大民族之间左右逢源，能够公然挑战李渊建立的唐朝并打得唐军一败再败，因而许多人视他为福将，认为祭祀他能够为自己带来好运。

　　刘武周作为一个复杂的历史人物，早已离我们而去，但关于他的故事、他的命运，还如同张壁古堡中定杨庙的神祇一样，留给我们不少的话题。而马邑，也因为刘武周曾在这里建都而显得特别神秘，并留待我们进一步探寻：哪里是他的王宫？哪里是他的御井？哪里又是他的造箭处？

凌烟图形 以门而神
—— 唐代名将尉迟恭

中国四大古典名著之一的《西游记》中，有这样一则脍炙人口的故事：泾河老龙犯了天条，要被玉皇大帝处斩，而监斩官就是人间唐太宗的宰相魏征。泾河老龙无奈之下，就托梦给唐太宗，要他在某月某日，无论如何要把魏征拖住，这样魏征就无法上天监斩，自己就可以逃过一命。唐太宗觉得这不是什么大不了的事，而且又救人一命，于是就一口应承。到了那一天，太宗拉住魏征下棋，心想："人就在我面前，他怎么还能脱身？"下着下着，魏征睡着了。太宗觉得，魏征工作太辛劳了，就让他休息一会吧。谁知没过多少时间，魏征醒来道："刚才我做了一个梦，梦见玉皇大帝让我监斩泾河老龙，我就照他的旨意做了。"唐太宗心想大事不妙，就见半空中落下一颗血淋淋的龙头！当晚，泾河老龙的阴魂不散，就来找唐太宗索命。唐太宗急忙辩解，说自己不是有意放魏征走，没有想食言，但已无济于事，他被泾河老龙的冤魂死死缠绕，无法解脱，唐太宗彻夜难眠，苦不堪言。他实在受不了了，就找来麾下最著名的勇将秦琼、尉迟恭，让他们全副戎装，手执那曾让敌人亡魂丧胆的兵器，站在宫门口守卫。秦琼、敬德得令后，立在宫门口全神贯注，目不转睛，从天刚黑一直守护到天大亮。他们的目光，闪烁着凛然不可侵犯的正气；他们的姿影，隐含着驱退一切邪鬼的法力；而他们全部的精、气、神，又交织成一张无形的大网，护罩在皇宫的上空。当天晚上，泾河老龙的鬼魂又来了，几经盘旋俯冲，但邪不压正，怎么也冲不破这无形的金钟罩，无法靠近李世民的寝殿，只好悻悻而归，李世民睡了多日来第一个好觉。然而几天下来，李世民明显感到二位爱将面容开始显得憔悴，他们不可能天天这样值更守夜，于是李世民想了一个办法，让高手画家将二人的形象画下来，和真人一般无二，贴在宫门上。当晚，泾河老龙的鬼魂又来了，但昏暗中不辨真假，看到两位威风凛凛的勇将还是守在那里，觉得自己永

远都无法冲破他们的防线，从此就魂魄散去、含恨而终了。

这件事一传开，立刻就引起轰动，老百姓觉得："这二位能替皇上挡住鬼魅，难道不能也替我们镇宅驱邪保平安？"众望所归，人心所向，秦琼、尉迟恭就顺理成章地取代了中国神话中原有的老门神神荼、郁垒，成为护佑千家万户的中国新门神。

故事中的尉迟恭成为门神，但他却是真实的历史人物——唐代名将尉迟恭（公元585—658年），敬德是他的字。

考究尉迟恭的家世，《旧唐书·尉迟敬德传》只说他是"朔州善阳（今朔州市朔城区）人，（隋）大业末，从军于高阳，讨捕群贼，以勇武称，累授朝散大夫"。《资治通鉴》引敬德自己的话说："敬德，蓬户瓮牖之人。"即住茅草房，而且穷到用半截破水瓮做窗户，显然是赤贫如洗了，又说："臣妻虽鄙陋，相与共贫贱久矣。"这似乎是说，他是靠自己的勇武而起家的，也有传说称敬德年轻时当过铁匠。但唐太宗昭陵陪葬墓出土的尉迟恭墓志，却说他曾祖当过北魏的中郎将、冠军将军、渔阳郡开国公，赠中外六州诸军事；祖父是北齐的左兵郎中，迁紫金光禄大夫，当过济州刺史，父亲是隋的仪同三司，卫王记室。三代均为高官，照此说，他应该是当时的高干子弟了。但两相对照，很可能是祖辈富贵，到敬德时已急剧衰落到赤贫了。另据南宋郑樵《通志·氏族志》，早先雁门关外朔州善阳一带（今朔城区石碣峪附近），有鲜卑的一支尉迟部与拓跋部同时崛起，孝文帝迁都洛阳后，尉迟部改族名为尉迟氏。如此说来，敬德先祖应当是鲜卑人，而他的墓志也正是这样记载的。

尉迟敬德年轻时，正逢隋末天下大乱。对于一向以剽悍、勇武著称的朔州青年来说，从军是当时常见的出路。敬德也是这样，他投靠了隋军，因为有功而当了一名军官。但是，在历史的大潮中，隋王朝无可挽回地走向灭亡，敬德也不得不重新选择主人。这一次，他转投了后来被突厥封为定杨可汗的一代枭雄刘武周。刘武周安排他在悍将宋金刚的手下当了一名偏将，跟随宋金刚与刚建立的唐朝厮杀，攻陷晋（今山西临汾）、浍（今山西翼城）二州。

李渊晋阳起兵反隋时，留四子李元吉镇守太原，但李元吉是个花花公子，终日不务正业、残害百姓，这就为刘武周的进兵提供了借口和机会，并使刘武周得到当地百姓的支持。武德二年（公元619年），刘武周攻陷榆次，进逼并州（今太原）。由于得到其他反叛者的配合，刘武周进一步攻陷离石、介休，完成了对太原的大包围。

身在长安的唐高祖李渊，感到形势吃紧，就派兵前来讨伐，但吃了败仗。再派高官裴寂率军来战，却又一次被宋金刚打得大败，形势急转直下。镇守太原的李元吉惊慌失措、临战逃跑，使得刘武周不战而得到李唐王朝的龙兴之地太原，这不仅是唐王朝战略上的重大损失，而且对李渊来说也是奇耻大辱。震怒之下李渊继续调兵遣将讨伐刘武周，却不料连连失败、损兵折将，战况更趋恶化，终于刘武周几乎占据了整个山西，气焰嚣张，声势逼人。李渊在震骇之余，几乎想到放弃山西，在二儿子李世民的苦苦劝说之下，李渊把最后一线希望交给了主动请缨的李世民，让他率全部关中精兵出战刘武周。

有极高军事天赋的李世民来了，但刘武周、宋金刚也不是吃素的，李世民能解决掉这个极其凶悍的对手吗？果然，战况很快就陷入僵局，李世民主动高挂免战牌，采取守势，与宋金刚打起了持久战。李世民这样部署实属无奈，因为刘、宋连战连捷，气焰方炽，当时有"代北士马甲天下"的说法，而刘、宋的部属不但正是胡汉相混的代北铁骑，其中还包括很多像尉迟敬德这样"人性劲悍，习于戎马"的勇将，再加上得到突厥的背后支持，看起来刘宋大军几乎没有给李世民任何机会，李世民在这样的强敌面前，只能小心翼翼，随时警惕，以防敌人骑兵突然冲击。

相持了一段时间后，形势开始向有利于唐军的方向转化。拿尉迟敬德的情况来说吧，他起先不断取胜，斩获甚多，但在俘虏唐永安王李孝基后，还没等庆祝胜利的酒宴散去，李世民就派殷开山、秦叔宝率军在美良川（今山西闻喜县西南）奇袭敬德所部，斩首两千余级，敬德、寻相仅以身免。紧接着，宋金刚命令敬德、寻相增援蒲坂（今山西永济），李世民亲自指挥部队在安邑（今山西运城）设下埋伏，敬德、寻相全军覆没，只有他们二人逃回，再次领教了李世民的厉害。经过一年多的反复拉锯，李世民为自己创造了大反攻、大决战的条件，不仅军力对比开始发生转化，而且唐军赢得了人心，赢得了时间，赢得了士气。武德三年（公元620年），唐军趁宋金刚粮尽退却，展开了战略反攻。在击败寻相、敬德所部后，就对逃跑中的宋金刚穷追不舍，一昼夜狂追近三百里，追上宋金刚后一日八战，宋金刚无论是身体还是精神都被完全击垮了，逃到介州（今介休）。这次战斗是中国古代追击战中的经典战例，被载入战史，也是李世民最值得自豪的胜利之一。

在介州，宋金刚穷途末路，摆出阵势要同李世民殊死一搏。但看看李世民的阵容吧！大旗之下，威风凛凛的是披甲执锐的李勣（瓦岗寨中的军师徐茂公）、程咬金、秦叔宝一干人马,哪个不是当世豪杰!李勣首先挑阵,双方展开厮杀,杀得天昏地暗。正在双方陷入纠缠、感到疲惫不堪时,李世民亲自率领最精锐的铁骑如电闪、如狂飙,突然从宋金刚阵后冲了过来!宋金刚哪能经得住这样的冲击,阵脚顿时大乱,失败已是无可避免,唐军乘胜追击几十里。宋金刚逃到介州东南方,突然玩起了失踪,不见踪影了。但传说这同今日介休张壁古堡中的地道有关,意思就是宋金刚钻到地道里躲起来了。

兵败如山倒,失去主子的尉迟敬德、寻相、张万岁等,退入介州城中死守,李世民派人入城劝降,但敬德等人还是坚持不降。不过,此刻大势已去,已容不得敬德等人再犹豫下去了。清代《唐鄂国公尉迟忠武碑记》详细记述了尉迟敬德在这段时期的整体表现和降唐过程:"隋唐大业之际,群雄鹊起,多奸豕突(奸猾之徒像野猪一样乱窜),僭尊号者十有八,拥大众者六十四。珉玉相淆,龙蛇莫辨。一时,豪杰蝇营鹜趋(哪里有利就去哪里)、朝秦暮楚者(看谁势大就投奔谁),不可胜计。公以遐荒穷士(敬德是边远地方走出来的穷苦之士),风云未际,泥途尚溷(看不到前途),始虽借径于庸主(庸主指刘武周),不过相遇以众人。而乃能建奇功、树伟绩,不浃旬而动辄下关南十有余城(尉迟恭不过数十日就攻下雁门关以南十余城),其酬主知不已足乎(不也是对得起刘武周了)?迄定杨(刘武周曾自称定杨王)之败也,而公且为之收遗骸、具棺殓,葬祭成礼,欲以身殉。及至唐俭(李世民派来招降的官员)敦劝不已,秦王备礼相招,而公犹必要约三章,服丧七日,然后往见唐主。其忠梗之所在,虽与日月争光可也。是岂世之狗丧狐媚、忘君事仇者可同日语哉?"

而对尉迟恭表现出来的"忠""义",碑文的评价是"三晋中,以名将而称名臣,为天下古今所健羡,儿童走卒所艳传,汉唐以来,卫(青)、霍(去病)、裴晋公(唐朝名相裴度)而外,厥惟公与武安王关公为称首"。就是说,山西所出的诸多名将,这五人是最值得称道的。

尉迟恭投了李世民这样的"明主",很快就成为李世民的心腹,被任命为右一府统军,随李世民赴洛阳迎击王世充。然而,就在此时,同敬德一起投降的寻相等人都逃跑了,李世民手下部将都怀疑敬德也会跟着叛逃,就将他抓起来囚于军中。屈突通、殷开山等高官对李世民说:"敬德初归我唐朝,感情还没转过弯来;此人勇健非常,如果把他关得时间久了,他一定会心生怨恨,不如现在就把他杀了。"李世民说:"我的感觉和你们不同。如果敬德想叛变,岂能在寻相等人之后?"他马上就叫人当场释放了敬德,并且把敬德叫到卧室,赐给敬德许多金银珠宝,对敬德说:"大丈夫以坦荡志向而相交,不能以小事而介意。我不会听别人的谗言而害忠良,请你仔细体会。如果你一定想走,那这些财物就算送给你的路费,表达我们共事一场的感情。"敬德当时也没太多的话,但是发自内心地领受了李世民的一番深情厚谊,并选择了留下来继续在李世民麾下效命。

然而,意想不到的事情就在当天发生了!敬德随李世民前往敌营窥探,突然遇到王世充率领数万人突袭,王世充手下的骁将单雄信带一队人马直取李世民!单雄信功夫了得,手执长槊(一种类似矛的长兵器),《说唐》称他有万夫不当之勇,为天下第十条好汉。万分危急之际,许多人在这突然袭击面前慌了手脚,不知所措,就连李世民也不敢应战,拍马就逃。单雄信紧追不舍,寒光闪闪的槊尖眼看就离李世民的后背不远了！就在此刻，猛听到霹雳般一声大吼："单童休伤我主！"只见尉迟敬德单骑杀到，横在单雄信和李世民之间，挡住了单雄信的长槊。当时敬德身上没有铠甲，《说唐》甚至说敬德是光着脊梁，而手里只有一把短兵器——铁鞭。单雄信不知来人是谁，但是见他没有铠甲，手里又没有长兵器，就没太把他放在眼里，挺着槊对准敬德的前胸刺了过来！说时迟那时快，就在槊尖快要接触到身体时，敬德猛地向左一闪，躲过了单雄信的致命疾刺，还没等敬德转身，单雄信又刺出了第二下！这次敬德是向右躲，紧接着，第三下、第四下飞快地刺来，敬德都是在槊尖擦着衣服的瞬间躲过！度过了惊心动魄的几秒钟，敬德定下心来，双方的气势此消彼长，单雄信已经没了刚接触时的那股狠劲，但他还是又刺出了一槊！只见敬德在扭腰躲闪的同时，猛然用左手抓住了刺过来的长槊，而右手的铁鞭就向单雄信的肩部抡了过去！单雄信挨了一鞭，一声大叫，松了手，长槊就转到了敬德手中。此刻，最善于使槊的尉迟敬德手中有了长兵器，如虎添翼，就向单雄信反刺了过去！单雄信惨叫一声翻身落马，被手下舍命救了回去，这就是脍炙人口的"尉迟恭单鞭夺槊"。紧接着，尉迟恭护着李世民杀出重围，救了李世民的命，也随即改变了战局。只见他率领精锐骑兵，直接就冲向王世充。经过数回合交战，王世充所部终于不敌而溃，慌忙逃窜，敬德乘势生擒王部勇将陈智略，活捉精锐的排槊兵（长矛兵）六千人。战后，惊魂初定的李世民对敬德说："就在不多一会儿前，众人还说你一定会造反，只有我力保你不会这样。这不，立刻就得到验证，真是天意！"随即赏赐给敬德一箱金银，从此对敬德的恩宠也日益加深。

此番单鞭夺槊，使得敬德的避槊功夫一下出了名。在后来的一系列的战斗中，敬德不但能躲避敌人的单槊，而且即使对方多人齐刺，他也都能躲过，反复出入重围，自己却毫发未损。更令人称奇的是，他还经常在避槊的同时又夺过对方刺过来的槊还刺对方。避槊、夺槊、还刺样样精通，这使得号称使槊（也是一种类似矛的长兵器）功夫第一的齐王李元吉心里很不爽，就向敬德发起挑战，要同敬德比试对刺。他提出双方都用去了槊尖的长竿，但敬德回答道："纵使您加刃，终不能伤我。但我的槊要去掉刃尖，以免对您造成不敬。"这话大大激怒了元吉，于是他就挺着明晃晃的长槊，狠狠地刺了过来！一槊，两槊，不知刺了多少槊，但敬德从不还手，只是一下又一下地躲闪，等到元吉刺得手酸无力了，双方这才停止。整个过程中，元吉竟然无一刺中。看到敬德功夫如此好，在一旁观战的李世民就问敬德："避槊、夺槊，哪个更难？"敬德答道："夺槊难。"于是李世民就让敬德去夺元吉的槊。元吉跃马挺槊，恨不得一下就把敬德刺穿，但没料到竟然三次被敬德夺去手中的长槊。素称骁勇的元吉遭到如此惨败，这下丢脸丢大了，但没办法，敬德的实力明摆着，自己不是对手。他一方面悻悻然地称赞对手，另一方面心中已产生了恨意，深以为耻。

武德三年（公元620年），敬德随李世民征战窦建德。李世民先让李勣、程咬金、秦琼等设下埋伏，然后自己执弓、敬德持槊，直逼窦建德的大营前大声叫阵。窦建德大吃一惊，就派出数千人应战。李世民边退边射，射死数人，敬德也刺死十数人，引着敌人进入唐军的埋伏圈。这时李勣等诸将杀了出来，大破窦建德军。再战，李世民看到窦建德阵前有人骑着一匹特别神骏的马，而且主人披着非常耀眼的铠甲在阵前挑战，原来此人是王世充的侄子王琬，而他骑的马竟然是隋炀帝杨广曾经骑过的御马！李世民赞叹道："这家伙骑的真是匹好马！"敬德听李世民这么一说，当下就要去把这匹马夺过来。话音刚落，只见他带着高甑生、梁建方两名副将直入敌阵，生擒王琬，牵着那匹宝马而归，而吓呆了的敌军竟然没人敢上前拦阻。之后，敬德又跟着李世民讨伐刘黑闼。刘黑闼先下手来袭击唐军，唐大将李勣率众迎战，谁知敌人越来越多，四面聚合，将李勣团团围在阵中。李世民去救李勣，也被包围起来，形势一片混乱。这时，敬德率一队壮士突破外围冲了进去，李世民和江夏王李道宗乘势突围而出。此后，敬德还参与讨伐徐圆朗等一系列战斗，都立下赫赫战功，被李世民封为秦王府左二副护军。注意！这个职务不算高，但却是秦王府也就是李世民的贴身护卫部队指挥官，不仅要求战斗力超群，而且要有极高的忠诚度，是李世民的铁杆心腹。这一段期间，敬德和李勣一起向李世民推荐了勇将张公瑾，并得到李世民的认可。后来，张公瑾就成了敬德的同事，后来也为唐王朝立下赫赫战功。

随着各路群雄逐渐被平定，唐朝的政局一天天稳定下来，但在统一战争中功劳最大的秦王李世民却面临着有生以来最大的一场危机。这就是他的兄长、身为太子的李建成和四弟齐王李元吉联合起来，要置李世民于死地。其要害就是阻止李世民争夺太子之位，并在将来继承李渊的帝位。本来，李建成是嫡长子，继承皇位是名正言顺的事，但李世民在连年征战中功劳最大，而且早已羽翼丰满，拥有强大的力量，岂肯善罢甘休、主动放弃争夺？何况，"天无二日，民无二主"，位子只有一个，如果争夺起来，势必你死我活，争不上就是死！即使不为夺得权力也要考虑如何保住性命！所以李世民已经没有退让的余地。但李世民此刻却陷入深深的犹豫。他犹豫的是，对手是自己的哥哥，又是法定的太子，若与之相争自己名不正言不顺，而且父亲李渊明里暗里总是站在李建成一边，自己在名义上是理亏的，搞不好就会背上"不孝"的恶名。何况李建成这几年也没闲着，同样招兵买马，手下也是兵强马壮，拥有众多的支持者。再加上四弟李元吉与之结党，李世民与这样的对手过招，根本没有必胜的把握。

形势越来越紧张，李世民手下众人也纷纷出谋划策，但七嘴八舌，意见并不统一，弄得李世民更加难于决断。左右为难之际，敬德突然找到李世民，向他说了一件事：就在近日，李建成、李元吉一伙抢先开始行动，准备要收买尉迟敬德。他们带着一车金银的厚礼要送给敬德，并要同敬德"交个朋友"。敬德当然知道对方在这关键时刻送金银是什么意思，回答道："敬德起自微贱，又赶上隋朝灭亡，天下土崩瓦解，连个容身之地都找不到，然后又追随了叛贼（指刘武周），罪不容诛。幸亏秦王收留了我，又委以重任，我对他只能是以身报恩。我对殿下（指李建成）无功，今天您送我这么多贵重财物，我实在不敢当。如果我收下这份财物，那我就成了见利忘义的小人，而如此小人，对殿下您又会有什么用处？"一番话说得李建成恼羞成怒，拂袖而去。敬德汇报了这番经过，李世民对他说："你的忠心像泰山一样坚定，但对方送你金银而你拒收，这恐怕对你不利，我建议你还是收下为好。不然，他们可能加害于你，你可要小心提防啊！"事情过后，李元吉果然对敬德更加嫉恨，就派壮士去行刺他。敬德知道元吉的诡计，就让人打开府邸所有的门，自己在卧榻高枕而眠。刺客一次次来到门口甚至深入内院，但都因畏惧敬德的威名而不敢进入卧室。没办法了，元吉等人就在唐高祖李渊面前进谗言，告敬德的黑状。李渊一怒之下将敬德抓了起来，要斩敬德的头，多亏李世民力谏才得以幸免。形势越来越紧张，就在这剑拔弩张的关头，李建成一计不成又生一计，他借着突厥犯境的由头，推荐李元吉担任主将出征，准备为元吉送行时对李世民下手！形势已经无可挽回了，敬德知晓了建成、元吉的密谋，就同李世民的大舅哥长孙无忌一同赶去见李世民，说出了一番惊心动魄的言辞："您必须采取主动了！不然您就会性命不保，社稷也会陷入危亡！"听了这话，李世民长叹一口气："今二宫（指太子李建成和齐王李元吉）离阻骨肉，灭弃君亲，导致一场政治危机，我是早就知道的；我虽然被深深嫉恨，而且祸在顷刻之间，但我们毕竟是亲兄弟，实在不忍心下手。只能等他们先动手，然后以'正义'的名义去讨伐，你们二位意见如何？"敬德答道："人情畏死。现在众人和您绑在一部战车上，大家都明白已没有退路、再等下去就会一起死的道理，这是天意。若错过这天赐良机，大家就都会反受其害。如果大王您记挂兄弟之小情，就会失去社稷的大计。大祸临头而不自知，将要灭亡而心安理得，这既失去了人臣临难不避的大节，又缺乏先贤大义灭亲的决心，这都是我所不愿听到的。以我的愚见，请您先下手为强！如果您不听我的，那就请弃逃亡命，总不能就这样引颈待戮！危急时刻当机立断，是明贤的高见；而转祸为福，更是智士的先机。"长孙无忌也在旁说："如果大王您不听敬德的，敬德逃亡了，我长孙无忌也会跟着一起走！"这些话说得慷慨激昂，但李世民还是在犹豫彷徨。无忌再劝，甚至说出"如果敬德跑了，您面临失败该怎么办"的话。李世民又是长叹一声说："我刚才说的话，你们也别全不当回事，你们再想想看吧。"敬德这时已忍无可忍，不客气地对李世民说："大王如今处事犹疑，这是非智；

临难不决，这是非勇。大王纵然不听我这个老粗的劝告，也要自己拿主意，到底该怎么办才对得起国与家？怎么办才对得起自己的性命？如今太子和齐王已召集在外的勇士八百人入宫，控弦披甲，设好埋伏，只等着您进宫时就动手，您还有什么可犹豫的！"此后，敬德又与侯君集一同去见李世民，日夜反复劝谏，终于说得李世民下了决心。但李世民在此关头，还是要听听自己最主要的谋士房玄龄、杜如晦的意见。然而，这二人都已被高祖李渊赶出了秦王府，不准再进王府。李世民让长孙无忌密召他们，房、杜二人都说："皇帝有诏不许我们进王府服侍秦王，如果我们今天私自去见，是会被砍头的，我们不敢奉命。"李世民闻言大怒，解下身上的佩刀对敬德说："房玄龄、杜如晦敢背叛我？你现在就去，要是他们真的不来，你就取了他们的首级来见我！"看见李世民真发狠下了决心，敬德就和无忌对房、杜二人说："大王决心已定，克日讨贼，您二位必须马上去见大王，为他筹划行动方案。去的时候，我们四个人要分开走，不能聚在一堆，以免引起对方探子的怀疑。"于是房玄龄、杜如晦假扮道士，混在长孙无忌的队伍中进了秦王府，而敬德也绕道来到李世民府邸。

一番密谋既定，武德九年（公元626年）六月初，李世民收买了太极宫北门也就是玄武门的守将常何以后，向李渊密奏李建成、李元吉淫乱后宫等罪状，李渊决定亲自审理。六月四日，正值常何率卫队守卫玄武门，李世民便率领尉迟敬德、侯君集、张公瑾等九名秦王府将领和七十名精锐骑士，埋伏在玄武门内，等候下手。这时，自恃太子府兵强马壮的李建成来了，他满以为有心腹常何把守玄武门不会有问题，就和李元吉一起放心地向太极宫策马走来。等走到禁苑内的

临湖殿时发现情况异常，二人拨马便回，但已经来不及了！埋伏在玄武门内的敬德等勇将跃马冲出，张弓齐射，建成中箭落马，被尉迟敬德割下首级。就在这时，李世民忽然不慎翻身落马，李元吉乘势就准备上前杀李世民。敬德看到了，大吼一声冲了过来，元吉仓皇逃跑，被敬德射死。消息传至东宫，太子党羽薛万彻等人率领两千精兵向玄武门杀来，双方展开激战。由于秦王府将领和玄武门守兵人数不多，寡不敌众，逐渐落入下风。正在危急之时，尉迟敬德手持建成、元吉首级赶来，东宫士兵看大势已去，就作了鸟兽散。一场改变唐朝政治格局的大剧就这样落下大幕，这就是轰动中国古代历史的玄武门之变。

解决了建成、元吉，紧接着敬德全副戎装，手持武器，进宫去见李渊。当时，李渊正在御花园的海池泛舟，见他这般打扮大吃一惊，就厉声问道："你到这里想干什么？"敬德回禀李渊说："秦王因为太子、齐王作乱，已经举兵诛杀了他们。恐怕惊动陛下，特地派我来守卫。"在险恶的政坛摸爬滚打几十年、富于政治斗争经验的李渊什么事没见过、没经过？他脑筋转得很快，听了这番话，立刻醒悟过来：政变已经发生，两个儿子的人头已经落地，什么都无可挽回了，再说别的都是多余，甚至还会给自己带来危险。他立马对敬德说："干得好！那两个东西，我早就想收拾他们了，我要褒奖你们！"但敬德此时并不谢赏，而是要求李渊下旨，让仍在坚持的南北衙、东宫、齐府卫队放下武器、停止抵抗，并听从秦王调遣。此刻李渊哪敢不听？赶快下了手敕，而这一场政变也终于彻底平息。很快，李渊册封李世民为太子。两个月后，又禅让帝位给李世民，自己称太上皇。李世民夺得帝位，是为唐太宗。事变结束后，因为居功第一，所以敬德升职为太子左卫率，还得到大量赏赐。李世民把齐王府的财物连同府邸，也都给了敬德。这时，又遇到一个问题：李建成属下几百人，都要被定罪而且要连累家族。大家都同意这样处置，唯独敬德坚持不可，他坚决地说："为首的两个元凶都已伏诛，如果再牵连大批支党和属下，就会危及国家的稳定，我认为应该赦免他们。"经过一番辩论，李世民终于采纳了敬德的意见，一大批人被刀下留人，而这批人后来又被重新起用，为唐朝的政治发展起到了不可估量的作用。他们中都有谁呢？千古名相魏征，后来当了宰相的王珪，当了高官的韦挺、李纲，还包括身为大官又是著名书法家的欧阳询，以及前边提到的勇将薛万彻等等，都是这次得到赦免的对象。真不敢设想，如果没有敬德的仗义执言，还有没有后来所谓的贞观之治？

玄武门之变改变了历史，而尉迟敬德是玄武门之变的关键人物，并且起了关键作用。他展示了忠心报主、当机立断、大智大勇的政治禀赋和人格魅力，使自己由一介武夫上升为杰出的历史人物。

然而，也就在玄武门之变过后不久，因为有此大功，他又被封为右武侯大将军、吴国公，敬德开始有点恃功自傲、飘飘然了。史书记载："负其功，每见无忌、玄龄、如晦等短长，必面折廷辨（一定要在朝廷上和这些人当面争吵辩论），由是与执政不平（和执政者关系不和）。"还曾因"侍宴庆善宫，时有班其上者（坐的位置在敬德之上），故而敬德怒曰：'尔有何功，合坐我上？'（你有什么功劳，凭什么坐在我的上位）"，任城王李道宗劝解，他勃然大怒，竟然一拳打过去，差点打瞎了李道宗。要知道，李道宗也是著名的武将，又是皇家宗室，敬德这祸可惹大了。唐太宗看到敬德如此表现很不高兴，就话中带话很严厉地对他说："我看汉朝的历史，汉高祖刘邦的功臣们能善始善终保全子孙的很少，我对此常在心中思考。我即大位以来，常欲保全功臣，令他们子孙无绝。然而，你尉迟敬德身居高位却屡屡犯法，我这才知道当年韩信、彭越被诛杀，并不是汉高祖的错，也不是什么鸟尽弓藏、兔死狐悲，汉高祖杀他们是有道理的。国家大事，唯赏与罚，非分的恩赏偶然给一次两次还可以，但绝不能不断要赏、给赏。你勉自修饰（自己诫勉、当心），不要做后悔的事！"这几句话有两重意思：一是你别老把玄武门的事挂在嘴上，那件事就别提了；二是你不能躺在功劳簿上吃一辈子老本并且做出犯法的事。这番话吓出敬德一头冷汗，他清醒了，然而后果跟着也来了。他被改封鄂国公，贬到地方任职。

贞观十七年（公元643年），他上表乞骸骨（即要求退休养老），李世民念在他忠心耿耿、有大功的份上，拜他为开府仪同三司（享受宰相待遇），每月初一、十五上朝，其余时间都在家休息。接着，敬德又同长孙无忌等人一同被列入凌烟阁二十四功臣像。这又是怎么一回事呢？原来，中国古代对一个人的最高表彰，很长时间都是"树碑立传"。意思是如果你有大贡献、大作为，那就可以为你树碑立传。然而到了唐代，唐太宗李世民觉得这还不够，于是就想出将顶尖功臣的形象画出来并挂在高阁中供人瞻仰的主意。凌烟阁在长安北部的太极宫，被画的功臣共二十四人，人数少，选择就会更加慎重，而产生的影响也就更大，这就是一直为后世称道的凌烟阁二十四功臣像。与敬德一起被列入的，除那些皇亲国戚外，诸如房玄龄、杜如晦、长孙无忌、魏征、李靖、李勣、秦琼、程咬金、屈突通、侯君集，个个都是当时英雄，称得上一代精英；或者说，这些人的入选，确实是实至名归、社会公认、大家都心服口服的。这是当时，也是古代历史上，对功臣的最高褒扬，是功臣所能享受的最高政治荣誉。

贞观十三年（公元639年），唐太宗想把女儿嫁给敬德，但敬德叩头谢恩说："臣妻虽鄙陋，相与共贫贱久矣。臣虽不学，闻古人富不易妻。此非臣所愿也。"唐太宗称赞了敬德的人品，这事也就搁下不提了。

唐太宗将要出征高丽，敬德奏言："皇上若亲自出征辽东，皇太子又在定州，东西二京，国家府库所在，虽然有人镇守，但还是守备空虚。辽东路远，恐怕还会发生隋朝杨玄感叛变那样的事变。皇上可要当心！何况，像高句丽这样的小国，根本用不着皇上御驾亲征，派一位良将即可应时而剿灭。"奏言上去，唐太宗没有理睬，而是让敬德以本官身份兼左一马军总管，随驾出征。这一仗唐军无果而归，唐太宗并没有取得他渴望的胜利，回来后心中郁闷，也没有大封功臣，而敬德依旧退休。

敬德晚年"笃信仙方，飞炼金石，服食云母粉，穿筑池台，崇饰罗绮，尝奏清商以自奉养，不与外人交通，凡十六年。显庆三年（公元658年），高宗以敬德功，追赠其父为幽州都督。其年薨，年七十四，高宗为之举哀，废朝三日，令京官五品以上及朝集使赴宅哭，册赠司徒、并州都督，谥曰忠武，赐东园秘器，陪葬于昭陵"（《旧唐书》卷六十八《尉迟敬德传》）。从以上传文看，敬德晚年的生活是颇为自敛和奇怪的。他将府邸装修得非常华丽，但又不和外人来往，将自己封闭其中，而且一封闭就是十六年；一个赫赫武将，居然会自拉自唱，并在演奏清商乐中找到乐趣；他吃一些怪异的补品，而且还笃信那些莫测高深的"仙方"。如此这般，莫非一代名将真的走火入魔了？非也。前边说的李世民对敬德的严厉警告，确实对敬德起到了振聋发聩的警醒作用。他知道，尽管他在玄武门之变中起到关键作用，但李世民弑兄杀弟，骨肉相残，逼退老子，靠政变上台，野史中甚至说李世民在六月四日当天就霸占了李建成的妃子，也就是自己的嫂子杨氏，这些毕竟不是什么光彩的事。说得不好听一点，假如李世民真要对此事有个交代，找台阶下，那尉迟敬德就是第一个替死鬼！虽然李世民并没有卸磨杀驴，但他心里怎样想谁都能明白。正因为有这样一层难言之隐，所以敬德虽然干了如此惊天动地的一件大事，可在他长达两千多字的墓志铭中却一字未提！这不是不值得提，而是实在没法提。

唐代名将中不止一个人深知"伴君如伴虎"和"功高震主"的道理，第一名将李靖如此，文武全才的李勣如此，敬德也是如此。除了像他们一样闭门谢客以避祸外，敬德在晚年还有着深深的道德忏悔，这么说也不是无稽之谈。敬德一生征战无数，可以说杀人如麻，但他到晚年却对佛教产生了兴趣，痛悔自己当年的杀生。这种道德忏悔在历史上早就有过。战国四大名将之首、歼敌一百五十多万人的秦将白起，自杀前沉痛地说："我固当死。长平之战，赵卒降者数十万人，我诈而尽阬之，是足以死。"（《史记·白起传》）白起坑杀投降的赵国军人四十多万，他感到了深深的痛悔；而他的自我忏悔，则是对秦人道德文化缺失的一种弥补和反思。这种道德忏悔的例子在今天更多：炸药的发明者诺贝尔痛恨自己的发明成了杀人工具，所以立下遗嘱，将自己的遗产用于奖励科学发明，这就是世界上最高端科学奖励——诺贝尔奖，而其中就包括诺贝尔和平奖；被誉为世界"枪王"的卡拉什尼科夫曾发明了著名的AK-47步枪，总生产量超过了一亿支，但他在晚年时却为自己的发明成为世界上最强悍的杀人工具而深深后悔。古人今人都有这种忏悔，所以敬德晚年整天闭门不出；但有一件事是他最愿意干的，那就是监造佛寺。现在有很多名寺，据说都是尉迟敬德当年监造的，如终南山的律宗祖庭净业寺、埋葬玄奘法师遗骨的兴教寺、终南山紫阁岩下的佛塔敬德塔等等，都托名说是敬德监造或捐建的。借名人、要人"光大山门"，以提高自己的知名度，姑且不论其是真是假，但却反映了敬德当年确有建佛寺的巨大热情。至于他的亲侄子窥基法师，能够奉唐太宗之敕成为玄奘大弟子和法相宗创始人之一，并最后能与玄奘另一大弟子圆测，双双建塔随侍在玄奘灵骨塔（如今玄奘灵骨塔已被列为世界文化遗产）旁，不能说与敬德晚年对佛教的态度无关。如果没有敬德的同意，没有敬德的举荐，有几个佛教徒能享受如此特殊的恩隆？可以断言，窥基能成为一代高僧，其实就是敬德自己对佛教的态度所产生的结果。佛教是讲普度众生的，敬德由一个杀生者转化成社会公益维护者；由唐太宗李世民个人的私人卫士，变成为千家万户服务的公共门神，这种集人神于一身的社会角色转换，其文化基础和道德基础，就在于敬德晚年"改恶向善"的自我忏悔和尊崇佛教。

尉迟敬德位列凌烟，以门而神。说他是人，他的确是一个有血有肉、活生生的铁血男儿；而说他是神，则反映他在民间深受欢迎，正是广大民众把他推举成深受历代民众喜爱的大众神祇。他是值得朔州人为之骄傲的。

马神张万岁

张万岁(生卒年不详),隋末马邑(今山西朔州市朔城区)人,匈奴族后裔。其童年时代事迹现已无从知晓,因此他的故事只能从他追随刘武周起事、杀死王仁恭说起。

隋末天下大乱,马邑郡人刘武周起事,首先对准的目标就是太守王仁恭。大业十三年(公元617年)二月初七,当时担任武职的刘武周与同郡张万岁等十余人来到郡厅,刘武周假装与王仁恭议事,"(张)万岁自后而入,斩仁恭于郡厅,持其首徇郡中(提着他的头在城中展示),无敢动者"(《旧唐书》卷五十五《刘武周传》)。刘武周的事业就此开张,而张万岁的人生历程也就由这件事起步。那么,当时的张万岁多大呢?《新唐书》卷八十六《刘武周传》在记述同一件事(刘武周号召起兵反隋)时,用的是"诸恶少年皆愿从"

这样的字眼。虽然"恶少年"带有贬义，但却说明张万岁当时很年轻，至多不过二十岁。至于被张万岁手刃的王仁恭，却不仅仅是一个普通的郡太守，而是曾经令突厥等强敌亡魂丧胆，并得到隋炀帝极高赏识的一代名将。在文职之外，他的武职竟然是令人震撼的大将军！

追随刘武周起兵，张万岁就成为刘武周麾下战将。这期间他曾奉刘武周令出战浍州（今山西翼城），为唐军所败，其余做了什么史迹不详，但也应该是为刘武周立下了汗马功劳。根据《旧唐书》卷五十五《刘武周传》，武德三年（公元620年），随着刘武周兵败介州（今山西介休），"其骁将尉迟敬德、寻相、张万岁收其精兵，举介州及永安来降"，说明张万岁是与尉迟敬德一起投降唐朝的，并成为李世民的嫡系部将。

到了贞观年间，张万岁的机遇来了！贞观十五年（公元641年），原任尚乘奉御（相当于今天的中央首长车队队长，这是一个不算高但却极为重要的关键职务，只能由最亲近的亲信来担任）的张万岁，被任命为太仆寺少卿（太仆寺的副职）。这里先解释一下太仆寺是干什么的机构。太仆寺是唐代的"九寺"（其他还有管外交的鸿胪寺、管司法的大理寺、管水利的司农寺等）之一，主要职责就是养马、造车、管理已有的军马。马在今天的作用、地位不突出，但在古代却是关乎国家存亡的重要战略物资。马是建立骑兵的前提，没有马就无所谓骑兵，而古代战争中，不论中外，骑兵都是最重要的兵种，所以有"马上得天下""马者，国之大用、兵甲之本"等提法。还有学者认为，拥有强大的骑兵，是隋唐两代得以建立并强盛的基础，骑兵甚至可以被看作王朝的命根子。反过来说，正是因为缺马，李渊建立唐朝后，不得不向突厥俯首称臣以求得突厥向唐朝卖马，时间长达十二年之久，成为唐朝君臣刻骨铭心的奇耻大辱；同样是因为缺马，后来的宋王朝无法建立强大的骑兵同北方少数民族（契丹、女真）抗衡，战场上一败再败，国势一衰再衰，终至东京沦陷、二帝被俘、国家灭亡，遭遇历史上最惨痛的耻辱和失败。缺马的教训是如此沉重、深刻，所以才会在统治者心中留下极其深刻的印象。另外，唐代疆土万里，极大程度上依靠绵延万里的驿站来维系四方，如果离开充足的马也只能是空谈，这里就无须多说了。养马和管理马是如此重要、如此关键。因此负责这些职责的太仆寺，其地位和作用，就相当于今天的解放军总后勤部和隶属于国务院的交通部，再加上民航总局了。

那么，担任太仆少卿的张万岁，具体职责是什么呢？就是养马。

当时唐朝面临的形势是"大唐承周、隋离乱之后，天下征战之弊，鸠括残烬，仅得牝牡三千"（唐·张说《大唐开元十三年陇右监牧颂德碑》），意思是唐王朝在北周、隋社会大动乱之后，又遇到连年战争，极度缺马，虽然尽力搜刮，也只得到有公有母的三千匹马；更要命的是，这仅有的三千匹马大多是老弱病残，用作种马实在是太勉为其难了。

受命于危难之中的张万岁带着这三千匹马，来到长安以东的赤岸泽（今陕西渭南），开始了艰难的创业。

随着马开始增加，原有的赤岸泽已容纳不下，而且这里的自然条件也不是特别适合养马，于是雄才大略的唐太宗李世民做出了一个具有历史意义的重大决定：在陇右建立规模空前的千里牧场，开始发展历史上从未有过的国家养马业。就这样，张万岁又转战到一个新的广阔环境中，大展宏图，创造了中国奇迹、世界奇迹。

陇右，本来的意思是陇山之右，也就是今天甘肃以东，但唐朝的陇右牧场却远不止这个范围。开始的时候，牧场分布在岐（今陕西岐山）、邠（今陕西彬县）、泾（今甘肃泾川）、宁（今甘肃宁县、正宁）四州，而后进一步扩展到秦（今甘肃天水）、兰（今甘肃兰州）、原（今宁夏固原）、渭（今甘肃平凉），中心牧场"东西约六百里，南北约四百里"（李吉甫《元和郡县图志》）。再往后，更扩展到河西走廊、河套地区和今山西西北部（就包括今天山西的楼烦、岚县和朔州市）。这地跨千里、范围辽阔的超级大牧场，改写了中国古代养马业的历史。

张万岁成了牧场的主人，同时也是牧场范围实际上的军政长官。他掌管的幅员如此广阔，而手下又有十数万牧人（这些人在必要时又可以随即转化为精于骑射的骁勇战士），唐太宗对张万岁的信任可谓到达极点，而"用人以诚、用人以专"也正是贞观之治的核心内容之一。基于皇上的高度信任和完全放权，张万岁能够甩开膀子大干一番。一方面，凭借出身少数民族的丰富养马经验；另一方面，也依靠舍身为公的工作态度，张万岁很快建立起一整套完备、严格而科学的牧场管理制度，并在短期内就大见成效。千里牧场被划分为六十多个监牧，也就是国家的养马场，监牧分为不同的等级，其长官称为监牧使,每一个监牧所养的马大体在三千匹到五千匹。监牧有严格的管理制度,其中,牧场范围划分、分级管理、奖惩制度、核查制度都卓有成效,成为中国古代最成功的国家养马制度。而最终归结到一点,就是唐马数量的惊人增长。从太宗贞观年间(公元625年左右)算起,到高宗麟德年间(公元664年),不到四十年,唐朝的官方养马,从三千匹跃升到七十万六千匹!"于斯之时,天下以一缣易一马"(唐·张说《大唐开元十三年陇右监牧颂德碑》),意思是用一匹次等绸子就可以换来一匹马,可见马价之低。

七十万六千匹国有马是个什么概念呢?世界史上,曾经对古波斯大流士一世的国家养马业盛加赞扬,认为是了不起的奇迹,那当时波斯养马多少呢?五万匹。这个数字和中国西汉时的四十万匹相差太远,而和唐朝的七十万六千匹更不可同日而语了。有了如此巨量的马,再通过交换和购买等办法提高马的品质,唐朝建立起天下无敌的强大骑兵,并且建立起四通八达的驿站交通系统,整个国势由此上升到古代的黄金时代,而对外交往也发展到空前的水平。七十万六千匹这个数字,不仅是古代世界国家养马的最高纪录,而且在当时和后世都引起了大的轰动。唐朝人引以自傲,宋朝人更是对这个数字羡慕不已、感叹不已。在数字的背后,自然就是张万岁本人的巨大成功。

张万岁取得无与伦比的骄人业绩,并且他对牧人关怀备至,"恩信行于陇右",在牧场的牧人中树立起极高的威望。由于他的后代张思廉、张景顺继他之后继续担任高级牧职,三代数十年恩典累积,张万岁成为不折不扣的牧场之神、养马之神。张万岁名字中有一"岁"字，为了避他的讳，唐朝的牧人说马的年龄不再叫几"岁"，改称几个"口"或几个"齿"，并沿用下来，直到今天依然如此，对马的年龄依然不称岁，这是对马神张万岁的极大尊崇，也是张万岁由普通人变成行业神的标志。

那么，宋朝人是如何羡慕张万岁的养马业绩，又如何评价张万岁这个人呢？

宋神宗说："昔唐用张万岁，三世典（掌管）群牧，恩信乎下（在下边树立威望），故马政修举，后世称为能吏（能干的官吏）。"（《宋史》卷一九八《兵志》）出自一位皇帝之口，这番话真切表达了极度缺马的宋朝对唐朝的无比羡慕，以及对张万岁个人的极力赞扬。

宋代著名史学家范祖禹（司马光修《资治通鉴》的主要助手）说："唐之国马，惟得一能臣而掌之，不数十年而其多过二百倍，由其任职之专也。"（范祖禹《唐鉴·卷五》）赞扬之余，暗含着质问："我大宋为什么就出不了张万岁这么一个养马专家呢？我宋朝对待养马专家，为什么就不能用人以专呢？"

出自政治家、史学家的赞扬，自然是一种专业的评价，但这还不够，宋朝还有文豪们的另类评价。

大文豪苏东坡面对一幅《九马图》写下的赞语是"牧者万岁，绘者惟霸，甫为作颂，伟哉九马"。画中的九匹马，是谁培育了它们？是唐朝牧神张万岁。是谁画出了它们？是唐朝名画家曹霸。又是谁为它们作颂？是诗圣杜甫。这九匹马实在太伟大了！我们翻开《唐诗三百首》，就有两首杜甫描述著名画家曹霸画马的七言古诗，写得都很传神，所以《唐诗三百首》的编者要将它们一并收入。苏东坡将杜甫、曹霸联系在一起，可见他对曹霸的画和杜甫的诗的激赏，而进一步又把他们和张万岁扯在一起，那就意味着张万岁可以和曹霸、杜甫平起平坐、相提并论，这实在是太抬举张万岁了！张万岁和曹、杜相差一百多年，而这九匹马又从活生生的动物演化成"一洗万古凡马空"的艺术形象，这不但是文学家的文学语言，同时也是苏东坡创作出的人间神话。但这，又正好体现出张万岁在后世特别是在宋朝的巨大影响，以及他在苏东坡心目中的特别地位。苏东坡极力讴歌了马神张万岁。而将苏东坡这段赞文记下来的，则是宋人笔记中的名著《容斋随笔》，而其作者洪迈是南宋著名学者。值得一提的是，洪迈还曾在《容斋随笔》中比较过宋与汉唐的驿递速度与效率，结论是根本没法相比，原因就是汉唐马多而宋朝极度缺马。由此，洪迈所传递出的就不只是苏东坡对张万岁的激赏，同时也表明他本人对养马事业发达与否与国势兴衰之间的关系是深深关注的。

马邑在历史上名人辈出，群星闪烁，但就对社会进步、历史发展做出实实在在巨大贡献的人物来说，从马邑走出的中国第一养马专家张万岁，无疑应当属于马邑名人中的佼佼者。张万岁，真万岁！

星耀马邑 威震边关

说到马邑，说到朔州，人们往往容易把秦汉乃至隋唐时期的马邑、北齐后的朔州与现代的马邑、朔州相混淆，这里有必要说明一下其更迭。隋文帝开皇年间（公元581—600年），沿用了北齐、北周的建制，仍设朔州总管府。大业初年（公元605年），隋炀帝废朔州总管府改为马邑郡。唐武德四年（公元621年），唐高祖改马邑郡为朔州，设行军道。唐玄宗天宝元年（公元742年），复改朔州为马邑郡。唐肃宗乾元元年（公元758年），再废马邑郡，置朔州府。而如今的神头镇马邑村，则是始建于唐玄宗开元五年（公元717年），隶属朔州，当时系马邑县治所在。明清两代的马邑县同样如此，明代隶朔州，清雍正年间隶朔平府（治所在今右玉）。至于如今所称的朔州，则是1989年经国务院批准设立的地级市。

唐代，由于马邑的地位特殊，派到马邑的军政长官，都是经过精心挑选的。再加上唐初人才济济，挑选的余地大增，所以选中的官员都比以前上了一个档次。

先说张俭。张俭（约公元591—650年），名将之后，他在唐初担任朔州刺史，驻守马邑。当时，因为突厥强盛，唐朝力量有限，不得不对突厥忍气吞声、俯首称臣。而突厥也十分托大，每次给朔州的文书都自称"敕令"，狂妄至极。这些文书都是要粮要钱、摊派劳役，边民的负担很重，叫苦不迭。张俭到任后，断然拒绝接受突厥可汗的文书，这事被唐太宗听到后，特意予以嘉奖。张俭大规模经营屯田，每年可收获粮食十万斛，实现了自给有余。每逢霜旱，张俭又提倡百姓互助，使得朔州灾年无灾，在沿边各州中最为安定。后来，李靖击败突厥，突厥有一部叫思结部，贫困离散，处境非常艰难，张俭就招抚他们，将他们安置在朔州境内。很多思结部人分居大漠南北，经常有人偷越边界互相探望。张俭知道后，并没有拘捕处罚他们，采取了宽容的态度。等张俭移官别任，新来的刺史对思结部疑神疑鬼，上奏说思结部准备造反。朝廷商议发兵征讨，并起用张俭为特使到朔州观察动静，然后相机行事。张俭来到朔州，单人匹马去见思结人，召见其部族首领，与他们推心置腹地长谈，表示出极大的诚意。思结人被张俭的诚意深深感动，纷纷匍匐在地，叩头感谢。一场紧张的民族纠纷就在张俭的诚恳与思结人的感动中化解了，朝廷闻知也十分叹赏。后来，朝廷下令将思结部迁到代州（今山西代县），并由张俭担任代州都督，去管理这些思结人。思结人由原来的牧民转化为农民，实现了社会角色的大飞跃。张俭鼓励他们开荒垦田，结果连年丰收。张俭又上奏朝廷，收购思结人的余粮，充作军粮，使得皆大欢喜。

再说裴行俭。裴行俭（公元619－682年），出自河东闻喜裴氏家族，文武全才，是唐高宗、武则天时期著名的军事家、外交家。

东突厥灭亡后，李世民采用温彦博的建议，对被灭掉的少数民族部落，保全他们的部落，让他们从进犯者变成边境捍卫者，尊重他们的风俗习惯，按他们的生活习惯去善待他们。这样做，既充实了空旷的边地，又显示唐朝对他们没有猜忌之心。于是，突厥部落得以保全，到唐高宗时期人口繁衍、实力渐增，又逐渐不肯再过那种安分守己的生活，开始蠢蠢欲动，进犯唐朝的边境。唐军与之接战，出于轻敌而遭遇失败。眼看反唐势力死灰复燃，唐政府感到不能再掉以轻心了，于是调动大军，任裴行俭为定襄道行军大总管，率十八万大军集结于朔州。裴行俭对属下说："用兵之道，安抚士卒，贵在诚恳；而对待敌人，则贵在诈谋。之前的将领粮道被突厥断掉，使得我军士卒冻饿交加，所以失败。此次我军进兵，突厥必然故伎重演，觊觎我军粮道，我要将计就计，诱敌就范。"他下令把三百辆兵车改成粮车的模样，每辆车内藏精兵五人，每人配斩马大刀、劲弩等武器，又挑选老弱病残的士兵充作护粮队伍。一切部署完毕，内藏精兵的粮车大模大样前进。突厥看到粮车守备羸弱，就派军断道劫粮。那些护粮的军人刚一交锋就弃车逃跑，突厥不费吹灰之力就获得许多粮食，十分高兴，准备打开粮车检视一番，看收获到底有多大。谁知刚一碰车门，藏在车里的壮士就冲了出来，刀砍箭射，毫无准备的突厥兵一下就被杀懵了，看到形势不对赶快逃命，谁知裴行俭早已布下伏兵，杀得突厥的劫粮队几乎全军覆没。吃了这次大亏，以后突厥再也不敢去劫唐军的粮车了。

　　唐朝大军到达单于都护府北面，黄昏时扎下营寨，刚刚挖好壕沟，裴行俭忽然下达紧急命令，要将军营转移到高处。将士们觉得费了好大劲才扎好营寨，现在却又要立即转移，都非常不愿意。裴行俭再下严令，众人才不得不服从命令转移。谁知到了半夜，暴风骤雨大作，先前营寨所在的地方水深丈余，如果不搬家，大家就全都成了鱼鳖。将士们这才觉得裴行俭神机妙算、高深莫测，无不叹服。等与敌军接战，唐军屡屡告捷，突厥起了内讧，一部分投降了唐朝。对还在负隅顽抗的敌人，裴行俭又巧施反间计，让他们互相猜忌。几天后，一股烟尘冲天而起，探兵慌忙来告，裴行俭却不慌不忙地说，这是一个突厥首领捉拿了另一个来献。过一会儿果然如他所料，是突厥来投降了。就这样，裴行俭以一场大捷，换来了边境的和平安宁，受到唐政府的嘉奖。

　　裴行俭大破突厥后，失败了的突厥又纠集和整合余部，卷土重来。他们进攻的首要目标就是朔州，就是马邑。而为对付突厥，唐朝这次派出的，仍然是最高级别的名将——黑齿常之。与传统中国世家大族出身的裴行俭不同，黑齿常之（公元630—689年）则是外国人（百济西部人），也就是今天韩国西部人。他身高力壮、骁勇异常而又深谙谋略。唐朝大将苏定方平定百济，黑齿常之带着部属投降，但因苏定方对百济老王处置不当，常之又带着部属反水，一下子就夺回两百余城。龙朔年间（公元661—663年），高宗遣使诏谕，常之觉得再对抗下去两败俱伤，没有益处，就投降唐将刘仁轨。因为不断有战功，他迁升为将军、洋州（今陕西洋县）刺史。在与吐蕃的激战中，常之大破敌军，取得辉煌战果，受到唐高宗奖赏，高宗升了他的官。接下来吐蕃一再进犯，而常之也一再给予沉重打击，终于吐蕃觉得此人不好惹，再也不敢进犯他管辖的地区。

从唐永淳二年（公元683年，亦即弘道元年）起，突厥对朔州地区的侵扰日渐加剧，唐军与之对垒，没有占上风。武则天垂拱二年（公元686年），唐军大败，死了五千多人。这下武则天坐不住了，"杀鸡祭起宰牛刀"，紧急任命当时已是高级将领的黑齿常之率兵迎击。常之刚到朔州，在马邑城东南不远处就与敌遭遇，敌骑三千，而常之只有二百人。虽然双方力量对比悬殊，但常之是善于打遭遇战、打硬仗的，他毫不畏惧，发动突袭，结果敌人弃甲逃窜，他自己没有大的损失。当夜，敌人大队来袭，但常之早已命人伐木在营中点燃，好像报警的烽燧一样，突厥人被唐军这迷魂战法蒙住了,害怕有援兵,赶快撤退。第二年,突厥又来到马邑,而唐军除燕然道行军大总管黑齿常之外,又增加了几员骁将,统归常之统领。双方在朔州黄花堆(怀仁、山阴、应县交界处)展开激战,唐军取得大捷,也是黑齿常之领兵以来获得的最大一场胜利。唐军乘胜追击,突厥仓皇逃窜,一直退到大漠以北。然而这时有一位部佐贪功冒进,以致全军覆没,最后那位部佐被追究责任杀头,而黑齿常之则无功。后来,在武则天大兴告密之风时,黑齿常之被著名酷吏周兴(就是那个使出"请君入瓮"毒计的周兴)陷害,被捕入狱,在狱中愤而自杀。人们纷纷为他叫屈,也为唐朝失去了这样一位天才将领而深感惋惜。

盛唐时期,马邑一带相对安定。但到了晚唐,朔州地区又处在动荡不安中。此时,引发事端的已不是突厥,而是别的游牧民族如沙陀、回鹘等。唐朝官员们在处置民族事务时,有着不同的方略。宪宗时灵盐节度使范希朝和文宗时河东节度使柳公绰,都采取怀柔政策,任用沙陀族酋长为当地军政首长,同沙陀人互市,赠给沙陀人衣服粮草,并吸收沙陀军人入伍,大大增强了自己所部的战斗力,也使得唐与沙陀能友好相处。柳公绰在同沙陀领袖朱耶执宜宴饮时,执宜神情严峻、不卑不亢、进退有节。柳公绰对手下人说:"执宜外表严肃而内心宽大,说话从容,喻理恰当,是有福禄之人。"执宜的母亲、妻子也去谒见,柳公绰让夫人接待,陪她们喝酒,还赠送礼物,这些都使得执宜对唐朝十分感激,表示要为唐朝效力。执宜修好了旧时塞下的十一座营垒，派出三千人入驻，替唐朝守卫边防。这里要说明一下，柳公绰是京兆华原（今陕西铜川耀州）人，唐朝重臣，学问、人品和政绩都深受朝野赞扬。但对一般人来说，他的弟弟柳公权，因为是大书法家，星光闪耀，名气反而比他大。而朱耶执宜的孙子，就是平息黄巢之乱，以后建立后唐的李克用。江山有代谢，人事有高低，这可真让人感叹不已。

进入唐文宗时期，唐朝已经快要走到它的尽头，气息奄奄，病入膏肓。此时回鹘崛起，雄踞漠南，屡次进入朔州境内。唐朝的地方长官刘沔等也曾抵抗，但多以失利而告终。由于失利而怯战，接下来回鹘继续入侵，而唐朝官员都不敢组织抵抗。不得已，朝廷派来了勇将石雄。已经吃过亏的刘沔对石雄说："国家因为太和公主（嫁到回鹘的唐朝公主）的缘故，不想对回鹘急攻；但我们奉命守边，也可以自主做出决定。"石雄受教，组织起由各部族共同组成的三千骑兵，夜袭马邑，驱赶走回鹘驻马邑的守军，并率军直趋回鹘可汗牙帐。他看到几十辆毡车，侍从都穿着朱碧色的衣服，相貌不像回鹘人，就询问他们。原来，这就是太和公主的车队。石雄派人向公主传话，说："你见到我们，就算到家了，我会保护你们顺利归家。如今大战在即，请公主隐蔽起来。"石雄让人在城墙上凿了十多个洞，将公主等人藏起来，然后就乘着夜色发动总攻。杀到可汗帐外，可汗才发现，大惊失色之余，选择了抛弃辎重落荒而逃。石雄紧追不舍，斩首万余人，招降的部落有两万多人,可汗负伤逃走。石雄护送公主回归,受到朝廷奖励。这次战役,是晚唐时朔州地区发生的一场大战,唐军也取得久违的大胜。自此以后,回鹘汗国瓦解,回鹘人有的西迁至今天的新疆地区,成为维吾尔人的祖先;有的西迁到甘肃,是今天裕固族的祖先;还有的远迁到中亚,在那里扎下根来,生生不息,与天地奋斗,创造自己的未来。

将门高僧 —— 窥基

唐麟德元年（公元 664 年）早春，一代高僧玄奘大师在长安以北的玉华宫圆寂，唐政府为他举办了极为隆重的葬礼，长安为他送殡的竟达一百万人，还有三万多人在他的墓前结庐守灵。总章二年（公元 669 年），唐高宗亲自下敕令，将大师的灵骨迁葬城南少陵塬畔（今西安市长安区）的护国兴教寺，并起塔安放灵骨。

葬礼隆重如斯，规格之高如许，可见玄奘在唐朝享有的崇高地位。但问题马上就来了，谁有资格陪葬玄奘塔旁？玄奘三千弟子，光大弟子就有好几十位，而且中国的、外国的都有，能陪葬在玄奘塔旁，除了是一种莫大的荣耀外，也是社会地位和宗教地位的象征，这势必引起一番激烈的竞争。现在我们看到的是，兴教寺中玄奘塔巍然耸立，而塔下有两

座小塔分左右随侍，在苍松翠柏的掩映下，肃穆庄严。而西侧的那座，安奉的就是窥基。（东侧是圆测法师灵骨塔。）

北宋赞宁编撰的《宋高僧传》卷四《义解篇》，有颇为详细的《窥基传》。我们就以这篇传文为线索，说说这位神奇高僧。

"窥基，字洪道，姓尉迟氏，京兆长安人。"但这个籍贯并不准确，他的父辈才来到长安，显然他还不符合中国古代"三代入籍"这个条件，所以他应该还是朔州马邑人。"尉迟之先与后魏（北魏）同起，号尉迟部"，如同中华的诸侯国一样，进入中华后就以部族的名称为姓。接着《高僧传》叙述了尉迟先祖的家世，谁谁当过什么大官，不过这也不可靠，当时盛行拿一堆名人做自己的祖先来为自己贴金，就连李唐王朝的皇帝，不也是冒充"陇西李氏"，甚至自称太上老君的后嗣吗？窥基的身世出自一本非正史的僧传，我们可以不去管它是否准确。传文说窥基的父亲尉迟宗是唐左金吾将军、松州（今四川松潘）都督、江由县开国公，但这可能是死后的封谥，生前是否做过这么大的官还未必。不过，说窥基是出自将门，这应该是可以成立的。传文又说，鄂国公尉迟敬德是窥基的伯父，《唐书》有传。以上就是窥基的家世。

窥基的母亲姓裴，曾经梦见手掌中有一轮明月而吞了下去，醒来后就有了身孕。等到足月生下窥基，发现这个孩子可不一般，很小就能背诵诗文、计算，而且显得特别精神。玄奘法师见幼年的窥基举手投足都与平常孩子不一样，就说："这孩子果然是将家之种，传言说得不错。如果因缘相和，能将他度为弟子，那我的法脉流传就有希望了。"这时玄奘忽然想起他在印度求法留学将要归国时，曾找一个叫犍子的尼姑算过一卦。尼姑对他说："法师东归，一个聪慧的弟子已在那边诞生了。"于是玄奘就找到窥基的父亲、北门将军尉迟宗，希望他能让儿子跟随自己出家。将军一听哈哈大笑，说："那家伙又粗鲁又强悍，哪能乖乖受教！"玄奘说："这孩子气度非凡，不是将军您生不出来，而不是我这样的大和尚，也没人能看得出来。"玄奘当时是唐太宗、太子李治，包括武则天都极为钦佩的大师，是举国上下都无比崇敬的高僧，尉迟宗哪敢怠慢？听了这番语带恭维的请求，他马上就答应让窥基随玄奘出家，不过也说还得征求窥基本人的意见。话里有话，尉迟宗的态度其实是勉强答应的。说到这，当时的情况还真不是那么简单。一是当时国家已进入安定时期，将门之子如果继续走从军之路，不但可能没有了用武之地，而且也不见得会有什么发展前途；二是当时随着玄奘所受的恩宠日隆，佛教的地位也变得特别高，玄奘不失时机地向唐太宗进言，希望能增建寺院，增加度僧。于是太宗下诏，京城及天下诸州寺各度僧五人，而玄奘所在的弘福寺可以度五十人。结果海内一下子就建寺三千七百一十六座，共度僧尼一万八千五百余人。许多人视出家为一条解脱之途，可以摆脱人世间的种种苦难，或者将出家视为飞黄腾达的捷径，想法不一，但社会上确实出现了一股出家热。更有甚者，高宗时武则天当了皇后，怀有身孕，玄奘对高宗说："皇后所生必为男孩。如果是真的，请批准他随我出家。"高宗不但痛快答应了玄奘的请求，而且要玄奘护持这个孩子。结果武则天所生果然是男孩，也就是后来的唐中宗李显，被玄奘收为弟子，号佛光王。玄奘在皇帝面前都有这么大的面子，皇子都成了玄奘的徒弟，一个将军自然没法拒绝，不能不答应儿子随他出家。还有第三点原因，就是窥基的伯父尉迟敬德，晚年对佛教有着特别认可的态度，积极参与佛寺建设，很多佛寺都托名是敬德监建。尉迟宗地位远不如敬德，如果敬德真要让侄子出家，那尉迟宗是不可能阻拦的。

一切都要看窥基本人的态度了。结果不出所料，窥基立刻拒绝，态度还很坚决。然而窥基本人虽顽强，翻越过雪山、跋涉过大漠的玄奘却比他更顽强得多。玄奘看上了窥基，认定他将来必成大器，因此一再提出要求，不得手是绝不会罢休的。被玄奘纠缠不过，窥基摆脱无方，就提出自己的"出家三前提":不断情欲;不绝荤血;过了中午还要吃饭(和尚是过午不食的)。听到这样的条件,玄奘略加思考就答应了。他想的是:"等你入了我的门,我再慢慢调教你。"窥基入了法门,出入行走,相传常有三车相随:一车载侍女,一车载荤食,一车载兵器,因此关中一带对他就有"三车和尚"的谑称。对"三车"说法,传文提出质疑:根据窥基本人写的自传,他自称"九岁丁艰(死了父亲),渐跣浮俗(渐渐远离浮俗)",一个小孩子,哪能干那些"三车"的事?因此,江湖传言不过是对窥基的污蔑罢了。窥基九岁起"渐跣浮俗",思想逐渐净化,到十七岁才正式出家,这一年是贞观二十二年(公元648年)。然而,对窥基如何摆脱尘欲,还有另外的传说:当年玄奘大师赴印度取经,在翻越大雪山时,在雪地上发现一小片黑土,露出几根头发。他用手刨挖,居然出现一个人头。继续挖,一个双眼紧闭的人出现了。原来这是一位高人在"入定",他希望通过雪中苦修获得彻底的解脱。玄奘对他说:"我是东土大唐的僧人,现在要去印度求取释迦牟尼传下来的真经,学成后要将它带回大唐,使它得到广泛流传。你如果想得到佛法真义,不妨到大唐投胎。等我到天竺取经回来,你来做我的弟子,我将释迦牟尼的经义传授给你,你认为如何?"那人听从了玄奘的劝告,便去唐朝投胎了,他就是后来的窥基。他投胎到富贵人家,暂时迷失了本性,但是玄奘知道他的来历,所以才坚持不懈地要动员他出家,并且答应他的三个条件。终于,窥基不负师望,很快就发挥出他潜在的智慧和悟性,成为一代大师。按佛教的说法,玄奘与窥基是有"宿缘"的,而窥基能快速成才,也是因为他有前世的"宿慧"。"宿缘"也好,"宿慧"也罢,无非是说玄奘与窥基天生有缘,他们之间的名师高徒关系是命中注定的。但撇开神话传说不说,玄奘是万众仰慕的佛教大师,他决心要创立的宗派博大精深,绝非小根小器的凡夫俗子所能理解、继承的,因此迫切需要有涵养器识、能继承大业的非凡人才。他见窥基眉清目朗、英姿勃勃,将来必定有大出息,所以才会对窥基下这么大的功夫,动这么多的心思。

窥基一出家,就接到唐太宗的敕令,让他当玄奘大师的弟子,入住广福寺。当和尚弟子还要"奉敕",可见窥基的出家确实不一般,由此我们也就清楚地看到玄奘当时的地位之高了。总之,窥基出家并当上玄奘弟子,这个过程并不是一两句话能说清楚的。推测下来,应该同窥基那位位高权重的伯父尉迟敬德有关。如果他不点头,不在皇帝跟前说好话,皇帝哪会管一个年轻人出家的事?

不久,又来了一道御敕:选择聪慧颖脱者转入大慈恩寺。窥基入选了!大慈恩寺是唐高宗为母亲文德皇后所建,是当时最高级别的大寺,而玄奘正是该寺的住持。与玄奘的距离更近了,窥基开始了繁重艰苦的学习。他先跟着玄奘学天竺语,也就是梵语,很快就能引用原版的佛经,解决僧徒们的争论与纠纷,打开纠缠的死结,把那些不一的说法梳理得有条有理、清楚明白,使听到的、见到的僧徒们无不叹服。繁多的佛教经典,他看过一遍就都记住了,根本用不着看第二遍。他二十五岁时,又接到皇帝的一道诏令:到离长安二百里许的玉华寺,协助玄奘大师完成工程浩大的译经工作。这不仅是一项工作，更是一种特别的奖励：如果你没有极高的佛学根底，没有很好的外语（主要指经典原著使用的梵语）基础，能参加译经活动吗？即使皇帝有诏让你参与，你能拿得下吗？结果窥基很快就熟读了大小乘佛教的三十余部经典，并且达到能向大众讲述的程度。他倾心留意，勤于著述，能切中经典的深奥要义，也就距离全部掌握这些经典不远了。他对佛教经典所做的疏，也就是解释、注疏达百余本，号称"百部疏主"。玄奘刚开始翻译著名经典《成唯识论》时，窥基与神昉、嘉尚、普光一道参与译事，负责用笔记录玄奘对原著的口述，叫作"笔受"，还参与润色、执笔、检索资料和敲定具体的条目。这四人称"昉、尚、光、基"，就是著名的"奘门四哲"。然而，只过了不久，窥基就要求退出译经班子。玄奘很吃惊，就问他为什么。窥基回答道："我昨晚梦见佛的真容，清晨又看到白马奔驰。我自参加译经以来，虽然得到法门的某些皮毛，但却无法理解佛教的真谛和精髓。我不愿意与其他几人混在一起，靠好的坏的糅在一起的成品来邀功。我想独自完成一本《成唯识论》，并且为它的质量负全责。"玄奘听了这回答，就答应了窥基，找理由将其他三位辞退，而由窥基一个人来承担，这就是所谓量才授任。在这个当助手的过程中，窥基不但完成了助译的任务，而且跟玄奘学到很多宝贵的知识。他一边协助玄奘翻译《成唯识论》，一边自著《成唯识论述记》六十卷。《成唯识论》虽然是译本，但却可视为玄奘哲学思想的代表作，也是玄奘、窥基创立唯识宗（法相宗）的开宗立派要典。至于玄奘翻译的其他大经典，也多有窥基的参与，其署名多为"大乘基"。

关于这个署名，《窥基传》在传末还特意予以解释和辩证。《成唯识论》译完了，玄奘在生命最后几年，又开始翻译篇幅达六百卷的《大般若经》。当这部耗时五年、凝聚玄奘大师最后心血的佛学大典终于在玉华宫全部译完后，玄奘已没有力气亲自向唐高宗报告此事。而代替大师赴京城向皇帝呈上《请御制大般若经序表》的，正是年轻的窥基。这个表请求高宗为这部鸿篇巨译写一篇序言，而唐高宗也当即答应，并派专人告诉玄奘。由这件事也可以看出玄奘、窥基的师徒关系，以及他们在帝王心目中的不凡地位。

窥基有了深厚的佛学修养，自己也开始向公众讲授。在同样是国家大寺的西明寺，有一位新罗（今韩国）人圆测法师，那也是一个了不得的角色。他听说玄奘要开讲唯识论，就花钱买通了讲场的看门人，藏到暗处听讲，居然能把东听一句、西听一句的内容连缀在一起，也能明白唯识论的基本要义，接着他就在西明寺聚众开讲"唯识论"。窥基听到这消息，他自己花大力气学到唯识，居然被圆测抢得先机，心里那个惆怅、别扭就别提了。玄奘得知后就安慰窥基道："圆测虽然能为唯识做疏，可他还没有达到'因明'，也就是逻辑的高度、理论的高度。"他专门为窥基讲了"陈那"之论，窥基听后，融会贯通，深有心得，"述意命章（边讲边写），前无与比"，很是风光了一阵子。后来他再请大师专门为自己一个人讲《瑜伽论》，谁知又被圆测偷听，照样抢在窥基之前开讲。到这时，窥基与圆测的明争暗斗已达到白热化的程度。一向在两个徒弟面前玩平衡、做出不偏不倚姿态的玄奘，只好对窥基说："五性宗法，唯汝流通，他人则否。（'五性'指佛教唯识宗认为人分为五种'性',只有四种有佛性,最终可以成佛,还有一种无佛性,永远不能成佛,意思是不堪造就。)现在我只让你窥基一人去传播这五性,不会允许别人来做。"范文澜先生对此有深刻的表述:"圆测与窥基争名,玄奘密授一些秘诀来贴补窥基,这和世俗兄弟争夺家产,父母给爱子私添一些财物,没有什么不同。"五性说"成为窥基独得的秘传。不管怎样,玄奘至死也没有清楚表态,窥基、圆测究竟谁是大弟子,谁是其次,结果就留下一段千古难断的公案。

窥基小有成就,于是开始云游四方,到了五台山,登上了太行。一天,他来到西河古寺中借宿,梦中他身在半山,山崖下有无数人在大声叫苦。迷茫之间,那叫苦声的凄惨简直不忍听闻。他徒步登上层层山峰,山峰都呈现琉璃色,仰望见有一座城,城中有声音道:"停!停!哎呀,基公(指窥基)你不该到这里来!"紧接着,两位天童从城中出来,问窥基道:"你刚才看到山下受苦受难的众生没有?"窥基答道:"我只听到声音而不见其形。"两位天童就给了窥基一把宝剑,说:"你如果剖腹就可以看到了。"窥基自我剖腹,腹开,有两道光辉映山下,这下他看清了无数人所受的极大痛苦。两位天童进入城中,给了窥基两卷纸和一支笔,窥基捧着而去。等天明,窥基从梦中惊醒,惊异不已。第二天晚上,西河寺中有光久而不灭,搜寻之下,发现就是前一晚梦中所见的那两卷纸所发出的,打开看,居然是《弥勒上生经》!他回忆昨晚的梦,恍然大悟:"那一定是佛令我对此经作注疏,使之通畅明白。"他拿起一支笔,而这支笔竟然也正是梦中所见，笔锋有舍利二十七粒落下，大者如同桃一样，红色而可爱；小者如高粱、小米。通过这个梦，窥基明白了人间充满苦难，只等着佛教来救苦救难、解救众生，而这也就是他的职责所在。

这之后窥基到太原传法，有前边所说的"三车"自随。前车装佛经，中车自乘，而后车是家妓、女仆和荤食。路途中见一老者，问乘坐者是何人。窥基回答是"家属"。老者说："你知法甚精，带这么多'家属'随行，恐怕与佛经教义不合。"窥基听了后，顿悔前非，把三车都赶走了，自己一个人徒步前进。原来，这老者就是文殊菩萨！不过，这些都是传言，未必可信。试想，窥基随玄奘在远离京城的玉华寺翻译佛经那么多年，在大师的眼皮底下，窥基的三车将何处安放？传文再次提到三车问题，可见作者赞宁认为这很重要，并且对此说法是不认同的。那究竟是什么人在三车问题上纠缠不休呢？范文澜先生认为，窥基自从得了玄奘"五性"秘传，一边造疏一百多部，大力弘扬佛教，一边坚持"五性说"，到晚年讲《法华经》，与佛教的另一个宗派天台宗发生冲突，可能是天台宗人造谣，捏造了"三车和尚"的恶名。窥基每天对弥勒像诵菩萨戒一遍，愿往生兜率净土，应该不会公然做出完全违背教义的糊涂事。

窥基彻底抛弃了"三车"，断绝了俗缘，思想也受到极大的震动。这时，他才明白师父为什么在他提三个条件时颔首微笑了。原来，这就叫"先以欲勾牵，后令入佛智"，师父心里太明白了，想得也真长远，真是大慈悲、大智慧啊！

窥基一路走，一路随处化徒，也就是收徒弟，获益者众。

东行至河北博陵，有人请他讲《法华经》，于是他就写出很详细的注疏。等到他回到自己的本寺，常与过去一块翻译的伙伴来往，还多次造访律宗的创始人道宣法师。道宣经常有神不守舍、心不在焉的样子，实际是诸天王常来他这里，道宣不得不应酬。有一天，窥基来了又离开，然后再来，道宣就问他怎么回事。窥基答道："刚才我看到大乘菩萨在您这儿，有很多善神护卫，我感到很威严，也不想打扰您，于是就离开了，等了一会儿再过来。"这些话谁知道是真是假，但却是对道宣的一种大恭维，而有人也认为，这证明此时的窥基，已进入能看见天上神灵的"无碍"境界。

永淳元年（公元682年），窥基一病不起，圆寂于慈恩寺的翻经院，年五十有一，葬在长安城南的樊川北塬，也就是少陵塬畔兴教寺玄奘大师的灵骨塔之侧。他的弟子们自然哀恸不已，而执绋会葬、穿白带黑的民众也盈于山谷。

窥基是一个说干就干的人。他曾经造了一座弥勒佛像，每天对着像念诵一遍《菩萨经》，从不动摇，结果弥勒像通身放光；他又曾在五台山造玉石的文殊菩萨像，并亲手用金字抄写了《般若经》，结果菩萨像也大放金光。他的弟子们争相拿起窥基的经折对着光看，发现竟然有玄奘大师和他在一起的影像。唐文宗大和四年（公元830年），他的灵骨塔被迁到平原，负责此事的一位高僧打开他的棺材，发现他的牙齿旁有四十根不断的"玉如"，看到的僧众们都说："这是佛的福相啊！"

至此，满天下的寺院，都有窥基大师的像，还有高宗大帝为他写的赞。窥基，体态魁梧、相貌堂堂，看起来雄赳赳、气昂昂，但却有一颗仁慈的心。他虔心向佛、诲人不倦，这完全是天造就的。对于他的称谓，《大慈恩寺三藏法师传》称"大乘基"，而有的传记直称"窥基"或"乘基"，那是不对的，应当以《慈恩传》为准，称"大乘基"。"大乘基"是对他努力弘扬大乘佛教的最高表彰，而海内一般称他为"慈恩法师"。

《窥基传》正文结束了，但还有一段"系"文说：玄奘大师是"瑜伽、唯识"两大学说的开创之祖，而窥基是弘扬、阐释这两大学说的述作之宗。一个称"祖"，一个称"宗"，这意思是说玄奘、窥基共同创立了佛教十大宗派之一的唯识宗，也叫慈恩宗、法相宗，他们的功绩是百世流芳、覆盖一切的。传文写到这里，已经再找不到合适的词汇去表达对窥基的敬意，只好用"广矣、大矣"的惊叹来形容，说如果没有窥基的辅佐，玄奘的学说怎么能广泛传播、让天下人都知晓呢？两位大师的丰功伟绩都是不朽的。

关于窥基对创立和弘扬唯识宗的各方面贡献，由于深奥难述，只能撷拾隆莲法师在权威的《中国佛教》中《窥基》一文来做简单表述：据《开元释教录》记，玄奘译籍中标明窥基笔受的，有《成唯识论》十卷、《辨中边论颂》一卷、《辩中边论》三卷、《唯识二十论》一卷、《异部宗轮论》一卷、《阿毗达摩界身足论》三卷，其中特别值得注意的是《成唯识论》的翻译。玄奘带回此部大经和各家关于此经的十种注释，准备分别翻译。但窥基向玄奘建议，将十家的注释糅合起来成为一部，做出定解，以免后人无所适从。玄奘同意了他的建议，由窥基实施这种从未有过的"糅译"，并做出了创造性的贡献。

《唯识二十论》原有不同译本，窥基在再译时，比较几种译本的优劣而重译，体现了严谨的学术精神。玄奘在译经期间，窥基随侍受业，多闻第一，又是当时造疏（做注疏）最多的一人，因此号称"百部疏主"。他的注疏，很多是在玄奘亲自指导下写成的，基本上包罗了玄奘学说的主要内容。窥基的著作共四十三种。他善于提纲挈领，建立体系，并对细至一字之微也有专章分析，体现他主张的"示纪纲之旨，陈幽隐之宗"（既要揭示佛教的宏观要旨，又要探究其教义的幽隐细微）的学术志向。要了解玄奘的学说，现在可依据的，最主要的就是窥基的这些著作。窥基组织师说，广制诸疏，加以发扬，对于法相唯识之学尤其精辟独到。玄奘逝世后，学人多认窥基为玄奘的继承者，将其讲习取为准据。窥基成为玄奘门的权威，为国内外同所景仰，后遂为慈恩一宗。

窥基既是名将尉迟敬德的侄子，又是玄奘大师的弟子，从将家子变成佛家将，真是千古一人。有了父辈、师辈的教诲与愿望，才有子侄、徒弟们的播种与耕耘，最后才会有大的收获。一代接一代不断努力，这才造就了"百本疏主"窥基！

玄奘和窥基创立的法相宗，是中国佛教十大宗派之一。玄奘与窥基合译的《成唯识论》奠定了它的理论基础，卓然成宗，其弟子们竞作注疏，在理论上各有发挥。虽然由于它过于深奥，普通人很难理解，以至几十年后就衰微了；然而参横斗转、世事变迁，直到近代，仍有很多大学者对法相宗不断探究，并写出专门的研究著作。同时，法相宗在中国衰微后，在日本却得到弘扬和流传，至今不衰，成为日本佛教的一大宗派。今天，日本佛教的六大名寺法隆寺、药师寺、兴福寺、东大寺、西大寺和唐招提寺，属于法相宗的有四座，居绝对优势。由于日本法相宗兴盛，它还能反向中国、韩国以及佛教的发祥地印度输出自己的见解、诠释和研究成果，成为佛教史上一大奇观。也正因为宗派林立，导致佛教界百花齐放百家争鸣，互相竞争互相补充，使佛教最终能成为世界三大宗教之一，不但拥有超过十亿的信徒，而且深深影响着全世界的思想文化发展。

窥基是对佛教有巨大贡献的一代高僧，也是朔州马邑的骄傲。然而，回到前边的疑问——玄奘灵骨塔两侧，两座弟子塔究竟谁在上、谁在下？实际上，唐朝时没有解决这争论，因为大师没有发话。两座塔是在北宋政和年间才补立的，圆测塔在东，属左，窥基塔在西，属右，所以谁高谁低这个问题到现在也没有一个肯定的答案。有人说之所以窥基不能稳居第一，与"三车和尚"的传言有关。而我们现在能够肯定的是：窥基在法相宗创立过程中所做出的理论贡献和译经过程中的卓绝实践，是谁也不能抹杀的；他被称为法相宗的共同创始人，也是得到中外佛教界公认的。今天，兴教寺玄奘塔已被正式列为世界文化遗产。玄奘和他弟子们的英名，将在更大的范围内，取得更大的辉煌。

"百部疏主"窥基，个性鲜明，智慧绝伦，融将门之子与佛门伟器为一人，真是千古奇人！旷世伟人！

我勇我智 我边我城
—— 李勣智破薛延陀

贞观十五年（公元641年），北方游牧民族薛延陀（匈奴别种，铁勒之一）的真珠毗伽可汗听说唐太宗将东封泰山。他认为唐朝的兵马都会跟着前去，边境必定空虚，如果乘此机会进攻李思摩，将会如摧枯拉朽一般容易。李思摩是已经被唐朝打败的东突厥一部首领，当时已归附唐朝。于是，薛延陀发动本族及其他少数民族各部共二十万人，浩浩荡荡越过长城，开始攻击行动。李思摩无法抵挡这汹汹来犯之敌，退到朔州，并向皇上请求救援。接到告急报告后，唐太宗命令张俭率一部兵马到朔州以东，又派兵部尚书李勣为朔州道总管，率领大军赶往朔州。李勣就是徐茂功，前边已介绍过了，他是唐初仅次于李靖的名将，也是文武全才，出将入相。同样，他也得以名列凌烟阁二十四功臣，并陪葬昭陵。

唐太宗不断调兵遣将，对薛延陀形成了高压态势。大军辞行时，李世民以一个军事专家的姿态对诸将做了嘱咐，说："薛延陀翻越沙漠，要走几千里的路，一定会感到疲惫不堪，但这还不是开战的最佳时机。我已经让李思摩退守长城以内，并且放火烧掉秋草，薛延陀来到后定会无处觅食。等侦探报告说他们已经到了马匹啃树皮、无法再坚持时，你们就可以联合李思摩部，发动突然打击，这才是必胜之道。"而薛延陀这边呢，却有着比较奇怪的想法：他们认为唐军多为步兵，善于步战，他们也要学习步战的方法。于是，可汗下令，将战士分为五人一组，一人专管牵马，其他四人上前步战。一旦获胜，就立即授之以马，让战士骑着马追击。这种战法刚开始还真起了作用，李思摩在薛延陀的打击下弃城而逃，朔州再次落到游牧民族手中。薛延陀可汗之子大度设追不上李思摩，气得登城大骂。正在这时，李勣率领大队唐军杀过来了！尘埃遮天，势不可挡。大度设害怕了，就仓皇北逃，李勣派出的骑兵一直追到大青山（今内蒙古呼和浩特以北）。大度设看到无路可逃，就在大青山下摆开架势，准备与唐军决战。开始，他们小胜突厥李思摩部，并且乘胜追击，万弩齐发，射死许多唐马。李勣看到形势有变，就下令士卒都下马，挺着长矛，同薛延陀展开肉搏战。近身肉搏，这可不是薛延陀的长项，于是他们开始溃退。李勣的副将薛万彻，此刻带领数千骑，从侧面绕到敌后，专门攻击那些牵马的人，俘获大量战马。薛延陀军失去战马，又不善步战，顿时慌了手脚，不知所措。唐军追击，斩首三千余级，俘获五万人。大度设逃到大漠以北，又赶上暴风雪，人畜冻死十之八九。就这样，在李勣所部唐军的打击下，原来曾对唐朝构成严重威胁的薛延陀遭到重创，已经不能再称为唐之强敌了。而此时薛延陀的使者还留在长安，李世民对这位使者说："我曾经劝你们和突厥以大漠为界，友好相处。你们自恃力量强，就越过沙漠侵犯突厥，还与我唐朝为敌。这次李勣所部才数千人，就打得你们如此狼狈，你回去告诉你们可汗，其中利害，你们自己好好权衡！"

又过了几年，薛延陀趁唐太宗伐高丽未还，又一次率军来攻。还是李勣，联合江夏王李道宗（就是那位差点被尉迟敬德打瞎眼睛的李道宗），再次出兵，彻底击败薛延陀。薛延陀失败后，北方各少数民族纷纷归附唐朝，唐朝在大漠以北设立了许多羁縻州，羁縻就是"联系"的意思。唐朝政府并不派官吏前往羁縻州，而是以少数民族的首领就地担任长官，这就使这些少数民族地区实现了民族自治，有效地化解了民族矛盾，从而出现了空前的民族大团结。由于政策合理、态度真诚、处置得当，各少数民族共推唐太宗李世民为"天可汗"，天可汗就是"可汗中的可汗""王中王"的意思。这在中华民族的历史上，是一件具有伟大意义的空前大事，李世民既是唐朝天子，又是各民族的共主。这双重身份，是古代中国其他统治者从未有过的。同时值得强调的是,"天可汗"不是李世民自封的,而是各少数民族自发共同拥戴的,所以更使人感动,也更具有一种推动社会进步的正能量。有了"天可汗",于是,从大漠通往长安参拜"天可汗"的大道,就被称为"参天可汗道"。唐政府高度认可少数民族的尊重与友善,在这条大道上设立六十八个驿站,以方便使者来往。中国的北疆,包括朔州在内,迎来了空前的安定与繁荣。

盛唐状元——苑论

神奇马邑，重镇马邑，古老马邑，这是一种历史的评价，也是人们心目中对马邑的基本印象。具体而言，人们会说在马邑发生过多少大事，出过多少名将，云云。然而，马邑还曾出过一位文状元——苑论。

苑论（生卒年不详），字言扬，马邑（今山西朔州市朔城区）人，唐德宗贞元九年（公元793年）癸酉科状元，后迁居荆衡（今湖北、湖南一带）。

我国的科举制度始自隋朝，在唐朝渐趋成熟。大唐289年间，共举行科考261次，录取进士6460人，其中有姓名可考的状元155人。唐德宗贞元九年（公元793年）省试中，有32人进士及第。出乎所有人意料的是，这一年的榜首，不是著名文学家柳宗元、刘禹锡等人，而是马邑人苑论！我国封建社会实施科举制度的1300年中，塞外共产生文、武状元13人，苑论是雁门关外唯一的文状元。

苑氏为春秋时齐国大夫苑何忌之后裔，苑何忌即苑子。苑氏之得姓，除以爵号为氏外，还有一说乃是因封于苑，为侯爵，世称苑侯，以地为氏。苑地在今河南新郑一带，殷商都城在今河南商丘，苑姓应起源于河南。苑姓后来逐渐播迁异乡，在今河北涿州、湖北荆门、山西朔州三地形成大的聚落，历两汉魏晋，为苑姓范阳郡望、永宁郡望和马邑郡望，据说后世广布各地的苑姓皆由此三郡分衍而出。

苑论七代祖苑礼，仕北周为振威将军，镇守边徼，居马邑善阳（今朔州市朔城区）。六代祖苑君璋，本为马邑土豪，娶刘武周（？－公元622年）之妹。隋大业十三年（公元617年），刘武周趁隋末天下大乱之机起兵马邑，被突厥册封为定杨可汗，自称皇帝，苑君璋被任命为内史令（宰相）。刘武周败死后，他统其旧兵，受突厥委任为大行台。后见颉利（东突厥可汗）政乱，乃于贞观元年（公元627年）率所部万余人降唐，受封上柱国、芮国公，累迁左金吾卫大将军、安州（今湖北安陆）刺史（都督），食邑五百户，谥曰忠。五代祖苑孝文，仕至左武卫大将军，汾、代、甘等州刺史，封武威郡公。高祖苑问，官洺州司法参军。曾祖苑操，赠济阳郡太守。祖父苑咸（公元710－758年），早慧，有大志，由名相张九龄表荐，开元中获制举出身（一说进士），起家太子校书，官至中书舍人、集贤院学士、安陆郡太守。掌父苑籍，大历中（公元766－779年），授河南府伊阳（今河南汝阳）县尉，不幸早逝，苑论早孤。

苑氏家族在唐代的显赫地位由苑君璋奠定，而苑咸则是关联唐朝开元、天宝之际政治与文化的重要人物，也是盛唐时颇负盛名的散文家。苑咸先受张九龄推荐并任用，后又得到李林甫的任用与器重，素有干练之才，精于政事，故能辅佐李林甫处理政事，同时还是精于文学的文人。他不仅有诗文传世，更常代张九龄与李林甫作文，颜真卿称"唐人推咸为文诰之最"。

贞元八年（公元792年）冬，苑论在通过乡试后，贡入京师长安。第二年春，参加了礼部考试。礼部考试分为三场，即帖经、杂文（赋、诗）和策问。本年的赋题为《平权衡赋》，以"昼夜平分，铢钧取则"为韵，诗题为《风光草际浮诗》。考试揭榜后，苑论独占鳌头，为该科状元，同时及第的还有著名文学家和哲学家柳宗元与刘禹锡。

苑论与柳宗元（公元773—819年）联贡入京，又一起参加了礼部考试，二人为同年进士，柳宗元时年二十一岁。贞元九年（公元793年）夏四月，苑论在高中状元后回家省亲，众多好友到霸陵为他饯行。他们置办酒席，写诗作赋，记此盛事，并由柳宗元作《送苑论登第后归觐诗序》。

柳宗元的《送苑论登第后归觐诗序》，是我们了解苑论文学才华及道德品行的重要文献。柳宗元在文中极力称道其人品、文章，以兄事之，作序赠之。在"联贡"过程中，柳、苑成为至交，以至"车必挂辖，席必交衽"。二人关系如此亲密，说明年龄相若，柳宗元称苑论为兄，则苑论年纪较柳宗元长，其生年当在唐代宗大历八年（公元773年）之前。

早在考试之前，柳宗元便觉得"量其志，知其达于昭代"（昭代指政治清明的时代，常用以称颂本朝或当今），"究其文，辨其胜于太常"（太常：唐朝礼部和汉代太常的职责相似，这里借指礼部考试）。探而讨之，"则明韬于朴厚之质，行浮于休显之闻。游公卿之间，质直而不犯，恪谨而不慑，交同列之群"，以"诚信闻"。

章懋《送进士还乡序》云："吾少时读柳子厚《送苑论归觐诗序》，见其有所谓'风雨笔札，云烟简牍'，与夫'桂枝片玉，光生于家，曳裾峨冠，荣南诸侯之邦'者，未尝不羡其文章之富，慕其登第之荣也。"足见柳宗元所序之苑论"诗文"挥洒自如，妙笔生花，辞章精彩，语言华美。唯叹其诗文失传于世，后人无法一睹苑论之风华文采。

苑论曾于唐宪宗元和六年（公元811年）为其祖父苑咸撰《唐故中书舍人集贤院学士安陆郡太守苑公墓志铭并序》。该墓志于2002年在河南洛阳出土，现藏于洛阳师范学院图书馆，题款"遗孙朝议郎前殿中侍御史内供奉赐绯鱼袋论撰"。赐绯鱼袋指绯衣与鱼符袋，为旧时朝官的服饰，唐制五品以上佩鱼符袋。可见苑论作为新科状元，通过了礼部试，曾任殿中侍御史内供奉，官阶为正六品上的朝议郎。

苑论志向远大，为人敦厚朴实，深谙处世之道，与权贵交游不卑不亢，恰当得体，与朋友交则以诚相待，有良好的声誉，且其经历与柳宗元有不少相似之处。柳宗元进士及第后不久，父亲柳镇去世，柳宗元在家守丧。三年后，贞元十二年（公元796年），任秘书省校书郎。两年后，中博学宏词科，调为集贤殿书院正字（官阶从九品上）。贞元十年（公元801年），调为蓝田尉；贞元十九年（公元803年），又调回长安任监察御史里行，时年31岁，与韩愈同官，官阶虽低，但职权并不下于御史。这个职位使得柳宗元可以结识官场上层人物，如帝师王叔文等，对政治的黑暗腐败有了深入的了解，逐渐萌发了改革的愿望，成为王叔文革新派的重要人物。苑论的经历大约与柳宗元类似，其任殿中侍御史内供奉也当在贞元十九年（公元803年）前后。从墓志铭中的"前殿中侍御史内供奉赐绯鱼袋"来看，他撰文时已去职，具体情况尚需进一步探究。

苑论是中唐诗、赋与文都擅长的文学家，可惜其赋与诗均已不存，《唐故中书舍人集贤院学士安陆郡太守苑公墓志铭并序》为其仅存文献。墓志铭为苑论为其祖父苑咸所作，系研究盛唐政治和文学的重要参考文献。文中云：

"公以盛德盛才，加之以政事，论琐劣不逮，郯子之言，敢以类举。天宝中，有若韦临汝斌、齐太常浣、杨司空绾数公，颇为之名矣。公与之游，有忘形之深，则德行可知也。每接曲江，论文章体要，亦尝代为之文。洎王维、卢象、崔国辅、郑审，偏相属和，当时文士，望风不暇，则文学可知也。右相李林甫在台座廿余年，百工称职，四海会同。公尝左右，实有补焉，则政事可知也。夫子设四科，第学者，公兼其三，天胡不仁，何盛公之才行，亏公之年寿。若使公当时居卿相间，则羯胡岂敢南向，戎马不复生郊矣。文集十卷，行之于世。呜呼！公于西方教深，入总持秘密之行，齐荣辱是非之观，又不可得而窥也。"

墓志铭行文流畅，叙事简练，颇具大家风范，是研究开元、天宝时期政治和文化状况的珍贵文献，也是进一步探讨和研究苑论文学涵养及治学造诣的珍贵文献。

苑论才华横溢，文采超群，尽管没有看到他中状元后的著作，但就其文学功力而言，"当以文学家视之"；而他朴实诚信的处世之道、人格魅力，也是他赢得包括柳宗元在内众人衷心敬重的根本原因。

马邑是中国历史上各类人才的一大渊薮，辈出的人才中文武兼备，男女同俦，越朝跨代，千年不衰。苑氏家族初以武功起家，后则专注文学，先武后文，文武兼修，堪为马邑历史长河中的璀璨一族！

"飞虎子" 李克用

李克用（公元856—908年），是继刘武周之后，朔州所出的第二位"君王"级的人物。他是西突厥的别部沙陀族人，其上几代先祖已来到朔州一带，而他本人又于唐大中十年（公元856年）出生在朔州境内神武川（今朔城区神武乡一带），所以李克用的确是朔州人。他的祖父叫朱耶执宜，父亲叫朱耶赤心，都是部族首领，又是朔州的地方长官。那李克用为什么会姓李呢？原来，朱耶赤心曾率部平息庞勋起义，唐朝廷为表彰他的功绩，特意赐姓为李，并改名李国昌，等于与皇室同姓，这在当时是很大的荣耀，于是他的儿子也就取名为李克用了。

李克用出生时，曾遭到大的磨难。据说他母亲怀他十三个月，临分娩之际，竟然生命垂危，陷入险境。家人急得四处求医，并赶到雁门去买药。这时遇到一位貌似神仙的老者，说："夫人这状况不是医生、巫师能救得了的。你们马上赶回去，把家族所有的人都动员起来，穿上铠甲，手持大旗，敲起鼓钹，跃马狂叫，围绕居所转三圈，才能挽救产妇的生命。"众人当时无计可施了，只好照他说的办。结果，奇迹竟然出现了！母亲顺利分娩，红光满室，白气冲天，井水也无故溢出，一片祥瑞和灵异。这些当然是神话，但史家这么写，也无非要证明李克用生来就不是凡人，"天欲降大任于斯人也"，必先给予一些磨难，然后李克用才能承担起大任、成就大业并成为伟人。他一开始学说话，就说的是军中语言；刚开始换牙，就学会了骑射。他幼年时，正赶上陷入动乱的晚唐，群雄割据，兵连祸结，唐朝摇摇欲坠。习武练射，已经成为许多年轻人唯一的生活希望，而在尚武习气浓厚的朔州，更是最普遍的民间风尚。沙陀族本来就骁勇善战、精于骑射，而幼年的李克用更是功夫了得，他十三岁时就能连射双雁，引得众人惊叹并甘拜下风。因为他幼年就一眼失明，因此外号叫"独眼龙"。他十五岁时就随父出征，并且跟父亲一道改姓李，还当上了军中牙将。他作战勇猛无敌，军中称他为"李鸦儿"，又称"飞虎子"。他家附近有一座毗沙天王祠，一天祠前井水忽然溢溢而出，谁也不知道为什么。李克用手持酒杯，祝奠道："我有尊主济民（拥护皇上、拯救百姓）的志向，现在无故井溢，我肉眼凡胎，不知是何祸福。天王如果有神奇，请告知于我。"酒奠还未结束，就有神人披金甲持长戈，从壁间走出，大家都吓得四下逃窜，只有李克用从容镇定，与神人对视。从此之后，他益发自负。在云中（今山西大同）时，一天晚上他已就寝，有刺客来行刺他。那刺客刚蹑手蹑脚进入房间，就忽然看到一团烈火从帐中升起，刺客吓坏了，赶忙逃掉了。这也证明：李克用有天祐神助，难道还怕个小小刺客？

朱耶赤心统率的沙陀部落万余骑，战斗力很强，号"沙陀军"，乘着晚唐天下大乱，举起反唐大旗，开始了曲折而艰辛的割据历程。但是，在一连串的混战中，李氏父子并没有讨得便宜，反而一败再败，不得不逃向遥远的北方，投靠游牧民族鞑靼人。当有人开始挑拨鞑靼人与李氏父子关系时，李克用邀请鞑靼豪强到野外射猎。他悬挂马鞭，悬针于树叶间，然后在百步外弯弓放箭，箭无虚发，有如神助，还曾经一箭射中双雁，吓得鞑靼豪强们战战兢兢，不敢对李克用他们轻举妄动。

李克用命运中最大的转折来了！这就是唐朝爆发了黄巢起义，唐朝政府根本无力平叛，只能借助不同族属的割据势力。李克用的族叔招兵买马，也拉起数万人的队伍，但没有像样的指挥官，就想到了李克用。李克用当然不会放过这难得的机遇，率领这支由不同族属组成的队伍，杀奔中原。由于都穿黑衣服，所以号称"鸦军"，在当时威震四方。黄巢看到李克用从旁杀出，知道这人不好惹，就派人带着重礼和诏书去见李克用，企图拉拢他。李克用收下了重礼却杀了使者，焚烧了黄巢的诏书，剑指关中，直接对着黄巢的大本营驰来。黄巢军中开始骚动，说："鸦儿军至，当避其锋。"但李克用并没有给黄巢部喘息之机，在渭南与黄巢一日三战，都取得胜利，最终黄巢败走，而李克用收复长安。当时李克用年仅二十八岁，在诸将中最年轻，但功劳却最大，兵力也最强。

李克用被任命为河东节度使，势力范围即今天的山西中部，太原是其首府。然而朔州是李克用的起家之地，又是战略重镇，李克用当然也不会放弃朔州。来到太原，面对曾经"讨伐"过自己的各路人马，李克用摆出一副宽宏大量、既往不咎的姿态，然后大力招兵买马、壮大力量。他收养了一批有勇力、有才干的年轻人为"义儿"，其中就包括悍勇绝伦的李存孝，使他们变成自己的心腹。这些义儿既有沙陀人，也有汉人和其他族人，构成了一支不可小觑的领导核心。他还有一批著名勇将，如马邑人周德威、薛阿檀等。随着实力的增强，李克用日益成为各方关注的中心，各地军阀们有的与李克用通好，有的却与之为敌，分分合合，恩怨交加。然而就实力来说，没有一个能与李克用相抗，李克用成为黄河以北最大的实力派。

在这个成长过程中，李克用羽翼渐丰，视野也日渐宽广，于是产生了更大的野心。他与山西北部的赫连铎（吐谷浑族首领，赫连系复姓）、河北李匡威几次交锋，逐渐占得上风，其中在朔州黄花堆（怀仁、山阴、应县交界处）战役中取得大捷，是军事史上的典型战例之一。他的势力扩张到内蒙古、山西、河北之后，又开始向唐王朝的腹地关中进发，先后消灭了盘踞在关中的三股割据势力，赢得唐昭宗的信任。昭宗不但封李克用为"晋王"，还将后宫中的绝色佳人魏国夫人赐给李克用。

在度过了最初的南征北讨阶段后，李克用回到大本营山西，开始享受独立为王的滋味。然而，这滋味却不是那么好受的。他频繁征战、横征暴敛，经济状况不妙，而民众生活也困顿不堪。没有经济做后盾，他的战事就没有后勤保障，农业凋敝，人粮马料就失去来源。再加上他不善于维持内部各方面、各派系的关系，彼此矛盾重重，弄得他非常苦恼。这些问题在他车裂了战功卓著的部将李存孝后，立刻浮出水面。杀李存孝，当然有他的理由，可一旦真的失去李存孝，他又感到失去了倚仗，自毁了长城，还产生了一种不祥的预感。此刻他心中极其苦闷，但专横惯了的他，却又无人可以诉说。苦闷憋得久了，就使他动辄大发雷霆，以至一怒之下又杀了大将康君立。

在与另一个实力派朱温的明争暗斗中，起初是他占了上风。得意之余，他让一位叫李袭吉的文人写了一封信给朱温，这封信文笔辛辣、尖刻，极具嘲讽之能事。大意是说：仆（李克用）与公（朱温）本来该是盟友，却不幸陷入长期争斗，您又坚持要与在下为敌。然而五年下来，您不但没有占到什么便宜，倒是在下"三边将士，铁骑犀甲，云吞谷量（好像天上的云朵一样多，要用谷来计量）；马邑儿童，皆为锐将；鹫峰宫阙，咸作京坻"（在下的"马邑儿童"，都已成长为精锐的将帅，而您曾经的宫阙，现在都变成了在下的京郊）。后边的话更加精彩，大意是说：在下对行军打仗，大概已粗通一二，您同我打仗可要小心。我胜利了则安抚三晋之民，而失败了会去征调五部之众（到邻近的少数民族去征兵，意思是我不怕失败）。您费尽心机，却无法从在下手中夺去一兵一马，您可要为自己留一条后路。我对您绝不会耍阴谋诡计，倒是愿同您真刀真枪实干一番。

朱温看到这封信后，又气又恼，先是大发感慨，对李袭吉的文采佩服不已，说李克用藏在山西的山沟里，倒能找到如此高的文士；等读到"马邑儿童"一句时，不由得怒从心起，要找人回骂过去，然而他手下人回书的水平，却远远不及李袭吉。这篇奇文是李克用对朱温的辛辣嘲讽，写得文采飞扬、豪气十足，在当时被广为传诵。这封信写得解气、骂得够狠，但并不能解决问题，何况朱温也不是吃素的，李克用还不得不认真思考如何与朱温周旋、争斗。结果，他就想到与契丹首领耶律阿保机结盟。在云中（今山西大同）大会上，双方结拜为兄弟，而且都大摆排场，场面非常热闹，觥筹交错，看起来煞有介事。宴会后，李克用赠给契丹方面大量金银丝绢，而阿保机则回赠其三千匹战马。为了纪念这次大会，辽建国以后，特意在大同府下设怀仁县，就是"怀想仁人"的意思。今天这个县还在，就属于朔州市管辖。但是，在那个战乱年代，没有永远的朋友，只有永远的利益。不久，阿保机就背弃盟约，反倒与朱温结盟。这对李克用打击很大，也使他对阿保机恨之入骨。

李克用也曾遭遇过惨烈的失败。中和四年（公元884年），李克用与朱温在汴梁（今河南开封）的上源驿会面。朱温设宴款待，当时气氛显得很热烈，两个人热情握手，共叙"破贼"（指击败黄巢）往事。朱温不但亲自劝酒，还指使十多名歌伎围着李克用嬉闹，又送给李克用许多珍贵的礼物。当晚李克用就宿在这里，谁知朱温已秘密布置人马，要暗杀李克用！他先是派人在路上设置栅栏，阻断李克用的归路，然后就发兵来攻打李克用下榻的驿站。当时李克用烂醉如泥，手下的十多人拼死抵抗，然而寡不敌众，大多战死。李的一位亲信吹灭蜡烛，将李克用拖到床底下藏好，用窗帘遮盖起来。过了一会儿，他用冷水浇醒李克用，告诉他现在面临的险境。李克用挣扎着起身，拉开弓箭准备退敌，但身体软绵绵的，不听使唤。这时，先是火光四起，接着是雷电交加、大雨倾盆，浇灭了熊熊大火。李克用在几位随从的保护下，跌跌撞撞地逃窜，慌不择路，也根本看不清谁是谁，只能借着闪电来到一座城门前，然后用绳子吊下，这才逃了回去。见到刘夫人后，相拥大哭一场。第二天，李克用准备出动人马与朱温决一死战，被刘夫人劝下。后来，朱温也不想因这件事闹得没完没了，就写信给李克用说："不是我想谋害你，而是朝廷派来一个宦官，他想对你下手。"解释了一番。由于当时双方势均力敌，谁也没能力将对方一口吃掉，李克用只好将仇恨憋在心里，等待时机。

过了几年，在朱温的不断挤压下，李克用实力日蹙，心急火燎之下，他头上长了痈疽。头上的疽自然疼痛难忍，李克用的病势加重，人也更加烦躁不安。他知道，自己告别人世的日子就要到了，就将子侄、亲信都召集到一起，说要立儿子李存勖为接班人。弥留之际，李克用叫人从箭筒中抽出三支箭交给李存勖，叮嘱道："这三支箭，一是要你讨伐幽州（今北京）的刘仁恭。你拿不下幽州，就没法同河南的朱温争斗。二是要你打击契丹。我同阿保机把臂而盟、结拜兄弟，他却背约附梁，这深仇大恨，你一定要替我去报！三是一定要灭了朱温！完成一件，你就插一支箭在我的灵堂。你能完成这三件大事，我死也无恨了！"从这番交代后事来看，李克用确实是一个专注于军国大事的人，一门心思都在征战、报仇上。后来，他的儿子李存勖当了后唐皇帝，尊李克用为武皇帝。随后，李克用交付的三件大事都完成了，李存勖每次都隆重地取出一支箭，用锦囊包好，供放在李克用灵前。

李克用性格很怪异。他有时杀人不眨眼，有时却显得很宽容。淮南军阀杨行密知道李克用很厉害，但不清楚他的长相，只听说他瞎了一只眼。为了弄清李克用到底长什么样子，杨行密派了一个画工假装商人，来到河东李克用的行辕，要画一张李克用的肖像，以便日后对阵时可以识别。结果这位画工的身份被识破了，被押到李克用面前。开始时李克用非常生气，但过了片刻就对属下讲："我从小就瞎了一只眼，看那个人怎么画我？"见到画工，李克用非常严厉地按着宝剑说："淮南杨行密派你来画我，你一定是高手。你如果画差十分之一，这台阶下就是你的死处！"画工战战兢兢答应了，就开始为李克用画像。当时正是盛暑，李克用手执一把八角扇，画工画中就用扇角遮住了一只眼。李克用又生气了，喝道："你这是向我谄媚，重画！"画工又画，画的是李克用张弓搭箭，闭上一只眼在瞄准，姿态、表情都很自然，也看不出是个独眼龙。这次李克用高兴了，不但饶了画工，而且给了重赏。看来，李克用还是个追求本真的人，讨厌那种弄虚作假和谄媚迎合之人。

李克用生逢乱世，又是一位少数民族，但在极其险恶的时代漩涡中，能纵横捭阖、力挽狂澜，不但成为挽救垂死唐王朝的救世主，被唐王朝赐姓为"李"，而且在群雄逐鹿中，为自己打出一方地盘，并进一步为后唐的建立奠定了坚实的基础。可以说，五代所指的梁、唐、晋、汉、周，其成败兴废都与李克用有着密切的关系。拿李克用临终时交给儿子李存勖的三支箭来说吧，这三支箭指的就是三个具体的行动目标。完成一件，就在他的灵前插上一支。而后来三个目标在李存勖手上都实现了，后唐得以取代后梁正式建国，李克用被尊为武皇帝，五代从割据转为相承的格局也正式形成，即不同政权一个接着一个，而不是并存，也就是打破了对峙的僵局。这一点是非常重要的。试想，如果几个政权并存，彼此力量差不多，谁也吃不掉谁，那最终要走向统一，就会困难得多。曾记否，汉末，先是三国鼎立，然后是五胡乱华，中国北方分裂成十六国（实际不止），再后来是南北对峙，总之是谁也没有统一中国的实力，这种混乱的局面持续了近四百年。而五代十国的分裂局面只持续了不到一百年，然后就水到渠成地由北宋完成基本统一。因此，五代由相持到相承的大格局转化过程中，李克用就是起关键作用的关键人物。

"沙陀三君"出朔州
—— 漫说李存勖、石敬瑭、刘知远

历史上的五代十国时期,所谓"五代"指的是梁、唐、晋、汉、周。不过,这五代前面都要加一个"后"字,如后梁、后唐、后晋、后汉等。其中,后唐、后晋、后汉都是沙陀族所建,其缔造者或统治者都"确是"或"算是"朔州人,与朔州也都有密切的关系,后人称之为"沙陀三朝"。这里漫说三朝的开国君主李存勖、石敬瑭和刘知远。

李存勖(公元885—926年),是李克用的长子。如果说李克用是后唐奠基人的话,那李存勖就是后唐的实际创始人。他生下来就显得与众不同,相貌奇特,受到李克用钟爱。他十一岁时就跟着李克用出征四方,经受战火的洗礼。李克用平定黄巢,唐昭宗一看到随行的李存勖就称赞道:"这孩子不亚于他老爸!"因此,当时人就叫他"亚子"。亚子通晓音律，常令人歌舞于前，自己在旁一边学习，一边指指点点。他十三岁学习《春秋》，并亲自缮写，能略通大意。长大成人后，弓马娴熟、胆略过人。

天祐五年（公元908年），李克用病故，李存勖接过父亲的晋王职位，也接过承载父亲重托的三支箭，这年他才24岁。仅过一个月，他就杀了对他造成严重威胁、觊觎王位的叔父李克宁，稳定了政局。很快，他又从潞州前线调回大将周德威，以麻痹后梁军。他对诸将说："后梁人闻我有丧，就断定我不会兴师；他们又觉得我少年继位，不懂得打仗，因此他们一定会有骄傲懈怠之心。如果我轻装简从，日夜兼程，出其不意，以我情绪高昂的士众，去打击那些骄惰的梁军，一定可以摧枯拉朽，解除定州、霸州（均在河北）之围。"做了战前动员后，他就亲率三路大军进攻，数战皆捷，惹得后梁朱温大发感慨道："生子当如李亚子！李克用有这样的儿子，他那政权可以不用担心灭亡了；你看我那些儿子，简直就和猪狗一样没出息！"

战局继续发展，李存勖一扫当年李克用的颓势，在与朱温的缠斗中逐渐占了上风，朱温只好后撤，让出了大片的地盘。正在这时，盘踞河北的刘守光却跳了出来，打算趁火打劫，谋取实利。李存勖不想让后方受到侵扰，就回师专门对付刘守光。他先用骄兵之计，哄得刘忘乎所以，然后遣虎将周德威率三万铁骑围攻幽州（今北京）。鏖战两年，终于俘获了刘守光及其父刘仁恭。刘仁恭就是前边提到的、李克用至死不忘的三个敌人之一。李存勖捉到二刘，在李克用灵前杀死他们，并插上李克用交给自己的一支箭，以告慰李克用的在天之灵。

面对契丹人的不断南下犯境，李存勖又是亲自出马北征，结果又取得大胜，云中（今山西大同）、朔州都归其所有，契丹人多年不敢再觊觎河东之地。再往后，继连续胜利的余威，李存勖终于灭掉了朱梁，完成了李克用嘱咐的"三矢"遗愿。当时，李存勖踌躇满志。同光元年（公元923年），在手下诸将的"劝进"下，他在魏州（今河北大名）登上皇位，国号唐，史称后唐，他也就成为唐庄宗。

　　李存勖一生，特别爱好三件事：打仗、打猎、演戏，演戏时他往往要扮演丑角。而等他灭梁后，觉得天下太平，可以马放南山、刀枪入库了，就尤其迷上打猎和演戏，甚至走火入魔。在他任命陈俊为景州（今河北景县）刺史、储德源为宪州（今山西娄烦县）刺史后，简直让人觉得他是不是发疯了？原来，陈俊和储德源都是后梁的伶人！那两个来自敌对势力的戏子，怎么会轻而易举得到如此大官呢？这是因为推荐他们的是李存勖最宠爱的伶人周匝！伶人在李存勖眼中重要到了这般地步，史官们只好发出"呜呼"的感叹。话说回来，身为名将和开国之君，为什么如此喜欢演戏而且还要扮演丑角，这倒是一个奇怪问题。他是否觉得生逢乱世，生死常常不保，实在太辛苦和太残酷了，索性将人生当作演戏，演个丑角放松自己，求得一种心理解脱，发泄发泄？由于他整天沉迷于消遣娱乐、不理朝政，对重重危机置之不顾，终于在同光四年（公元926年）的兵变中，被几个伶人杀死。一个勇武过人的军事奇才、一个堂堂皇帝被几个戏子杀死，这不仅是历史奇闻，而且也印证了他可能存在的一种幻觉：人生如戏场，你方唱罢我登场，真作假来假亦真，一切都和做戏一样。他死后，他的几个后人又将后唐的政权维持了几十年，终于为后晋所灭。这个由李克用奠基、李存勖创立的政权，也就如一场大戏演毕，最后拉上了沉重的大幕。

石敬瑭（公元892—942年），与李克用一样，也是沙陀族。他前四代祖就已来到朔州，按中国"三代入籍"的规矩，他也就成了朔州人。

石敬瑭排行老二，为人沉默寡言，爱读兵法，特别推崇在晋北一带有广泛影响的战国名将李牧以及西汉平息七国之乱的周亚夫，并仔细研究过他们的用兵之术。后唐统治者李嗣源（李存勖之子）对石敬瑭很器重，把女儿嫁给他，从此他就成了李嗣源的部属，统领号称"左射军"的亲军，成为李的心腹嫡系。有一次，后梁一支部队突袭而至，李存勖部还未来得及列阵，猝不及防，形势十分危急！就在此时，石敬瑭率十余骑深入敌阵，左冲右突，无人敢挡，不但解救了整个部队，而且救了李存勖的命。李存勖对他大加赞扬，他也因此战扬名立万，开始引起众人的注意。后来的几次战斗，都是靠石敬瑭的奋勇拼杀，李存勖、李嗣源才得以脱险或反败为胜。

在一次兵变中，李嗣源奉命平叛，但谁料他的手下也发生了兵变，李嗣源打算只身返回，以自证清白，没有参与反叛。石敬瑭劝他道："岂有军变于外，主帅独无事的例子？而且犹豫是兵家大忌，您不如赶快行动，抢在叛军之前下手，取得主动。我愿带骑兵三百先去进攻汴州（今河南开封），如果得手就可以成事。"李嗣源犹豫后同意了石敬瑭的意见，很快占领汴州。李存勖从洛阳赶来，李嗣源已抢得先机，李存勖不满意被李嗣源抢了头功，但也没有办法。后来李存勖被杀，李嗣源继位为帝，石敬瑭因为辅佐夺权有功，被任命为一方节度使。李嗣源在位八年，石敬瑭不断受到重用，管辖范围包括朔州在内的大片地区。就这样，石敬瑭依靠过人的武功，同时钻营取巧，以政治缝隙为台阶，使自己一步一步登上了权力的高峰。李嗣源死后,儿子李从厚继位,但养子李从珂不满意,就起来造反。石敬瑭囚禁了李从厚,协助李从珂登上帝位,但他也知道李从珂随时有可能"卸磨杀驴",未必肯放过自己,因此处处提防,显得十分谨慎。经过一番努力,李从珂终于相信他没有异心,重新任命他为河东节度使。石敬瑭喜出望外,赶快走马上任去了。但明眼人却看出李从珂犯了大错,是囚龙入海、放虎归山。石敬瑭到任后,说自己身体有病,难堪大任,骗得朝廷对他不加提防;他又借口北边契丹犯境,不断要求朝廷调运军粮。他的部属也已经看出了石敬瑭的野心,所以当朝廷钦赐夏衣时,军士都连声欢呼"万岁",想拥立石敬瑭为帝。但石敬瑭认为时机未到,就让人将带头欢呼的三十六人杀掉,以掩人耳目。李从珂知道了这些后,反而更加不放心了。当石敬瑭的妻子离开太原前向李从珂辞行时,李从珂乘醉说:"你为什么不留下?这么着急赶回去,是想和石郎一起造反吗?"石敬瑭听说后,心怀鬼胎,惴惴不安。为了窥测李从珂到底有何意图,他屡次上表,说自己身体不好,要求解除兵权,或者改调其他地方,离开军事重镇河东。为了等待时机和掩藏反叛祸心,石敬瑭可以说是费尽心机。面对疑点越来越多的石敬瑭,李从珂与手下多次商量:"怎么办?怎么办?让他留在老家山西吧,等于纵容他;但将他调离吧,又可能将他逼急了。"有人对李从珂讲:"石敬瑭在山西反,离开山西也会反。不如先下手为强,先收拾掉他再说。"李从珂同意了这个建议,一边准备派人进攻,一边要调石敬瑭到山东。石敬瑭观察了一段时间,觉得这次李从珂要动真格的了,就上表说:"养子不应继承大位,应该让李嗣源的小儿子继位。"李从珂当然不能答应这公然的挑战,于是下诏削去石敬瑭的官爵,并命令部下开始对太原发动攻击。石敬瑭这时做了什么呢？他派人去向契丹求援，答应事成之后给契丹割让卢龙（今河北卢龙县）及雁门关以北的大片国土。最令人不能容忍的是，他竟认比他小十岁的契丹国主耶律德光为父！

耶律德光接到石敬瑭的奏表，大喜过望，立即答应出兵。随后契丹大军压境，大败后唐军，并很快委任石敬瑭为大晋皇帝，这就是五代中后晋的开始。石敬瑭当了儿皇帝，一举割让幽、云等十六州给契丹，其中就包括自己的老家朔州。这十六州直到北宋建立也没有收回，所以石敬瑭就成为历史上人人唾骂的卖国贼。这还不算，石敬瑭还答应每年给契丹三十万匹绢的厚礼，真是无耻到了极点！在契丹的援助下，后晋灭掉了后唐，石敬瑭的势力扩张到河南、河北一带。

后晋初建，遭到很多人反对，但一方面石敬瑭卑辞厚礼讨好契丹，求得支援；另一方面他自己也做了一些努力，稳定局势、恢复经济；再加上反对势力一时不成气候，所以石敬瑭有了喘息之机。

天福三年（公元938年），石敬瑭上尊号于契丹主及太后。他派出重臣到契丹，准备了卤簿（皇帝专用的礼仪设施）、仪仗、车辂献给契丹。石敬瑭不但奉契丹主为"父皇帝"，而且每当契丹使节来到时，都要于别殿拜受契丹的"诏敕"。除每年进贡给契丹三十万金帛外，每逢吉凶庆吊，还要额外追奉各种厚礼。送礼的使者不绝于道，除契丹主之外，还有应天太后、元帅太子、诸王以及大臣都有礼物送到；稍不如意，那些人就会严加斥责，而石敬瑭总是奴颜婢膝地赔不是，并及时补上所缺。反过来，后晋的使者去契丹，契丹方面的态度十分倨傲，有时甚至非常无礼，简直就没把他们当人看。使者回来报告后，大臣们都深以为耻，但石敬瑭却像没事一样，而且一年到头都是这样，了无倦意。

石敬瑭的无耻行径终于激起了强烈的反对，很多割据势力乘机鼓噪，打着反石敬瑭的旗号，伺机夺取地盘。打来打去，这些军阀基本是乌合之众，石敬瑭不费太大力气就将反叛镇压了下去。此时，朔州人安重荣痛恨石敬瑭的卖国行为，鼓动石敬瑭手下倒戈，并随同安存进一起反石，但都没有成功。军阀们彼此混战，而被割让地区的百姓不干了！尤其是朔州民众，奋起抗击契丹。辽会同四年（公元941年），朔州节度副使赵崇赶走契丹派来的长官，想让朔州重回后晋。契丹派兵前来攻打，赵崇率部血战，坚守了几个月后，终于寡不敌众，城破，赵崇战死。契丹主耶律德光下令将朔州城内青壮年男子杀光，把上等户三十户作为契丹战死将领的家奴，朔州保卫战就这样在残酷血腥的屠城（史称"契丹屠城"）中悲壮地结束了。此后，各地民众仍坚持反抗，使耶律德光不由得感叹道："想不到汉人这么难对付！"

天福七年（公元942年），遭万人唾骂的大汉奸石敬瑭终于撒手人寰，侄子石重贵即位。他耻于向契丹称臣，就开始反抗契丹，但终究不是对手，不但没能推翻契丹的统治，反而身死国亡。在灭掉后晋之后，契丹人正式建立辽国，而朔州继续处在辽的统治之下。就这样，石敬瑭和他建立的后晋政权，被永远钉在了历史的耻辱柱上。

建立后汉的刘知远（公元895—948年），沙陀族。同李存勖、石敬瑭一样，也是远祖时就来到朔州，因此他也是朔州人。朔州一带至今流传有很多刘知远的故事，说他幼年曾以种瓜为生，甚至今天其瓜园和水井的古迹仍存在。

刘知远少时与李存勖、石敬瑭不同，大概家境不富裕，轻松不起来，因此不好戏耍，不苟言笑。他紫色面庞，言语很少，显得沉稳庄重，有时还爱翻白眼。他在后唐明宗李嗣源手下任偏将时，石敬瑭与后唐公开决裂，向契丹称儿割地，他曾劝谏石敬瑭说："称臣可以，但称儿就太过分了。你多给些金帛，他自然会出兵助你，不应当割让土地，否则异日就会是中国的大患。"但石敬瑭没有听他的，照样我行我素地干他那卖国的勾当。

刘知远起家时，有一支吐谷浑部族，游牧于契丹与后晋之间。吐谷浑可能是鲜卑人的后代，到北魏时才为中原政权所知，唐代一度很活跃，成为唐的劲敌。唐平复后采取怀柔政策，嫁以公主，至今还有弘化公主碑留存。后来，他们逐渐从青海一带迁徙到河套地区。唐懿宗时，其首领赫连铎为阴山府都督，参与了讨平庞勋的行动，以功封大同军节度使，后来被李克用击败，实力大不如前。到石敬瑭时，有一位首领白承福，不堪忍受契丹的残暴统治，就同当时活动在晋北一带的朔州人安重荣暗中联系，率领族人经朔州进入中原。契丹主耶律德光闻讯大怒，责骂石敬瑭，要他出兵镇压吐谷浑部。石敬瑭此时却有两种打算：一边应承契丹，准备对白承福用兵；另一边又让刘知远与白承福拉拉扯扯，双方维持关系，不离不弃。等到了晋出帝与契丹绝交后，白承福被封为大同节度使，与后晋政权和刘知远的关系都还不错。然而刘知远是个不懂得团结的人，他对自己的盟友白承福不但不肯体恤，反而侵辱吐谷浑部，向他们不断勒索，迫使白承福准备逃亡出塞。刘知远即以优势兵力围攻，白承福被杀，羊、马等资产都被抄没，使得在中国历史上存在了几个世纪的吐谷浑部族就此开始走向衰亡。

当初石敬瑭在太原起兵时，刘知远曾经出了大力，所以在石敬瑭当政时期，他也一直受到石的重用。石敬瑭死后，后晋出帝准备与契丹断绝盟好，在北方采取军事行动。看到后晋、契丹即将兵戎相向，刘知远觉得机会来了，产生异志。在后晋与契丹激战时，身为后晋大臣的刘知远却在坐山观虎斗，同时进一步招兵买马，扩大实力，成为后晋最强大的藩属。当契丹在战场上逐渐得势并向后晋推进时，刘知远不但不"勤王护驾"，反而在契丹灭晋后，向契丹进表致贺。

辽大同元年（公元947年），耶律德光病死在北归途中。刘知远又一次觉得有机可乘，此时不下手，更待何时！他假传圣旨，立后唐明宗的幼子李从益为帝，扯起一面大旗，声称要光复后唐。但很快他就露出狰狞的面目，杀了刚称帝的李从益，在汴州（今河南开封）改国号为汉，史称"后汉"，他也就成了后汉高祖。

刘知远刚称帝时，还继续沿用后晋的年号，说是"未忍改晋"，但又讨厌少帝的"开运"（后晋出帝年号，公元944—946年），便重新使用石敬瑭的"天福"，称自己登基这年是天福十二年（公元947年）。过了一年，他决定改年号为"乾祐"，但仅过了半年就死了，终年五十四岁。这种先称帝再改国号最后改年号的做法，在历史上绝无仅有；但也说明五代时政局混乱，军阀们急于抢班夺权，根本来不及仔细考虑，所以才会出现这种荒谬的情况。

刘知远在位仅一年，无丝毫政绩可言。他残暴成性，许多属下被杀不说，前边提到的李从益刚被他"拥立"随即被杀，根本没有任何说得出的理由或借口；李从益的母亲王淑妃要部下投降刘知远，而对这样一位自愿交出政权的过渡性人物，刘知远也不放过，残忍地杀害。但是，对于拥兵自重的军阀们，刘知远或者是有所畏惧，或者是有心拉拢，因此不但给这些大小军阀们加官晋爵，甚至还为死去的军阀赠爵封王。尤其是对自己的老乡，同为朔州人的杜重威这样一个投降契丹导致后晋灭亡的叛臣，他却出奇地宽容和姑息，任命其为太尉、节度使。以至在杜重威举兵造反，他亲自前去镇压，杜重威不得不投降后，他还是出人意料地委以重任，这真令所有人都感到匪夷所思。不过，刘知远对杜重威的人品实际是很清楚的，所以临死时，就密令顾命大臣杀掉杜重威父子。那刘知远当初为什么那样不可思议地对待杜重威，他们之间究竟有什么秘密交易，这就成了千古之谜，后人永远也无法知晓了。史书上评价，刘知远虽然挂了"奉天承运"的名，却根本不懂得该怎样当皇帝，这评价还是很中肯的。

　　三个沙陀人，三个朔州人，三个开国皇帝，建立五代中的三代，命运如此，不能不说是历史的奇迹。三个人起家相仿而性格迥异，结局有差；三个人都是武功盖世而政治上很烂，从而无法得到正面的历史评价，甚至被称为史上少有的大汉奸、卖国贼。那么，是什么造就了他们的命运？是时代，是那个混沌不清的乱世，谁也很难在这样的时代辨清方向，独善其身。至于人格的缺陷、道德的缺损，那多半是他们的家庭或启蒙教育造成的。然而，朔州与他们有什么关系呢？朔州是兵家必争之地，是民族杂居之地，其文化是多元的、复杂的和混乱的，扑朔迷离，这就使得朔州既能出大好人，也能出大坏蛋，他们就是不一样的朔州人！

周德威"虎帐夜谈兵"

　　清代钱彩的古典小说《说岳全传》中，讲了这么一个故事——岳飞进京赶考武举，试前与王贵、汤怀、张宪一起上街选购兵器，进了一家店，主人不在，岳飞环顾店内陈设，就对三位兄弟说，这家人姓周，而且是将门之后。王贵三人听后大不以为然，对岳飞说："你又没见到主人，墙上也没有一个周字，你怎么知道这家人姓周？又怎么知道是将门之后？"岳飞说："你们看墙上的对联，上联是'柳营春试马'，这说的是西汉名将周亚夫春天在细柳营练兵；下联是'虎帐夜谈兵'，说的是五代大将周德威在大帐中夜谈兵事。这二位都姓周，又都是名将，所以我断定主人姓周，而且是将门之后。如果换别人，是不会把这样的对联挂在中堂上的。"话刚说完,主人回来了,一问,果然姓周,而且确实是将门之后,不过现在的主人已经不再习武论兵,变成一个文人了。正因为出自将门,所以家中藏有价值连城的宝剑,主人遵照先人的遗嘱,就将宝剑送给岳飞。不过那已是另外的话题,这里不再多说了,只是谈谈周德威这位名将。

周德威(?—公元918年),字镇远,小字阳五,朔州马邑红壕头人,后唐庄宗李存勖手下主要将领,被誉为"后唐中兴良将"。

那周德威究竟是一位怎样的名将呢?

首先,周德威属于"斗将"之列。清代大学者赵翼在他的名著《陔余丛考·卷四十》中,列出了一个"斗将"的篇名。"斗将"是相对于"谋将""儒将"而提出的,为的是弄清一个疑问:古代有没有武功极高的将领?是不是真有两军对垒,双方主将大战八十回合、一百回合,最后一方将另一方斩于马下、枭首而归的事?赵翼经过详细考证,举出大量实例并得出结论:真有这样阵前开打的,真有一方当场斩杀敌将的,甚至还有双方主将杀得天昏地暗,两边的将士都不打,放下武器站在那里看热闹的事。令人诧异的是,我们听过的太多故事,如赵子龙大战长坂坡、张飞夜战马超、关云长过五关斩六将、李元霸武功天下第一等等都没有被列入,因为那都是子虚乌有的事。赵翼列出了一个长长的"斗将"名单,大多是我们不熟悉的,然而却是真有其人、真有其事。文中,赵翼先引用了明代大文人王士祯在《池北偶谈》中列举的一些"斗将"的例子,其中就有"周德威生擒陈夜叉"一例。这是怎么一回事呢？

光化二年（公元899年），后梁统治者朱温进逼太原，梁军中传出"能生擒周阳五者为刺史"的悬赏。梁将陈章外号"陈夜叉"，自恃武功甚高并口出狂言，要活捉周德威以邀功。由于陈夜叉名气很大，所以当时晋王李克用心里不踏实，告诫周德威："陈夜叉想活捉你后当刺史，你可千万要当心，别让陈夜叉一时得逞。"周德威听后笑着对李克用说："陈章好口出大言，您怎么知道他想当的刺史，到时候不会让我来当呢？"陈夜叉心高气傲，经常穿红色的铠甲，骑白马，在阵前非常扎眼，但也正说明此人的张狂自大。临阵，周德威要部下一看到穿红衣骑白马的就退却，自己则化装成士兵夹杂在队伍中。等到陈夜叉冲过来时，周的部下纷纷后退，陈夜叉继续追击，周德威突然杀出，用铁锤在背后将陈夜叉击落马下，将其活捉。

赵翼在引用王士禛举的例子后，自己也举了更多的"斗将"实例。说到周德威，在一次进击军阀刘守光的战斗中，刘派手下大将单廷珪出战，与周德威对垒于龙头岗。单廷珪也是自信满满，说是"今日必擒周阳五"。他冲过来时气势逼人，周德威就往后退。单廷珪猛追，枪尖已贴上周德威的后背，万分危急！正在这时，周德威忽然急侧身躲过单廷珪的枪尖，并举起铁锤猛击对方，单廷珪落马被擒。赵翼写到这里不无得意，说："此又周德威斗将之一事。"通过两个例子，周德威被确认为"斗将"中的出类拔萃者，即武功高超、能临阵搏斗战胜对手的勇将。

然而，周德威绝不仅仅是一介武夫，只有匹夫之勇，他更是能运筹帷幄、决胜千里的谋将，是具有统率千军万马能力的帅才。

从唐末追随李克用起兵起，周德威就表现出过人的军事才能。李克用是割据一方的军阀，周德威先是李克用手下的骑将，逐渐升为铁林军使。在李克用与另一个军阀王行瑜的恶战中，周德威因功升到检校左仆射、衙内指挥使。此时的周德威已经以勇武而名扬天下，但李克用知道，周阳五的本事绝不仅仅是临阵厮杀、马上格斗，这从李克用封给周德威的官职就可以看出。左仆射是文官，负责行政事务，而衙内指挥使则是负责警卫的，可见此时周德威在李克用眼中，已经是既有行政能力又忠诚可靠的得力部下。

李克用没有看错人，而周德威也没有辜负李克用对自己的器重。

在天祐五年（公元908年）后梁朱温与李克用儿子李存勖的一系列战斗中，周德威开始展示他谋略过人的一面。乘着初战告捷，周德威率兵进攻晋州（今山西临汾），在神山（今山西浮山）大败后梁军。正当李存勖南攻之时，幽州（今北京）的刘守光也来凑热闹，从后面进攻。李存勖一方面用骄兵之计，麻痹刘守光，另一方面派周德威统兵三万围攻幽州，抄刘守光的后路，这就有了前边说的周德威临阵生擒单廷珪的故事。这一仗，刘部骁将被俘，而两年后刘守光父子也被活捉，幽州一带成为李存勖的地盘，周德威也因这次大功晋升检校侍中，幽州、卢龙等军节度使。关于这次战役，这里还要补充一个有趣的故事。

刘守光是个妄自尊大又残暴不仁的军阀。经过连年战争，他集聚了一些力量，也占领了相当大的地盘，就飘飘然起来，不知自己姓甚算老几了。由于投靠了后梁朱温，朱温派人册封他为尚书令、尚父。刘守光也没弄清尚父到底是个什么官职，在册封仪式上就问使者："既然拜我为尚父，那为什么不祭天、不改元？"使者告诉他，祭天、改元都是皇帝才能享有的礼仪，尚父虽然尊贵但还只是人臣，所以不能用祭天礼，也不能改元。刘守光闻言大怒，吼道："我如果当了尚父，那谁还配当皇帝？今天下四分五裂，大者称帝，小者称王，我的大燕方圆有二千多里，难道我还不配当皇帝吗？"发作了一通，将后梁使者抓起来下狱处死，自称大燕皇帝，改元应天。等到第二年与晋交战，败于周德威，长期被围困无法突围。刘守光万不得已，只好派人写信给周德威求情，希望能放自己一条生路，但周德威回答："你自称大燕皇帝，不是还没有举行过祭天之礼吗？那你的合法性在哪里？我受命讨逆，不管别的。"这里周德威借用刘守光自己的话来回答，显示出他机敏、幽默的一面。刘守光更窘迫，又派人带着厚礼去见周德威，厚礼中还包括自己的名马。周德威继续拒绝，急得刘守光在城楼上大呼："你是三晋的名将，难道就这么不懂人情世故？谁还没有一点急难？求你得饶人处且饶人吧！"这话差点把一向严肃的周德威逗笑了，但他还是拒绝了刘的请求。刘守光实在黔驴技穷了，只好说："我堂堂大燕皇帝，不能向一个臣子投降，必须要见了晋王（李存勖）才行。"不过真见了李存勖，他又反悔不投降了，翻来覆去但终于被抓。此后他还不断折腾，希望能求得饶命，但这都没用，最终难逃一死。然而直到临死，刘守光还在继续表演，他希望说动李存勖，让李杀掉自己不满意的一个手下李小喜，来为自己垫背。到了这个地步，刘守光的两个妻子李"皇后"、祝"爱妃"实在看不下去了，就对刘守光说："皇上！事已如此，生亦何益？让我们先受死吧！"此前刘守光叫她们"皇后""爱妃"，而她们至死还叫刘守光"皇上"，实在太让人想不到！这些表演都很精彩，活脱脱展现出一个无知加无赖的丑角形象，用今天的话说，也算是一个演技不错的小品演员，但最终也没能挽回被杀的命运。

周德威身经百战，一方面积累了丰富的经验，另一方面也逐渐展现出他的人格魅力和道德形象。后梁围困潞州（今山西长治），守将李嗣昭在城内，而周德威率重兵在城外，握有最大的兵权。二人不和，李克用对此深感忧虑，老百姓也非常担心，生怕他们二人火并弄得两败俱伤。李存勖为了解决矛盾，即位后召周德威回京。周德威此时如果拒绝，李存勖也没有办法，毕竟当时天下大乱，谁有实力谁就可以拥兵自重当草头王。但周德威听到命令，二话没说就率部返回太原，并要手下留在城外，自己徒步入城，在李克用的灵柩前拜伏痛哭，这才打消了李存勖和晋人的疑虑。接着，他又配合李存勖进击梁军，率先攻进城中，解了潞州之围，还和李嗣昭和好如初，显示出他不计个人恩怨、顾全大局的道德风范。

天祐七年（公元910年），在解救赵王王镕的柏乡（今属河北柏乡）之战中，周德威率部与后梁军对峙。周的部下看到对方人多势众、装备精良，甚至铠甲上都装饰有金银和精美的刺绣，因而流露出怯意。周德威一方面对部下说："他们都是汴、宋（今河南东部）一带的屠夫、小商贩，徒有其表，实际没什么战斗力，不足为惧；他们的铠甲一副就值好几万，俘虏过来正好武装我们自己。大家不要只是观望和羡慕，要努力从敌人手中夺过来才行啊！"另一方面，周德威也向李存勖认真分析了敌情，认为敌人兵锋甚锐，不宜和敌人正面硬碰，应当短暂退却以等待战机。李存勖不同意周德威的分析，主张速战速决。周德威又指出战场地形不利于己方的骑兵作战，不能以己之短去击敌之长。李存勖听后很不高兴，退入帐中，这时再没人敢去向李存勖进言了。周德威看到自己的主张没被采纳，就向监军张承业说："大王向我这个老兵发怒，怪我不速战，但我这样说，不是我胆怯，而是我方兵少，同时又扎营在敌人面前，双方只隔一条小河，万一敌人用舟筏渡河，我们就会死得很惨。不如暂时退兵，诱敌出营，并不断袭扰，这才能够获胜。"张承业进帐再次劝李存勖，说："德威是老将，希望大王不要忽视他的意见。"李存勖稍微平息了一些，说："让我再考虑考虑。"接着，周德威抓获了敌方的探子，问对方现在的动作。回答是正在造船，准备对晋军发动总攻。听到这样的情报，李存勖笑了，对周德威说："果然不出你的意料。"李存勖转过念头后，不但同意退兵以避敌锋，而且愿意当先锋，让周德威率主力跟进，自己当周德威的配角。双方摆开阵势后，李存勖策马登高，看到地形后大喜，说："这里属平原浅草地带，正是我军骑兵的福地！"回到帐中，周德威又分析道："后梁军轻装远袭，即使带粮也不可能很多，不到中午，人马俱饥，到下午太阳快落山时，他们就会坚持不住准备撤退，我们就选择那个时候发动进攻，保准会取得胜利。"结果一切如周德威所预测：双方进入缠斗状态，就在双方都露出疲态、心理防线比较脆弱的时候，周德威来到战场西边，大喊魏（今河南魏县）、滑（今河南滑县）的敌人退了，然后又到东边大喊开封的梁军退了。听到这样的喊声，后梁军也不知道到底如何，人心动摇，心理的崩溃引发阵势混乱，一处松动又引起连锁反应，于是局势一发不可收拾，后梁军全线崩溃，而晋军大获全胜，一直追击到柏乡。后梁军横尸数十里，仅主将王景仁率十数骑逃脱。此役，后梁军华丽的装备都被晋军俘获，实现了周德威战前的预言。这场大捷，充分体现了周德威高超的分析、判断能力和预见、谋划才能，以及他善于与主帅沟通，使主帅能从不理解转为理解，从不配合转为主动配合的协调能力，从而取得了梁晋战争以来最大最重要的一场胜利。由于周德威和李存勖讨论战局多在夜间的军帐里，因此给后人留下了前边所说的脍炙人口的美谈"虎帐夜谈兵"。

天祐十二年（公元915年），李存勖与后梁将刘鄩对峙。周德威赶去救援时，发现刘鄩突然改变行军路线，根据多年积累的丰富军事经验，他断定刘鄩打算突袭临清（今河北临西），以断绝晋军粮道。而粮道一断，晋军不要说作战，就连生存都无法保证，因此，他当机立断，改变原定计划，一直追着刘鄩到南宫（今河北邢台市东北部），俘获刘鄩数十人。后又放他们回去，让他们带信说："周侍中（周德威）已据临清！"这一来弄得刘鄩摸不着头脑，放慢了行军速度，周德威乘机抢先进入临清，保住了晋军的生命线，并为接下来李存勖最终击败刘鄩创造了条件。

无数次的大小战役，造就了周德威"五代第一名将"和"中国古代名将"的声誉，然而在那个军阀混战的乱世，即使周德威这样的战神，也无法完全把握战局以及自己的命运。终于，悲剧的结局向周德威袭来。

天祐十四年（公元917年），契丹入侵新州（今河北涿鹿），周德威坚守孤城达二百天之久，取得了保卫战的胜利。次年，周德威率军随李存勖南下，准备直趋汴梁（今河南开封），与后梁军决战。李存勖问周德威这一仗该怎么打。周德威分析战场形势，认为这里地近后梁军的老巢，后梁军必要决一死战，力量不可低估，必须利用己方先于敌方抵达战场的有利条件，安营扎寨，以逸待劳。他主张大部队可暂时按兵不动，先派骑兵骚扰，使梁军难以安身，待其疲惫不堪时再发动进攻。这本是十分稳妥和有必胜把握的战役安排，但"勇而好战"的李存勖却听不进去，率领亲军立即迎击，投入战斗。周德威无奈，只好跟随出战，并对他的儿子说："吾不知其死所矣！"战役展开后，先是李存勖取得小胜，可不久梁军就攻击晋军辎重，辎重兵逃入周德威军中造成很大混乱，后梁军乘机掩杀，周德威父子力战阵亡。战后，李存勖后悔不已，抱头痛哭，哭喊道："丧我良将，这是我的大错啊！"

周德威身长面黑，状貌魁梧，笑不改容，凛然有肃杀之气，能远望烟尘而知兵势和敌数，这是史书关于周德威形象的简短描述，但已经勾勒出叱咤风云、智勇双全的一代名将的基本形象。不过，从这黑脸大个子、表情严肃、不苟言笑的刚硬的形象来看，我们猛然觉得似曾相识：今天的朔城区乃至整个朔州，这种形象不是也很多吗？

奇门父子状元

马邑这地方奇人特别多，因此奇闻奇事也特别多。就说状元吧，对一个州府一个地方来说太不容易了，称得起凤毛麟角，但偏偏唐代马邑就出了一个，这就是唐德宗贞元年间的苑论，他是唐代雁北地区唯一的状元。不过，宋代朔州又出了状元，而且是父子两代状元！更让人觉得不可思议的是，这对父子状元上一辈，居然是一位大字不识几个的少数民族将领，他就是前边讲到的安重荣！

安重荣之子安德裕（公元940－1002年），字益之，一字师皋，天福五年（公元940年）生于真定（今河北正定）。两年后安重荣兵败被杀时，危急之中，乳母抱着幼小的德裕藏于贮水的地窖中，欲出时被守兵抓获，送交军校秦习。秦习为安重荣故交，便将孩子藏匿起来。秦习早年收石守琼为养子，及至壮年仍然没有子嗣，便将安德裕交付石守琼抚养，德裕于是改姓秦。《宋史》称安德裕为河南（今河南洛阳）人，但河南既非其祖籍，也非其出生地，属于其后来成长之地。

秦家世代行伍，经常舞枪射箭、养狗骑马，然而德裕偏偏从孩提时就喜欢笔砚，看见文字就作诵读声。秦习的其他儿子都看不起德裕，秦习却觉得这孩子不同于常人，岁及童蒙也就是到了七岁，便送他上学。上学时，德裕博览群书、贯通古今，尤其精于《礼记》《左传》，并特别爱好《汉书》。秦习死后，德裕依礼服孝三年，然后复还安姓。秦习家人愿将珍宝送给德裕，价值白银万余两，德裕坚辞不受，说："这是秦氏的积蓄，于我何干？大丈夫当自树功名，以取富贵，岂屑于他人所有耶！"德裕这种高尚的品格受到了时人的称赞。

宋太祖开宝二年（公元969年），时年三十岁的安德裕参加己巳科考试，名列第一，也就是这一年的状元！状元本身并不是官，但却有着任何官职都难于比拟的社会荣耀，用今天的话说，就是"星光灿烂"，是万众推崇和仰慕的对象。想想看，他老爹是一介武夫，又在战乱中被杀，他寄养在另一个军人家庭中，居然能在激烈的科举考试中战胜无数饱学之士、青年俊彦，脱颖而出，一举夺魁！他的夺魁太出人意料了，引起社会的一片哗然，有的赞叹，有的艳羡，有的感慨，当然也少不了质疑，吵吵嚷嚷了一段时间，但最后不得不承认安德裕确实有大文才，他夺魁是实至名归、理所当然的。在获得光宗耀祖的巨大荣耀、洗刷了家门不幸之后，他头戴耀眼的光环，走上了"学而优则仕"的道路。先任归州（今湖北秭归县归州镇）军事推官，历任大理寺丞、著作佐郎。

太宗太平兴国年间（公元976－984年），迁秘书丞、知广济军(治定陶，今山东定陶县西北)。当时正值新建广济军城，德裕便作《军记》和《图经》三卷，受到太宗嘉奖，不久改迁太常博士。太平兴国八年（公元983年），德裕任秦州（今甘肃天水市）通判，就地任知州。秦州北宋时为秦凤路治所，为宋朝西北重镇。雍熙元年（公元984年），又升迁为主客员外郎，通判广州。未及赴任，宰相李昉举荐他有史才，即以本官入直史馆，就是用他原来的官衔到史馆任职。端拱初（公元988年），改任金部员外郎。淳化初（公元990年），安德裕任开封（今属河南）知县。开封县为赤县，也就是京畿县，地位高于其他县，知县的品级较其他县高，待遇也从优。然而当了不长时间知县，正值朝廷充实三馆（昭文馆、史馆、集贤院）职官之际，于是又令德裕改入昭文馆。昭文馆原为弘文馆，建隆元年（公元960年）二月避赵匡胤父弘殷讳，改为昭文馆。昭文馆是国家重要的文化机构，参与国家机密和重要文件的起草，非饱学之士和亲近之人不能入选。安德裕被选中，说明朝廷对他的充分信任。淳化三年（公元992年）春，廷试贡士也就是这一年的国家考试，德裕与史馆修撰梁周翰（公元929－1009年）并为考官，太宗对宰相曰："这两位都是知名之士，而且当郎官（相当于今天的司局级官员）很长时间了，非常能干，但周翰'狭中'（心胸不够开阔），德裕嗜酒，朕闻其能改矣。"一边点评他们，一边给他们两人都赏赐了金带和紫袍。不久，安德裕又升为司勋司员外郎。淳化四年（公元993年），他出任壬辰科主考官。至道元年（公元995年），德裕作《九弦琴五弦阮颂》进献，太宗称赞其辞采古雅。至道三年（公元997年），真宗即位，他又转任金部郎中，出知睦州（今浙江淳安）。回京后，代理太府寺主官。真宗咸平五年（公元1002年），安德裕卒，享年六十三岁。安德裕性格耿直豪放、为政干练，在官场数十年，担任过不少官职，但因酗饮太过，故未受到大的奖擢。

　　在安德裕中状元后的第三年，奇迹发生了！开宝五年（公元972年），安德裕的儿子安守亮也金榜题名，成为壬申科第一！父子俩中状元仅时隔三年，间隔两科，世所罕见，成为千古佳话。这一次，争论没有了，怀疑消失了。京师，也就是东京（今河南开封），人人争睹新科状元的风采，人人羡慕这父子状元的好命，人人惊叹这科举史上的奇迹！安氏父子是历代父子状元中及第时间相距最短的，安德裕中状元时刚到而立之年，而安守亮中状元时，其父也不过三十三岁，安守亮真是罕见的少年英才。虽然不知道其及第时的确切年龄，但推算下来，最多也应当不超过十八岁，无疑是历史上及第年龄较小的状元之一，甚至可能比已知及第年龄最小的状元（十八岁）还要小。那为什么安守亮中状元没有引起很多议论呢？这里边有一个原因，据《宋会要》记载："开宝二年二月二十日枢密直学士赵逢权知贡举，合格进士安德裕已下七人。"又载："太祖开宝五年闰二月三日，礼部奏合格进士安守亮及诸科二十八人"，"帝诏对于讲武殿，始下诏放榜，新制也"，意思是这一年取了安守亮为首的新科进士二十八人，由于是极为罕见的父子状元，所以宋太祖赵匡胤不放心，特地制定新政策，在考试后还要进行殿试，他亲自在讲武殿对新进士们面试。面试的结果，没有发现什么不合适的地方，这才下诏放榜。皇帝都亲自审查过了，其他人还会有什么怀疑的，所以安守亮状元及第，社会上除了一片赞叹外，并没有什么七嘴八舌、嘈嘈杂杂。宋初依五代旧制，录取进士之权完全掌握在主考官手中，皇帝并不干预。从开宝五年开始，太祖命主考官录取的进士十一人和诸科十七人"召对讲武殿，始下制放榜"，皇帝开始参与新进士的录取，成为新制，此后殿试成为一种常式。安守亮中状元后，曾任成德军节度使，余事不详。

宋朝的父子状元共有三家。李心传《建炎以来朝野杂记》载："国朝父子状元三家：张去华，子师德；安德裕，子守亮；梁颢，子固。"张去华为宋太祖建隆二年（公元961年）辛酉科状元，比安德裕早八年，其子张师德为宋真宗大中祥符四年（公元1011年）辛亥科状元，却又比安守亮及第晚三十九年；梁颢为宋太宗雍熙二年（公元985年）乙酉科状元，其子梁固为宋真宗大中祥符二年（公元1009年）己酉科状元，比安守亮及第晚三十七年。因此，安氏父子实为宋朝最早的父子状元。

安德裕博学多才，文学成就尤高，著述颇丰，《宋史》将其列入《文苑传》，著有《滕王广传》一卷，又有文集40卷传世，均已散佚。《全宋诗》卷四十录其《送僧归天宁万年禅院》诗一首，诗云：

迹自青门远，田衣贵在躬。
旧房千峤外，归棹五湖东。
地力姜畦沃，年支芋盎充。
从支乃荣道，一与祖心同。

万年禅院即万年寺，在浙江天台西北万年山麓，为天台山名寺古刹之一，北宋建中靖国初（公元1101年）毁于火，崇宁三年（公元1104年）重建。安德裕此诗当作于雍熙二年之前，为其早年游览吴越之作，被收入《天台续集》中。

安德裕乐于奖掖后辈，著名文学家王禹偁、状元孙何初入文坛时，都得过他的推荐和帮助。安德裕与王禹偁（公元954—1001年）多有诗歌酬唱，王禹偁对其诗歌也推崇备至。《酬安秘丞见赠长歌》云：

> 我闻进士登科换凡骨，信知不是风尘物。
> 贡籍由来数百年，直疑空却神仙窟。
> 其间最贵龙虎榜，乘时得路为卿相。
> 一从巢寇犯阙来，梁氏礼闱还草创。
> 庄宗明宗虽膺命，晋朝汉朝俱不永。
> 其中纵得神仙材，太平不见哀之哉。
> 上玄应恐天地闲，安仙又谪来人寰。
> 二十把笔疏辞源，黄河倾落昆仑山。
> 有周道衰犹叹凤，天公留得归皇宋。
> 天水夕郎掌贡时，禹门万仞连云耸。
> 不是真龙不能过，嗔波怒浪浇雷火。
> 是岁北极七个星，一时下降为门生。
> 安仙堂堂冠其首，六星煌煌愿随后。
> 骆虞赋就铿金石，丹水诗成摛锦绣。
> 玉皇殿前受恩渥，一时命入芙蓉幕。
> 独得归州近巫峡，十二晴峰长在睫。
> 郡斋狂醉复狂吟，书尽巴东一川叶。
> 迩来游宦五六年。吴山越水供新编。
> 还同白傅苏杭日，歌诗落笔人争传。
> 去年始上芸香阁，出典陶丘滞锋锷。
> 阮籍营中浮蚁馨，亚夫门外垂杨弱。

骥足虽知暂縻绊，樽前未始长嗟叹。
只应会得老聃言，大器本来成较晚。
吾君正是兴文教，不日征归掌纶诰。
醉挨雉扇扫宫辞，怒上螭头呈谏草。
笔下追还三代风，祛尽浇漓成古道。
丈夫方见兼济才，莫学西山采薇老。
我今自是蓬蒿身，如何一见如故人。
长歌谓我相翦饰，便疑平地升青云。
文章难得逢知己，知己相逢贵终始。
伊我行止方凄凄，老亲稚子相顾啼。
出门动足歧路迷，得君引上登天梯。

王禹偁在诗中叙述了安德裕的出身和仕宦经历，将安德裕比作谪仙，由"二十把笔疏辞源，黄河倾落昆仑山"，可知安德裕早年即负文名。王禹偁将德裕视为知己，对其知遇之情跃然纸上，并称其"歌诗落笔人争传"。秘丞为秘书丞的简称，在宋朝前期为从五品上的文臣迁转官阶。太平兴国（公元976—984年）间，安德裕任秘书丞。芸香阁为秘书省的别称，因秘书省司典图籍，多放芸香以防虫蠹，故名。王禹偁于宋太宗太平兴国八年（公元983年）进士及第，而德裕以通判广州入直史馆。又有《酬安秘丞歌诗集》云：

我闻天有二十八个星，降生下界为英灵。
东方曼倩萧相国，至今留得终天名。
又闻地有三十六所洞，洞中多聚神仙众。
神仙负过遭谴谪，谪来人世为辞客。
李白王维并杜甫，诗颠酒狂振寰宇。
今来相去千百年，寥落乾坤阒无睹。

皇天何不生奇人，庸儿蠢夫空纷纷。
夜眠朝走不觉老，饭囊酒瓮奚足云。
陶丘忽见安秘书，星精仙骨真有余。
月中曾折最高桂，趁出玉兔惊蟾蜍。
示我歌诗百余首，笔锋闪闪摩星斗。
乍似碧落长拖万丈虹，饮竭四海波澜空。
又似赤晴干撒一阵雹，打折琼林枝倒卓。
夜来梦见李长吉，叩头再拜须来乞。
自言失却照海珠，至今黑坐骊龙窟。
方知安侯不是星辰类，即是神仙辈。
不然又争得标格峻迈，文辞颠怪。
有时醉起一长噫，八极风清鬼神骇。
他年却入蓬莱宫，休使麻姑更爬背。

王禹偁家乡为济州（今山东省巨野县），与治定陶的广济军相邻，从诗中可知，王禹偁与安德裕早年相识于定陶，安德裕曾示王禹偁诗歌百余首。时安德裕知广济军，故诗中称其为安侯。这是王禹偁为安德裕诗集的题词，为王代表作品之一。诗中将安德裕与"诗颠酒狂振寰宇"的李白、王维、杜甫、李贺（字长吉）等相提并论，称赞其星精仙骨、标格峻迈、高中魁首、文辞颠怪，"有时醉起一长噫，八极风清鬼神骇"，对其诗歌给予了极高的评价，钦佩之情跃然纸上。王禹偁为宋初文坛盟主，本诗不乏溢美之词，但也可由此窥见安德裕的俊逸风采，无愧状元之名。

悲壮的人生结局
—— 杨业血战陈家谷

马邑是饱经战火洗礼的边防要塞，而在马邑一带迎接最悲壮人生结局的，当数宋将杨业。

杨业（？—公元986年），原名重贵，后改名继业，五代时麟州（今陕西神木）人。少有大志，以骁勇而闻名于军中。他初归北汉（即后汉），被誉为"无敌将军"。宋太宗亲征北汉，杨业降宋，宋太宗特别高兴，赐他单名为"业"，并授以高官，担任自己的侍卫和军事顾问。当时辽宋对峙，辽军经常越过朔州，南下代州等地骚扰。为了抵御辽兵，宋朝命杨业为当地长官，在潘美属下任职。

杨业到任后，立即着手在辽军出入的要道修建边寨。他看到雁门关峡谷险峻、山路狭窄，辽军进入峡谷就很难施展开来，就命手下扼守南谷，自己则率数百精骑绕到辽军背后发动攻击。辽军根本没想到背后会出现宋军，惊慌失措，首尾不能相顾，陷入困境，自相践踏。杨业乘胜挥兵追击，斩杀辽驸马等，缴获大批辎重。此役，杨业出奇制胜，以少胜众，给了辽军沉重打击，以后"契丹望见（杨）业旌旗，即引去"，没人敢和杨业交锋。但杨业的胜利也引起某些宋将的嫉妒，有人甚至上书诽谤他。宋太宗"览之皆不问，封其奏以付业"，就是将告状信转给了杨业。杨业再接再厉，整军备战，在朔州一带修建了许多堡寨，起到了巩固边防、抵御辽军的重要作用，宋军进可以攻、退可以守，争得了军事上的主动。

太平兴国七年（公元982年），辽军三路来犯，被杨业歼灭三千多人，破敌堡垒三十六座，俘获万余人及牛马五万多。同年，宋军发起反攻，潘美、杨业出西陉，首战告捷。杨业长子杨延昭进攻马邑城，被乱箭射伤手臂，仍忍痛与敌兵交战，终于攻下朔州。就在杨业所部连战连捷时，另一路宋军大败，宋太宗下令杨业撤军，退回代县一线防守，使无数将士流血流汗得到的成果就此毁于一旦、付诸东流。

宋军后撤，辽军却得寸进尺，向杨业部步步紧逼。辽太后亲自督战，形势对宋军很不利。杨业向潘美建议道："敌军锋芒正盛，不可以与他们正面交锋，只能先且战且退，再派人到朔州等处联络，让他们从后面呼应，然后相机设下埋伏，才能一鼓作气消灭敌人的主力。"然而这个建议却遭到监军王侁的反对，说："你率领几万精兵，却如此怯懦，你应该直接奔赴雁门北，击鼓进击马邑！"杨业坚持自己的意见，说："不行啊，这是必败的战法！"王侁说："你素称天下无敌，如今遇到敌军却躲避不战，是否有别的打算？"杨业继续抗争，说："我不是躲避死亡，而是时机不利，战则只会白白损失士卒。如今你们责备我不肯去死，我只好为诸公先去死了。"临行，他流着泪向潘美说："我是太原降将，皇上饶我不死反而重用我，授予兵权；我本来打算等候合适时机建功立业以报答皇上，如今我只有去死了！"接着他指着陈家谷口说："请众位在这里设下伏兵，等我转战至此，立即两面夹击救援。不然，我军就片甲无存了！"七月上旬一个夜里，辽军听说杨业将要孤军深入，就设下埋伏。杨业策马赶到的时候，辽军先是与之接战，然后就假装败退，随后伏兵四起，杨业寡不敌众，只得边退边走。而这时预先在谷口设伏的王侁早已抢到别处，想与杨业争功去了。杨业得不到支援，只好拼死血战，一直从中午战到傍晚，终于来到谷口，却不见任何宋兵接应。他意识到这次在劫难逃了，就下定了拼死一战的决心，调转马头回身再战。他亲手杀死敌军数十人后，身上负伤已达数十处，士卒也已死伤殆尽，且因战马负伤不能支持，只好藏到密林之中。后终因重伤坠马被擒，他的儿子杨延玉和部将王贵等全部壮烈战死。杨业被擒后，仰天长叹道："皇上待我恩厚，我期望捍卫边疆杀败敌寇来报答，反而遭遇奸臣嫉妒，逼我去送死，导致王师大败，我还有什么脸面活下去呢！"铮铮傲骨，铁血丹心，三天不食，疮发而亡。

消息传到宋廷，宋太宗哀痛不已，将配合不力的潘美削去官职，对王侁等人也给予严厉的处分。然而，一切都晚了，一代名将，就这样在朔州大地上结束了他悲壮的人生。杨业忠诚而有智谋，熟悉攻战，能与士卒同甘苦共患难，对部下多有恩德，士卒都愿意为他效命。陈家谷血战，他身边仅剩一百多人，杨业让他们各自逃命，但这些将士全都血战而死，无一生还。他所培养起来的"杨家将"，成为中国古代最感人的满门忠烈象征，永远激励着一代又一代的人们忠于祖国、忠于职守。而他"血战陈家谷"的主战场，就在马邑以南的朔州大地上！

忠直崔斌

　　崔斌（公元 1222—1278 年），字仲文，马邑人，一名燕帖木儿。他生性机敏，富有谋略，尤其善于文学，通晓政事。当然，同大多数出生于马邑的杰出人物一样，他也是身材魁梧，善于骑射。

　　崔斌很早就与政治结缘。元世祖忽必烈登基前就召见过他，他的答对很合忽必烈的心思，于是就命他协助大将卜怜吉歹守淮南。崔斌颇有谋略，卜怜吉对他非常敬重。军队驻扎扬州西城期间，崔斌率骑兵侦察敌情，看到敌人军队混乱，就多次率部袭击，杀死并俘获很多敌兵。不久，崔斌为父服丧，被授予金符，并获任总管。中统元年（公元 1260 年），改任西京（今山西大同）宣慰使参议。忽必烈曾要大臣安童推荐一名懂治政的汉人，安童不假思索就推荐了崔斌。崔斌入朝见驾，忽必烈见到故人很高兴，又听到崔斌指陈政事得失都很中肯，就更加觉得此人不错。当时，忽必烈锐意图治，不想听没用的废话，而崔斌所言正是直言无忌、当面申说、是非明确，忽必烈听得入了神。当时他骑着马而崔斌步行跟随，于是就让崔斌也骑上马，边走边说。与皇上并驾齐驱，这在古代可是很大的荣宠，可见忽必烈对崔斌的重视程度。忽必烈问："治政大事以何为先？"崔斌答以任命宰相为先，忽必烈就要崔斌推荐可以做宰相的人，崔斌推荐了安童、史天泽，忽必烈沉默了许久。崔斌看出忽必烈心中犹豫，就建议他征求身边亲近大臣的意见，忽必烈答应了。崔斌勒住马高声问："皇上准备任命安童为宰相，大家同意不同意？"众人高呼万岁。看到大家一致拥护，忽必烈当即决定任安、史二人为宰相，同时拜崔斌为左司郎中。此后，崔斌就有了上朝直接面对忽必烈的机会，而每逢众人对某件事争议不决时，忽必烈就会征求崔斌的意见。对此，崔斌往往几句话就把复杂的争议说得清清楚楚，事情也就确定下来。得到忽必烈的充分信任，崔斌可以直接向忽必烈密奏，这使得听不到密奏内容的大臣们感到很不爽，于是就有许多人忌恨崔斌。恰好，此时正是权臣阿合马当政，他设置国用使司，专门管理财赋，而设置这个机构，最主要的目的就是借此加强搜刮民财。崔斌对此感到十分愤怒，就严厉指斥道："与其有聚敛之臣，宁有盗臣！"意思是要这种聚敛之臣，还不如干脆让强盗当大臣好了。他在忽必烈面前也是这样锋芒直指阿合马，毫不留情。

与阿合马矛盾尖锐，崔斌在朝中待不下去，就去了地方任职。至元四年（公元1267年），他出任山东东平守备。次年，大军南征，经过寿张（今山东阳谷县寿张镇）。有士兵为抢百姓的席子，将百姓的孩子摔死，百姓向崔斌投诉，崔斌立即向主帅说："还没到敌人的领地，先杀死自己的百姓，国家有定法，你也该被判罪！"于是他将那个士兵投入监狱。这样处理产生了很大的震慑，从此军人们的蛮横态度就有所收敛。那年大荒，百姓饥寒交迫，而赋税却一点不减。崔斌火速上奏请求免征，又向朝廷申请到纸币十万缗，用以赈济饥荒。由此，崔斌在东平获得百姓口碑，被任命为枢密院佥事。

襄樊之役，崔斌任河南行省佥事。在商量如何攻打鹿门山（今湖北襄阳东南）时，崔斌提出建议："从岘山（今湖北襄阳）向西到万山，向北到汉江，修墙挖沟，断绝敌人的军需和援兵，襄阳就可以不费力气地控制了。而当元廷准备调曹州（今山东菏泽）、濮州（今河南范阳县濮城镇）民丁到南阳屯田时，崔斌建议罢曹州、濮州屯民，用附近地区军队多余的兵来补充，减少扰民而提高效率。他还建议户部印制滨州、棣州、青州、沧州盐券，交给行省，招募百姓用米换盐券，并提高买入粮食的价格。这样一来，远近输送、贩卖粮食和食盐的就会汇聚而来，军粮不费力就征到了。当时，元世祖忽必烈曾下诏河南四路征兵两万，以增援襄樊前线。崔斌立即上奏称："河南户数少而调用繁多，实在承受不起，建议削减一半兵力。"忽必烈采纳了他的奏议。攻克襄阳后，崔斌改任嘉议大夫，兼任行中书省佥事。

至元十年（公元1273年），丞相伯颜统军南征，朝廷改河南行省为河南宣慰司，加崔斌为中奉大夫，赐金虎符，并充任河南宣慰使。当时，数路大军都经过河南，千军万马，军需物资、兵员补充都是巨大的数字，但在崔斌的调度、筹划下，军队要求一一得到满足，没有缺失，伯颜对此很满意。渡过长江后，崔斌担任湖南一路阿里海牙的副将，后来又拜行中书省参知政事。十月，元军包围南宋占领的潭州（今湖南长沙），主帅阿里海牙受伤不能领兵，而崔斌此时正率军攻打潭州西北的铁坝。初战不利，崔斌对众人说："敌军小胜而骄傲松懈，这正是我军进攻的好时机。我们现在应该焚烧其角楼，断绝其援军道路，围城挖三圈壕沟，铁坝就会攻下。"得到众人的赞同后，就开始誓师，将士们衔枚奋勇，一边放火，一边竖起木栅，开始攻城，崔斌手执盾牌先登。阿里海牙拿酒慰劳他，说："夺取这座铁坝，是您的功劳。"当时众人都欢欣鼓舞庆祝胜利，但崔斌却显得十分冷静，他对阿里海牙说："现在潭州人都吓破胆了。如果暂停进攻，允许城中人投降，那么土地、百姓都将为我们所有，而且从这里往南，接连几十座城池，也都可以传檄而定，但是，如果我们纵兵急攻，结果就会完全不同，一方面城中人都死守不降，杀光了他们没有活人，我们得到一座空城有什么价值？另一方面，后面的城池看到潭州被屠的结果，就会产生反正都是一死，只能血拼到底的念头，我们付出的代价就会非常沉重。"阿里海牙听后觉得十分有理，就派人入城向城中百姓陈说利害，于是城中大批人都出城投降了。眼看潭州攻占在即，许多将领积恨已久，准备入城后大肆屠城。崔斌再三劝解，将领们说："百姓就照你说的放了，可军人一定要杀！"

崔斌说："他们也是为其主而战，打得坚决，倒是应该表扬，这样那些还没投降的就会动摇决心。另外，杀投降的人是很不吉利的，这早就有过很多教训了。"将领们被说服了，潭州顺利拿下，也没有发生屠城。消息传开，后面的城市望风而降，军事进展十分顺利。捷报传至，忽必烈非常高兴，对崔斌大加嘉勉，并升他为资善大夫、行中书省左丞，而潭州人感激崔斌力阻屠城的善举，为他立了生祠。

至元十一年（公元1274年），崔斌奉诏抚慰广西，随后返回治理湖南。当时潭州各属县涌起反抗元朝的义军，崔斌力排众议，只杀那些罪魁，大大缩小了打击面，事态很快平复。

至元十五年（公元1278年），崔斌奉召入朝。当时阿合马专权，祸国殃民，但无人敢说。一次，崔斌随同忽必烈巡视察罕脑尔（元庭行宫，位于今河北省张家口市沽源县小宏城子附近），忽必烈问崔斌："江南各省如何治理？"崔斌答道，治理之要在于得到贤臣，现在任用的多非其人，并乘机极言阿合马奸蠹误国害民。忽必烈对阿合马的情况也有所耳闻，于是派官员审查。在查处的过程中，朝廷下令裁减冗官，罢免了阿合马的同党，撤销天下转运司，赢得一片叫好声。看到崔斌的正直态度和行政能力，就有大官上奏道："江淮行省事务最为重要，但行省之臣没有一个懂文书写作的，建议让崔斌去江淮。"于是，忽必烈就任命崔斌为行省左丞。崔斌到任后，对从前蠹害国家、剥削百姓的不法之政一律改正，并逐条写好上奏朝廷。然而，此时朝廷主政的还是那个权臣阿合马，虽然他的威势有所削弱，但忽必烈还没有拿掉他的意思，他仍然在朝中把持大权。他看到崔斌的上报，想起崔斌曾想扳倒他的刻骨仇恨，一方面截留了崔斌奏章中的重要内容而只报细枝末节，另一方面又捏造罪名诬陷崔斌。就这样，在元初险恶复杂的政治环境中，正直忠烈的崔斌竟然被阿合马害死，时年五十六岁。

直到至大初年（公元1308年），崔斌的冤案才得以昭雪。朝廷赠崔斌推中保节功臣、太傅、开府仪同三司，追封郑国公，谥号"忠懿"。

寻根马邑

中国移民史上辐射范围最广、影响最大的移民发源地，大概要算山西洪洞大槐树了。但是，著名移民史专家葛剑雄先生在《山西移民史》的序言《家山何止大槐树》中指出，明初大量的"移民迁自山西各地，不可能都来自洪洞县，更不会全部出于大槐树"。大槐树移民影响再广、意义再深，也只是移民史的一部分，大槐树只不过是对明初山西百万移民的一种集体追忆，而更多的迁徙则仍然鲜为人知。更有意思的是，在明朝遗留下来的大量官方文献中，如《明实录》《明经世文编》等，并没有特别提到山西洪洞县的移民，更不用说大槐树了。相反，《明太祖实录》却清晰地记载了马邑烟墩圪针沟移民。下面要说的就是历史上颇具规模、颇具影响的马邑大移民。

（一）空边政策迁出的政治移民

朱元璋推翻了元朝的统治，建立了明朝，却未能继承元朝的全部遗产，直接统治区较元朝大大缩小。当时，以扩廓帖木儿（汉名王保保）为首的元朝军队残部在长城一线活动，时常向明朝守军发动攻击，与新生的明政权抗衡。同时，以"四大王"为首的蒙古贵族残余势力，逃入山西太原西北部的静乐、岢岚山中，以管涔山区为中心，聚众结寨，四处攻掠。两股势力内外呼应，一度十分活跃，严重威胁到明朝的统治。

洪武四年（公元 1371 年）初，坐镇北平的开国元勋徐达上书太祖朱元璋，请求将"山后六州"（大同、朔州、应州、蔚州、归化州、保安州）之民迁入北平（今北京市一带），一来解决北平人口稀疏、市井凋敝的问题；二来在这六州实行坚壁清野，防止王保保等在这一带得到兵员及给养补充。这一请求很快得到朱元璋批准，在都指挥使潘敬等人的具体操办下，在很短时间之内，强制实行了三批大移民。这是一次悉空草原、扼制北方之敌南下的战略性大迁徙，合计动迁人口近 50 万，包括以汉族为主的蒙古、色目等各族百姓，还有北方边境上俘获的元将士和元遗民。近年来，《三晋石刻大全·朔城区卷》所搜集的民间墓碑中，发现不少碑主人原籍"东胜云内"（今内蒙古河套托克托县），应是这次移民的结果。另外，迁出的移民不少来自河曲，也就是今天黄河从内蒙古段东西流向改为南北流向转弯的地区。河曲府又称"火山军"，这也就是山西许多家族的家谱称其祖先是于明洪武年间从火山县移民而来的缘故，如五台县康氏。

这种从内蒙古迁入的，《明史》称之为"漠北移民"。

移民先是聚集于马邑烟墩圪针沟一带，然后遣散徙往各地。"漠北移民"去向主要有三处：一是北平，即今北京市及北直隶（今河北、山东西北部）。因北平为元朝之首都，经元末群雄争斗几乎成为一座空城，退守塞北的蒙古人还时常想策马南下，明朝的北部边境存在巨大的压力，所以必须通过大量移民以充实。从洪武三年（公元1370年）六月开始，累计约60万人移入北平及附近州府。这些移民包括蒙古、色目等各族百姓，主要分布在顺天、永平、保定三府，其后裔分布在北京门头沟、石景山、房山、大兴、宛平、昌平、怀柔、密云、顺义、通州等地。明正德五年（公元1510年）顾东齿、顾赞襄所立的《顾氏祖先考刘公、崔氏之墓碑》记载："原籍山西乌邑县，移居北平河间县。"查山西并无乌邑县，繁体的"乌"和"马"区别很小，很可能因年代久远、字迹模糊，所以把顾氏的原籍"马邑"误书为"乌邑"。20世纪90年代，北京首届"3+2都市母亲河——桑干（永定）文化研讨会"上，朔州、大同等地移民后裔就举行了纪念活动。此外，忻州徐氏、米氏、郝氏、冯氏等家族也曾多次到朔州寻根问祖。

　　金元之际，河北是北方民族厮杀的主要战场。蒙古骑兵所过，"人民杀戮几尽"，所以河北一带也应是补充人口的重点地区。河北省石家庄鹿泉市李村镇李氏、谢氏，大城县白马堂村马氏，沧州陈氏，石家庄新乐市相家庄相氏，均是明初由马邑迁入。这些移民多数编入民户，也有籍隶军人的。葛剑雄在《中国移民史》第五卷中论述到真定府时讲："塞外移民成为当时顺天府的人口主体。河北的其他地区也存在着移民垦荒的迫切需要，然而在当时，除了武力强制迁移的塞外移民外，很难再找到其他移民来源。迁入真定府的移民，发现这是一个人口稠密的地区，难以实现自己的梦想，就有可能经真定府之东部向山东一带迁移，这可能也是日后在真定府难于发现洪武时期马邑移民的缘故。"

当时还有移民迁往今山东。据山东省《定陶县秦谱》记载，"洪武二年（公元1369年），秦氏由山东出发，聚集至朔州马邑县烟墩村圪针沟，又迁居忻州紫郡定居，后几经迁徙"，又回到山东。与他们同时迁徙的还有定居忻州紫郡的董姓。至于迁往云南省的军人及其家眷，总计在六百户以上；迁往四川省的情况，史籍也有记载。

"漠北移民"第二个主要迁入地是明王朝的"京师"，即后称为南直隶的今江苏、安徽一带。淮河两岸是元末农民战争的首义之区，人口损失非常严重，朱元璋的故乡临濠（今安徽凤阳）更是凄惶之至。洪武六年（公元1373年）九月，朱元璋以山西朔州、蔚州、定安、武、朔、天城、白登、东胜、澧州、云内等州县，北近沙漠，"屡为胡虏寇掠"，乃命徙其民居于中立府（今安徽凤阳）。据统计，洪武初年，马邑及周边地区先后迁往安徽省五万余人。朱元璋很重视对这些人的安排，于洪武十三年（公元1380年）十二月下令，对京师内部的蒙古人进行集中安顿，除"隶军籍"外，其余"占籍为民"，即等同于一般汉民，就地安置。

当时，由于蒙古贵族的胁迫，许多地处北部边境的平民百姓也参与了叛乱活动。对此，朱元璋先是采取了既往不咎的态度。洪武六年（公元1373年）八月，他下令："民人无罪，悉送大同府隶籍，仍以所获牛驴给之。"就是把这些内迁户安置在大同府；但到了九月，为断绝"四大王"集团的后援，出于军事上的考虑，朱元璋又下令："边民被胡寇抄，因从其为益，不得已也。悉贷之，徙于内地。"意思是迁到大同府还不够，还要进一步内迁，让他们远离四大王活动的地区。这一种移民可称为内迁移民。

内迁移民主要来自今朔州市、大同市各县，迁移于洪武四年（公元1371年）六月完成。马邑烟墩圪针沟为重要的集中点和遣散地，移民计"三万五千八百户，一十九万七千二十七人，散处卫所"，这一批移民规模最大，迁徙人口数量最多，占三批总移民数的三分之一。此前的第一批和此后的第三批也都是在当年完成的，分别为漠北及张家口一带的移民。紧接着这次大移民后，马邑还有几次移民的记载，分别发生在洪武六年（公元1373年）八月、七年（公元1374年）七月。

始自马邑的"漠北移民"还有一个重要的去处，就是雁门关以南的忻州。考察忻州人口的来源、地方志及为数不多的谱牒资料，大都记载着来自朔州马邑县圪针沟。

据《忻县志》载，由于连年混战，加之元至正末年瘟疫传染，使境内十室九空，几无人烟，于是明政府也将大量移民迁往忻府一带。办法是"县主奉令到朔州马邑县，领诸移民来忻落户"。现在，忻州很多村庄或姓氏都自称来自马邑县，迁入时间多称"明初"或"洪武"。

由于当时朔州仅辖马邑一县，所以所谓从朔州迁出的移民，实际上也可以直接称为马邑移民。发生在马邑的移民行动,具有极其重要的作用。北方残元势力遭此扼制,给养与兵员补充受到极大限制,对明朝北方的威胁明显削弱。然而,"塞翁失马焉知非福",明王朝的这一举措,后来又产生了想不到的后果:燕王朱棣以北平为根据地,发动"靖难之役",由此得到了重要的兵力补充,最终夺取帝位,改都北平。

以上,这种因"空边政策"而产生的移民,他们从内蒙古一带经过马邑向内地迁移,或者直接从马邑一带迁出,属于政治移民。

(二)戍边置屯垦荒政策迁入的军事移民

大量移民迁往内地了。然而,战略性的"移民空边"也是一把双刃剑。明朝在切断残元势力补给的同时,边境地区大片土地也因此无人耕种,闲置荒芜。于是,在战事稍稍趋向缓和时,明政府又开始调整政策,在边境地区增设军屯,广置镇、卫、所。

为抵抗残元势力,有一部分跟随徐达、常遇春等北征军士及其家属留了下来,变成了朔州本地人。朔州《蔚氏家谱》载:"大明洪武二年(公元1369年),大将军常遇春奉命西征,收复大同……等地,当时年仅二十五岁的始祖蔚鲁祥在其帐下任参将……"

《朔州孟氏源流考》介绍,有一部分军兵从东胜迁来,现在朔州泥河村阎氏、曹沙会村王氏、东街的王氏、曹沙会村的牛氏及朔州苏氏即此。

《三晋石刻大全·朔州市平鲁区卷》记载:《敕赠文林郎孟公墓表》载,朔州孟氏先祖"世代为代北东胜人,高祖讳大芳。国初,应募即戎于朔,遂家焉"。还有从其他地方迁来的,《敕封骠骑将军李公墓表》:"先世原籍湖广荆州府石首县石家庄人。始祖云从太祖皇帝开天,远逐胡氛以库官迁塞,即大同右卫前所军。"

洪武三年(公元1370年),明廷开设朔州卫。洪武四年(公元1371年),明王朝在东胜州设立东胜卫,隶属大同镇。洪武七年(公元1374年),在大同设卫,次年统一部署,改为山西行都指挥使司,驻军近四万人。

洪武三年(公元1370年),朱元璋感到蒙古军事力量一时还难以消灭,遂把全面进攻战略改变为防御为主的战略,转而加强北部防守。以大同为中心的周边地区是明朝边防重镇,常年需要大量兵士戍守,但因远离中原产粮区,道路艰险,运输极为不便,明廷便决定设立军屯,就地解决大军的人粮马料问题。这说起来是一件好事,然而大同一带素称"苦寒之地",又因向外移民导致人烟稀少,所以实际实行起来还是问题重重。怎么办?移民。只有大量移民,才能有劳动力投入生产,由此引发了山西居民的北迁。八月,朱元璋曰:"山北口外东胜、蔚、朔、武、丰、云、应等州极边沙漠,宜各设千百户所统率士卒、收抚边民,无事则耕种,有事则出战。"此次设置了蔚州卫、大同左卫、大同右卫、朔州卫四卫。按明制一卫五千六百人计算,那么迁来的人口大约要有两万两千,连同家属至少也有六万六千余人。明代实行军户世袭制,屯戍必须携妻子、父母、余丁等家属,一同耕种份地,以资军用,一旦编入卫所,便世世代代不能脱离军籍。但其人口在民册上不予登记,除部分家谱记载外,很难找到他们的原籍及调防后的踪迹。《明故武略将军卫镇抚尹公墓志铭》记载："谨按公讳耕，字宗伊，号东村，贯直隶凤阳府泗州盱贻县籍。始祖讳兴，当国初从戎，以功次升所镇抚。高祖专，亦以功升指挥佥事，寻调山西行都司，朔州卫世袭焉，继而因事改授卫镇抚。"尹氏墓志的记载证实了这一史实。

那么这种移民的效果如何呢？洪武八年（公元1375年）正月，"中书省奏山西大同都卫屯田二千六百四十九顷，岁收粟豆九万九千二百四十余石"，这些卫所耕种收成不错，引起了明廷进一步扩大移民实边的兴趣。

洪武二十五年（公元1392年）八月，朱元璋命冯胜、傅友德等人在山西各地大举征兵，前往大同一带和相邻的内蒙古南部等地屯田，充实大同、朔州、东胜等地的卫所。此次征兵"阅民户四丁以上者，籍其一为军（家有四男丁者征发其一），蠲其徭役（免去徭役），分隶各卫，赴大同等处开耕屯田"，并规定在"东胜立五卫，大同城立五卫，大同以东立六卫"。如此算来，十六个卫要征集八万九千六百人。据《明史·地理志》载，这次征兵涉及山西平陆、夏县、芮城、临汾、襄陵、洪洞等七十个州县，可谓遍及全省。这是山西行都司历史上规模最大的一次移民，这些人在边塞号称十万。当月，朱元璋对冯胜、傅友德说："尔以立屯即成，率十万之众，飚驰雷击，蒐猎虏庭，耀张威武，不亦壮哉！"由此可见这次移民规模之大。

洪武二十六年（公元1393年），朱元璋又下令设大同后卫等十卫。这次又有五万余人迁入，连同家属最少也在十五万人左右。洪武二十八年（公元1395年），又迁来山西马步官军两万六千六百人筑城屯田。

北方的游牧民族逐水草而居，善骑射，机动性强，在冷兵器时代骑兵野战占绝对优势。而汉人在步兵、火器上有长处，所以筑城池，修关隘，以己之长御敌之短，十分有效，朱元璋便令北边"高筑墙"设防备战。虽然是在前代城池的基础上加固增筑，但由于塞外大同周边民众大量被强行内迁，当地百姓数量锐减，需要从各地大量征调兵丁，顺便也有一部分匠人被调入。明律规定匠人迁徙后依然从事旧业，不得改行。洪武二年（公元1369年），洪洞县城南五里圪针沟村绘画艺人赫伟，迁朔州下团堡村，依从旧业。

洪武二十八年（公元1395年）正月，山西马步官军两万六千六百人往大同周边地区筑城屯田。这些屯田卫所，不少分布在朔州地区。九月，又有新卫建立，这批新建卫所主要分布于今内蒙古南部、山西北部及河北西北部。洪武三十一年（公元1398年），安东中屯卫（治所朔州）从韩府、沈府调来护卫官军，军人与家属约有一万人。洪武年间大同地区稳定的军卫共有十五个，按照标准建置应有八万四千士卒。假设军人之半数为大同地区或山西其他地区的土著转来，则属于移民的军人及家属约为十二到十三万人。

建文四年（公元1402年），又在朔州设立安东中屯卫，从东胜迁来军兵。

永乐后新设之卫所多位于大同西南和大同至朔州一线，但为数不多。西南仅威远、平虏二卫，井坪一所，最初约有三万六千人口，朔州北的马邑、山阴两所，又带来了两万多移民。《大明昭勇将军刘氏先茔碑记》载："刘氏之先，乃陕右延安府肤施县之族也，高祖讳彦隆……永乐八年（公元

1410年），自肤施诏戍大同右卫，遂为居焉。"《郭诜先茔碑记》载："郭公先世在之时为湖广蕲州广济县人……成化十九年（公元1483年）四月，命调平卫，时平虏创设，其营缮捍卫悉赖焉。"卫所的普遍设置，不仅加强了军事力量，而且充实了当地人口，促进了当地经济和文化的发展。

《清处士杜公讳墓碑》载："传自有明，某公从太原县晋祠迁于朔之团堡村，入民籍，历几世。"《乡祭酒杜常宇暨孺人史张沈氏墓碑》载："按状，杜氏系出自太原晋祠，明季，讳世英者，例迁朔。胞兄世宾、世相偕来，隶团里一甲民籍。"据《明代山西行都司移民》（郭红）考证，山西行都司最初是由移民构成的。说明当时除军事移民外，另外有相当一部分的民众迁入，这些人大多数是无土地者或战乱中的难民，被迁入后属军管民屯。今朔州的苗氏、赵氏等家谱，均记载其祖先于明代迁居朔州。

通过上述论证，明朝初年马邑周边地区的移民不仅数量大，而且类型多，既有归降的蒙古人，也有较大范围的边民内徙；既有大规模的垦荒性移民，也有数量可观的屯卫性移民。来源众多的移民，构成了丰富多彩的移民画卷。

当时，明廷还在大同设立了商屯，有一部分商人为了经营之便在此定居，后代世袭繁衍。《山西定襄西郭氏族谱》就记载"始祖玘公初居朔州马邑县趄柳村。明洪武二年（公元1369年），因避战乱迁居定襄县城西十五里智村，同时迁出的还有恕、宁兄弟二人"。当然，这些移民大都是自发的，也应属移民的一部分，只是人数无法统计。

从洪武二十一年（1388）开始，明廷推行了"移民就宽乡"措施，山西关内人口又开始大量移动，这一过程中也有相当数量的人口移入朔州地区。与前几次的带有军事性质的移民不同，这一次基本上是一次人口密度的调整活动。元末明初的战乱，使两淮、河南、河北、山东等不少地区出现了无人区，田地荒芜；而山西除北部地区外，遭受战争创伤较轻，加之周边人口大量逃入避难，造成山西人口后来居上，人口总数超过河南、河北两省人口总和，成为人口相对稠密之地。明廷的"移民就宽乡"政策，既可解决山西"地狭民众生计难"的问题，又能实现"地无遗利，人无失业"的目的。为立即奏效，朝廷实行强制办法。首先将移民集中于集散地。移民被集中后，官府发放川资凭照，编队后再由兵士押解到迁入地。如有不愿远离家乡者，押解军士可用"械系""杖击"等武力逼迫他们上路。移民被送至迁入地，当地官吏按里甲编签将其安置并授田，"验其丁口，计亩给之"。法令明文规定："迁民不得逃离，逃者发边充军。"最初三年，移民享受垦种优惠，不服役，不纳税。

  山西洪洞地处交通要道，人口稠密，是明初的行辕兵站，因而朝廷把洪洞定为主要的移民集散地。移民从洪洞大槐树下出发走向全国各地的"宽乡"，一直延续到永乐年间，所以，才有了"南有洪洞大槐树"的说法。但是，明初，围绕马邑发生的移民，其时间早于洪洞移民，规模也非常惊人，其原因何在呢？首先，从地理位置上来说，朔州、大同位于草原游牧和农耕文化的分界线上，是蒙汉冲突的关防要地，大同处于防御前沿，是明朝军事经营的重点区域。雍正十三年《朔州志·道路》载："东达于京，西通于秦，北及边外，南由关内至，洵四达之衢，中外之交也。"这说明朔州是"南北咽喉，东西要路"，马邑有着大规模移民必备的交通条件；又从《中国历史地图集·明朝山西行都司全图》可见，马邑是"晋北之鄙"（鄙：边远的地方），也就是边防重镇，需要通过移民来充实人口；还有，马邑地区有很好的自然环境条件。过去马邑县的中心，包括现在的朔州市区、朔城区东南部紧临山阴的神头镇、滋润乡、南榆林乡、贾庄乡、沙楞河乡一带，紧临桑干河，地势平坦，土地肥沃，是明初"漠北移民"最理想的聚集地。正因为具有这些优越条件，所以才会有围绕马邑发生的大规模移民，而"北有马邑圪针沟"的说法也就更具影响力。此前朔州地区曾实行清乡移民，造成当地人口锐减，而实行就宽移民政策后，朔州地区成为移民接纳地，人口逐渐增多。今朔城区吉庄村李氏，就是明初由洪洞大槐树迁徙而来。从应州世家大族的家谱来看，不少家族系永乐初年由洪洞迁来。如县城三大姓之一的刘姓，家谱记载是从洪洞县剪子巷移来；大姓之一马姓是由河南经洪洞移往保德，由保德再迁来应州。

（三）追寻移民的根

数以万计移民因为各种原因从马邑徙出，但故土难舍、乡情永存，这些人永远不会忘记自己的根在马邑。移民中还有从马邑迁出后又返回马邑的，更是出自浓浓的乡情，他们走到哪里，都不忘并声称自己是马邑人。所有这些，通过大量的史志、家谱和碑记，得到充分的证实。《五台县徐氏宗谱》载始祖徐才甫从马邑迁居五台县。

通过对姓氏文化的研究，学者们认为忻州诸多姓氏根在朔州，忻州诸多居民是从朔州马邑迁去的。

忻府《郝氏家族史》记载：先祖郝完同其本家郝从裕及其表弟张澄、张敬等从马邑县烟墩村圪针沟迁来忻州，郝从裕被分配到合索村，郝完到董村落户，而他的表弟张澄、张敬迁往今忻府区高城乡辛庄，张监则迁往今忻府区秦城乡尹村落户。

据清代康熙年间《马邑县志》载，明初马邑县治在马邑城（今神头镇马邑村），当时马邑县境"西至朔州烟墩村界一十五里"。烟墩村是神头镇一个古老村庄，据《朔州地名志》记载，其"位于朔城区神头镇 7.5 公里处，因为村东北角有烽火墩，以狼烟报警，故名"。圪针沟在烟墩村西南隅，此地原来有一条东西方向、遍地圪针的大沟，因此叫圪针沟。两地距离只有一里远，故人们习惯把烟墩村、圪针沟连在一起称呼。忻州郝氏、赵氏、冯氏等许多姓氏都是从烟墩村圪针沟迁出的。据烟墩村老者回忆，圪针沟确实存在，这与忻州家谱的记录完全吻合。

《五台徐氏宗谱》记载："始祖才甫，明洪武间由马邑迁五台之大建安村。才甫祖兄弟三人，曰意甫，曰通甫，长幼行次无考。通甫复迁河间，意甫迁河南，或曰仍回马邑。"这一部分徐氏称"东冶徐氏"，著名人物有徐润第、徐继畬、徐向前等。

山东嘉祥白姓族谱记载，洪武二年（公元 1369 年），白氏先祖由应州马合麻出发，聚集于雁门圪针沟，又迁入忻州合索定居，后几经迁徙至山东嘉祥。据古碑记载，马合麻是元代应州村名。如上移民情况不在少数，极有可能也是统一组织的集中移民。

河南信阳马氏家谱记载，其祖因避乱由应州金城县刘霍庄迁到信阳。

徐氏是山西大姓，一部分徐姓人士南迁到忻府，所以就有了前边介绍的《五台徐氏家谱》；然而也有徐姓留在马邑或后来返回马邑的，因此又有了《马邑徐氏家谱》。《马邑徐氏家谱》记载："洪武初年，马邑县烟墩村圪针沟徐氏兄弟三人……连家眷迁于五台东堰村（即今东冶镇）。"

忻府区播明镇《赵氏族谱》和民国十三年立的《赵氏宗祠碑记》载：朔州马邑县烟墩村圪针沟村民赵德祥，于明洪武年间迁入忻州，来到一个新的村落，为祈福大明长存，取名为"播明"。有意思的是，十三世赵祥父子三人于清乾隆年间，又迁回朔州市朔城区北邵庄。据该村赵氏村民讲，他们仍把赵德祥以前的祖坟当作自己的祖坟对待，适时祭奠。后来烟墩村有一姓雷的人，见村中赵氏人丁兴旺，就在赵氏祖坟旁耕种，北邵庄赵家人听说后，兄弟十五人回到烟墩村跟姓雷的据理力争，说服雷家人停止耕种，并且在坟的四角立了石人。后播明村冯氏，也是从朔州马邑迁来，其三女与赵德祥结为连理。

《米氏世家》载："米氏太始祖米时中，从朔州马邑迁忻，后携带长子米荣与荣子妻，南迁平遥县落户五里庄。而把妻子甲氏及次子米拳子妻留在忻州北关定居。"米氏《始祖显妣甲太夫人墓碑志》也有记载："明洪武三年（公元1370年），米氏时中公，从朔州马邑三角（'角'为'甲'）村，迁家属到忻州入籍永丰乡北逮关都二甲居焉。"甲太夫人的墓志，不仅印证了《米氏世家》的记载，更记录了洪武初年马邑移民的事实，是马邑移民最有力的见证。

据原平市苏龙口镇白石村村史记载，村民以明代由山西朔州马邑县迁来的移民为主。太原市阳曲县大盂镇三畛寨《三珍村史简介》及《大盂镇三轸村赵姓族谱》载：洪武四年（公元1371年），三畛赵姓始迁祖和王姓始迁祖王现，两姑舅表兄弟从朔州马邑县狼儿村结伴迁来阳邑，初居大盂南堡。《清徐高白贾姓来源》记载，贾氏始祖贾钦，洪武二年（公元1369年）由马邑迁忻州，后迁清徐。另外还有朔州马邑梁氏和、穆、萧、通兄弟四人，分别迁往崞县北社村、盂县、真定府、中霍镇。

忻府区董村镇保存的郝氏家庙《敦伦会简章》及家谱称：马邑县烟墩村圪针沟郝完，同其本家郝从裕及其表侄张澄、张敬等一同迁来忻州，郝从裕被分配到忻府区合索村，郝完被分配到忻府区董村落户，他的表侄张澄、张敬来到忻府区高城乡永丰庄，另一表侄张监迁往忻府区秦城乡尹村落户。

忻州市的所有邢氏，均为明朝由朔州马邑县邢家河迁入（马邑邢家河以七里河为界，分为南北邢家河，分属朔州市城区南北）。从家谱上初步考证，由朔州迁来忻州的邢氏先祖大约十余人，如邢文秀定居在原平市永兴村，邢大琳定居在忻府区寺庄村，邢大安、邢大仁和邢大聚定居在忻府区牧庄，邢奉先定居在定襄县湖村，邢志文、邢瑞分别定居在忻府区曹小庄、匡村。忻州北关米氏家族，据其清顺治三年（公元1646年）族谱记载："余家先代家谱年久失传，迁忻州之后，始于米拳。"再据其始祖显妣甲太夫人墓志记载："明洪武三年（公元 1370 年），米氏时中公，从朔州马邑县三角村，迁家属到忻州入籍"，后来又携长子米荣与荣之妻黄氏南迁平遥县落户五里庄，而把妻子甲太夫人及次子米拳与拳之妻李氏留在北关定居。

从忻府区温村崇明氏古钟（明成化年间铸）知：忻府区温村东门梁氏旧居在雁门塞外，具体在哪个地方没讲，但据当地老年人流传，是来自马邑县烟洞村。很可能这个烟洞村就是圪针沟所在地烟墩村。

此外，忻府区双堡郜氏、奇村镇石家庄段氏、解原村刘氏、兰村乡北场村张氏、乔村马氏、五台县怀荫村赵氏……从他们的谱牒上看，都是从朔州马邑县迁来的。

明初经马邑迁出、迁入的移民有近百万之众，这些移民基本都是无地、少地的底层贫民，既无社会地位，更无文化，也缺乏以文字记载家世的能力，但他们没有忘记自己的故乡马邑，更没有忘记自己的根在马邑，通过家谱、碑记或口口相传等方式，把故乡马邑永远烙在自己的记忆中。

随着时间的推移，一场寻根马邑的活动正在展开，全国各地许多家族也纷沓而至，到朔州寻根问祖。

马邑是百万移民后裔梦魂萦绕的故园，也是当之无愧的寻根圣地！

八府巡按霍镆

桑干河源泉水清，水磨油坊似春笋。
此地胡油名气大，保你吃来香又纯。

这是一首曾经广泛流传在朔州马邑一带的民谣，讲的是桑干河源头附近村民磨制胡麻油的故事。

明代万历末年到天启年间，马邑百姓们利用神头泉水在霍家庄（今朔城区神头镇新磨村）办起了水磨油坊，随后沿桑干河的神头、司马泊、水磨头、小泊等村庄也陆续兴建起水磨油坊。兴盛时期，水磨达二十五座，油坊有二百五十多个。油坊加工的胡麻油纯净、味香、色好、耐存，品质极高，信誉极佳。在每年农历七月到来年四月的加工期间，空气中到处弥漫着胡麻油的香味。所产胡麻油大部销往内蒙古、河北和山西三省。清代时，据说还销往北京，上供皇宫。

如果问起是谁兴建的水磨油坊，沿河一带乡民会异口同声回答："八府巡按霍锳！"

相传霍锳任无锡县令期间，看到当地百姓使用一种叫水车的提水工具，即用带有叶片或水斗的链带，借助人力、畜力、风力，把河、湖、塘、井的水从低处提到高处，用于灌溉农田或排除积水，种类有龙骨水车、管链水车、斗式水车等。他由此想到了家乡父老，想到了桑干河源头的泉水。多少年来，家乡父老都不曾利用过泉水，使之白白东流，为什么不能用泉水来带动石磨榨油、磨面，减轻人工劳动强度，提高生产效率呢？于是他经常深入乡间，仔细了解水车的制作和运转情况，收集资料，绘制图纸，为家乡兴建水磨做了大量准备工作。

后来，霍锳因一桩命案，触怒当权太监魏忠贤，被撤职查办，在吏部尚书赵南星的保护下，潜回马邑隐居。隐居期间，霍锳住在霍家庄，尽管随时都有被魏忠贤党羽前来捕捉的危险，但他时刻不忘兴建水磨之事，反复观察地形，测试泉水流量、流速。他所研制的水磨，既沿用了无锡乡间水车叶片等构件，又充分考虑到塞外的气候、地形，因地制宜，设计了石磨、狮头叉、立轴、木轮、底枢等部件。水磨试制成功后，在霍锳的指导下，霍家庄先建起四座水磨油坊（至今仍存），开始生产胡麻油。随后，沿河村庄纷纷效仿，陆续建起许多水磨油坊。自此，水磨油坊传了下来。

霍锳建起的水磨，既可磨油籽，又可磨面，还启发乡民兴修水利，灌溉良田，同时极大地带动了周边地区的商品流通。

看到这里，读者难免要问："霍锳到底是什么人呀？"

霍锳（公元 1579－1632 年），明代朔州马邑人，字中明，号韵衢。自幼聪明过人，才学出众。万历四十四年（公元 1616 年），霍锳丙辰科殿试进士及第，任北直隶任丘县令。天启二年（公元 1622 年），赴南方任江西道监察御史。天启四年（公元 1624 年），擢升为陕甘两府巡按，奉敕兼督学政。

任陕甘两府巡按期间，霍锳与左光斗、杨涟等东林党人政见相同、相交甚笃，因而思想及言行受其影响较大，不畏强权，刚直不阿。从民间流传的他勇斗阉党、多次弹劾魏忠贤的故事中就足可窥见一斑。

天启年间，太监魏忠贤与明熹宗朱由校乳母客氏互相勾结，扰乱朝政，祸害百姓。其间霍锳曾受理了一起误伤人命案，一赵姓乡民盖房子时向墙外扔废石，恰巧击中一魏姓乡民，当即致死。经升堂审问及现场勘查，查明确系无意误伤。霍锳依据大明刑律，驳回魏姓乡民的无理要求，判定赵姓乡民罪不当死，上报州府。不料魏姓乡民是权监魏忠贤干儿子的远房侄孙，有恃无恐，除咆哮公堂外，还上京向魏忠贤诬告霍锳断案不公。魏忠贤一听勃然大怒，不分青红皂白，派其党羽将霍锳撤职查办。面对横来之祸，霍锳愤慨之余不由想到客、魏擅权作恶，网罗亲信，结党营私，迫害忠良的所作所为，特别是想到其残害东林党人的残暴行径，更是义愤填膺，决定冒死弹劾魏阉。天启五年（公元 1625 年），霍锳上《舆论定于持平国史期于传言》一疏，列举了魏阉谋逆并帝、剪灭异己、拆毁民居、私建生祠等不赦之罪,由通政司转内阁入奏。

昏君明熹宗看到奏折就宣魏忠贤进见,可在魏忠贤、客氏的巧言狡辩及御前太监王体乾的蒙蔽下,不辨真假,将奏折搁置一边,并没有责罚魏忠贤。但魏阉受此一惊,对霍锳更是恨之入骨,必欲置之死地而后快,于是就在捏造所谓《东林点将录》时把霍锳的名字也列了进去,而且排在靠前的位置,然后矫旨将霍锳问罪下狱,准备处死。无巧不成书,碰巧具体审理此案的吏部尚书赵南星就是发生在任丘县的那起魏赵命案里赵姓乡民的远房兄长,他梳理案件时在《东林点将录》里看到霍锳的名字大吃一惊,一来他深知霍锳刚直不阿的人品,二来他了解《东林点将录》之"莫须有",三则感激其秉公执法救他族弟一命之恩,于是就在皇帝钦批之前偷偷将霍锳的名字后移,帮助霍锳侥幸逃脱一命,潜回马邑隐居。

世上没有不透风的墙,霍锳隐居马邑的事慢慢传到魏忠贤耳朵里,魏阉恼羞成怒,决定亲自带兵到马邑捉拿霍锳。点起兵马,昼行夜宿,鞍马劳顿,这天终于到了雁门关,眼看马邑已经隐约在望了,这时天气突然大变,狂风四起,一股黑色的旋风迎着魏忠贤的队伍席卷而来。这股旋风上通天,下通地,一下将魏阉的轿子掀翻在地,把魏阉摔得鼻孔出血,鼻青脸肿,随行兵马更是东倒西歪,喊娘叫爹,狼藉一片,几个心腹忍着疼痛赶快上前扶起魏阉。魏阉看着瞬息即变、如同暗夜的天色,心有余悸地说:"不能往前走了,赶快回京吧,霍锳这小子还有几天阳寿呢。"带领人马狼狈地返回了京城。

天遂人愿。一来也许是魏阉作恶多端，民怨沸腾，老天报应；二来也是霍镔口碑极佳，颇得民心，感动上苍，再次帮助霍镔逃脱一难。

说来也巧，魏阉返京后不久，明熹宗就驾崩了。信王朱由检登基，改号崇祯。崇祯嗣位后，铲除阉党，振兴朝政，中兴大明，"首录真臣，起原官马总驭再入"，重新启用霍镔。崇祯元年（公元1628年），补为广东道监察御史、右通政。任内霍巡按为政清廉，一身正气，抚恤善良，剪除凶暴，政绩卓然，多次受到崇祯皇帝嘉奖。后又迁提督北直隶学政，上《正人心端士习》凡七款，得旨嘉纳，晓谕各府、郡、县、邑，要求地方教生授徒的官员要全力奉行。其间，霍镔躬亲躬行，先后巡历了八个州郡，"探箧矬命题，手丹铅甲乙"，也就是每到一地都随身携带自己的书箧，亲笔命题，亲手点评考生试卷，根据成绩择优录取，不徇私情。经过三年的努力，当地的官、军、民逐渐形成了齐心合力、一致向上的社会风气，也使整个江南地区感到大明朝又涌现出一批贤士良臣，国家振兴为期不远了。

崇祯皇帝深感霍镔才干出众，能力超群，此次复出为朝廷营造了稳定的后方，也为北方抗击后金、弹压地方乱民等提供了有利的政治保障。于是，崇祯四年（公元1631年），调霍巡按回京先任京兆丞（负责教令的官吏），随擢银台（通政司）。这一职务系一品大员，但由于崇祯年间时局动荡，没有进行正式的封赠，暂时搁置了下来。不过霍镔丝毫没有受到影响，而是在通政司的职位上尽职尽责，一丝不苟，一改过去"卿寺主爵者，或以序及推转，十九不报"的陋习，"朝启事而夕报可"，把为国分忧真正做到了实处。

然而，正当他肩负重任，一展生平所学，报效国家，即将成为国家栋梁、朝廷柱石之时，却不幸积劳成疾。崇祯五年（公元1632年）仲夏月二十八日，霍巡按因病卒于任上，享年五十四岁。朝野上下为之惋惜，兵部尚书等许多重臣前来吊唁，孙传庭亲自书撰墓志铭，顺天府训导李梦鲤致祭文。

明清两代，马邑霍氏科举及第者众多，在神头一带素有"一门三进士，两代五乡贤"的美誉，霍镆更是其中翘楚。

霍镆不仅一生为官清廉，匡扶正义，而且治学严谨，博学多才，文采出众，遗著有《虞丘案牍》《两河宪檄》《兰台督学》诸奏议，《两河畿辅造士录》及《韵衢集》《韵衢集年谱》等书。隐居马邑期间，他曾挥毫写下了很多咏叹家乡山水人情的诗篇。

盈盈一水四围通，流过寒潭古庙东。

夜静禅林明月上，恍疑身在水晶宫。

寥寥数句，语言优美，意境超脱，仿佛带我们穿越时空，来到"龙池夜月"（古马邑八景之一）的人间仙境。

然而可惜霍镆壮志未酬，英年早逝。之后崇祯帝又自毁长城，错杀袁崇焕，内忧外患，千疮百孔，大顺义军兵临城下之际，缢死煤山，洪武基业终至毁灭。

"厥德如璧道如矢，为古循良名直指。"

一代名将、兵部尚书、总督孙传庭为霍镆所作墓志铭中的两句七言联可以说是对霍巡按一生的中肯评价吧！

世掌经纶　教成天下
—— 清代内阁学士田喜鬗

当历史的时光进入清代以后，曾经烽火连天、硝烟动地的马邑，逐渐安静下来，那些以盘马弯弓、一箭双雕为荣的马邑少年，也逐渐弃武习文，把人生的目标转向舞文弄墨，转向学习传统文化和通过科举博取功名。凭借深厚的文化底蕴，马邑这座城市也悄悄地由边关要塞蜕化为享誉四方的文化重镇。说来令人称奇：在大清王朝建立不久，马邑就出了一位田喜鬗，他不仅是当时著名的文士，而且成了备受康熙大帝敬重的帝王之师！

田喜鬗（公元 1632—1695 年），字望西，号子湄，清代马邑县司马泊村人。

顺治八年（公元 1651 年），十九岁的他即获乡增生。

顺治十八年（公元1661年），他参加辛丑科进士考试，顺利及第，成为内弘院十名庶吉士之一，等于朝廷中的智囊团成员。康熙三年（公元1664年），入翰林院。康熙五年，升任内秘书院检讨。康熙六年，充任会考同考官。康熙七年，负责纂修《清世祖实录》，次年即加升一级。康熙十五年，再升国子监司业。康熙十六年，迁司经局洗马。康熙二十年，再迁两朝圣训纂修官。康熙二十四年，任左春坊左庶子，旋升侍讲学士，八月又升侍读学士。康熙二十五年春，奉敕担任政治典训纂修官、夏仲官和日讲起居注官。康熙二十七年夏，再迁詹事府少詹。在这一连串令人眼花缭乱的升迁过程中，有几点是可以肯定的：一是升来升去，基本都在皇帝身边，也就是核心要害位置，担任文字处理和咨询工作；二是能长期居于核心要害位置，那必须有大才华而且在皇帝看来是绝对的忠臣；三是必须有过人的雅量和足够的涵养，能屈能伸，才能应付得了性格多疑且十分自负的康熙皇帝。经过二十年孜孜不倦的磨炼，田喜霱终于等来了属于自己的大机会！康熙二十九年春，他被擢升为内阁学士兼礼部侍郎，官至正三品，并取得了代行军机处执行暂理机务的特别权力。清廷规制：内阁为最高执政机关，内阁学士系职位最高官员之一，仅次于内阁大学士，同为内阁重臣。田喜霱身为汉员，能进入清廷最高决策机构担任要职，不仅实属不易，也是他人生历程中难得的殊荣。

田喜霱出身世卿门第，矢志于学，学有所成。在朝为官三十多年，为人忠厚、两袖清风，位高思廉、治学严谨，享名朝野、屡受重用。著有《康熙起居注》《清世祖实录》《两朝圣训》《帝诏经筵讲稿》等，流传后世。其归乡后曾亲自编修《田氏谱牒》，为其后人北曹村田畴所珍藏，可惜"文化大革命"时期被毁。

康熙皇帝给田喜霁赐有"教成天下"和"世掌经纶"两块匾额。"教成天下"的意思是"老师把我培育成真正的天子，一匡天下之帝业"。田氏散失的家谱中曾有这样的记载，流传至今，竟成了一个值得称颂的故事——"一跪论三堂"。

据说玄烨（康熙）立储是由其祖母孝庄太皇太后选定的，孝庄对玄烨溺爱有加。玄烨受业于田喜霁门下后，经常由于背不下书而遭罚跪。孝庄得知后怒不可遏，就悄悄地去察看，果然发现孙儿被罚跪，她冲进去怒气冲冲地说："不背书也是皇帝，何必受此跪罚？"面对太皇太后的指责，田喜霁则是既不请安，也不让座，不卑不亢地说："皇帝有别，跪则尧舜，不跪则纣桀；朝堂以君为主，家堂以长为主，学堂以师为主。我今天是少皇的老师，理应严教而不是俯就逢迎。如果我三叩九拜少皇，使少皇心中毫无师道尊严，那他怎么能接受我的教育呢？只有师教家教共同配合，严格要求，才能把少皇培养成文武双全的真正天子！这个正是太皇太后的希望、为臣的责任，也是少皇的理想吗？"一席"一跪论三堂"，使孝庄转怒为喜，拉着孙儿再三致谢。之后在田翰林的辛勤教诲下，玄烨终于从一个幼稚少年逐步成长为开创"康乾盛世"的康熙大帝。也正因为有了这样一段经历，所以康熙才把田翰林尊为"帝王师"。"教成天下"，也就成了对恩师一生的无上评价，充分表达了对恩师的感激之情。

另一块匾额"世掌经纶"，则总结赞扬了田氏一门以教育传家的家风。田氏家族从明朝成化年间至大清康熙年间，累计科考名录达六十余人，所以"世掌经纶"既是对田氏家族承前重教的总结，又是对这一家风的勉谕和表彰。

康熙三十四年（公元1695年），田喜霔因病致仕归乡，"教成天下""世掌经纶"两块匾额，就是在此时御颁的。同年春，田喜霔不幸卒于家中，享年六十四岁。康熙帝钦赐祭丧视二品礼恩，也就是葬礼按二品等级来办理。康熙三十六年（公元1697年），御赐新茔，敕建翰林墓。

《朔县志》载："田翰林墓，在司马泊村西……近年曾出土其赐封淑人墓志铭一方，存崇福寺内。"墓地"头顶洪涛山，脚蹬草垛山"，西北—东南走向。坟头西北方是高大的洪涛山峰，坟尾是东南向的清泉、泥泉、油沙泉以及当年尉迟恭擒海马的五花泉等众多泉群汇成的广阔水面。依山傍水，这块墓地显然是一块风水宝地。

民间相传，田翰林去世后，康熙皇帝亲自来朔为其勘察坟地，看准了此处地盘。点穴时，忽然发现一只狼正卧在墓地上。康熙皇帝看见了说："方向不对。"狼就爬起来，头向西北方又卧下了。于是，就把狼卧处确定为下葬穴位。勘察人员点纸、放炮后，等开穴时，狼已无影无踪。接着，康熙皇帝在这块新选的墓地为田翰林作了祭奠。后来，该传说就被当地人传颂为"狼点穴，御祭坟"的典故了。

田翰林墓地占地一百二十亩，整体建筑格局与历代君王的陵墓很相似，气势雄伟，建筑宏伟壮观，具有浓郁的皇家气魄，人称"朔州第一墓"。墓地周围有砖砌花围墙，墓门建在东南方。墓门前道路两边，南北各立了两块两米多高的大石碑，碑文记载了田翰林的生平及重大功绩。墓门是一座高大雄伟的石牌坊，由南北各两根高高的石门框支撑，门楣上刻有"田翰林大学士茔"七个大字。进了墓门，便是通向西北方的宽阔神路。神路南北两边，又各立有石人两尊；两米多高的石狲（石狮），南北各一尊；石马、石猪、石羊、石人，南北各一尊。如今由于年代久远、缺乏保护，今除封土堆外，其余建筑俱已不存。

随着岁月的流逝，司马泊田翰林的后裔多外迁，以致该村现在无一户田姓人家，俗称"马邑无田氏"。对此，民间流传着这么一则故事：据说田翰林下世后，过了些年，清朝皇帝曾到马邑私访田氏后人，问当地村民："马邑还有没有田氏了？"村民以为出了什么大事，就说马邑没有姓田的了。皇帝信以为真，于是就宣称"马邑无田氏"。君无戏言，马邑原有的田姓人家，听到皇帝说的这句话，就相继搬到别处居住了，这就是"马邑无田氏"的由来。

传说归传说，毕竟与史实不符。田翰林辞世后第三年，也就是康熙三十六年（公元1697年），康熙帝御驾亲征噶尔丹时，曾驻跸马邑，临幸金龙池畔鄂国公祠祭拜，地方官与士民环跪街井，翰林四子都在列中，康熙帝垂问："孰为田学士之子？"四子皆跪拜自报其名。帝又问："汝父葬否？尔等读书如何？生活如何？有无授职？"次子田邵茁逐一应对，皇上面有喜色，谕勉之，遂诏茁乘骏随行，后补四川石泉县（今陕南安康）知县。由此可见，康熙大帝来过朔州，不仅表达了对田学士的缅怀，而且对其后代关爱有加。

田喜霁生而丰神俊满，体态优雅。幼时即天资过人，聪颖好学。大凡古代圣贤，总有一些近乎神话的传说或故事，而民间也留下一段有关田喜鼐的传说。

翰林小时候去学堂读书，每天都要路过一座五道庙。令人称奇的是，每次他路过时，庙里的五道神塑像都要站起来迎送他。有一天，五道神刚刚站起来就被翰林的其他同学看见了，惊讶之下纷纷大喊："五道神站起来了！五道神站起来了！"一惊之下，五道神就坐不下去了，而且打那开始就再也坐不下去了，一直站立至今。这就是别处的五道庙神像都是坐像，而唯独马邑的五道庙神像是站像的由来。

史实也好，传说也罢。朔州的民众，对这一位被当地引以为傲的杰出人物，始终抱有深切的怀念，大家永远都不会忘记一代帝王康熙大帝对他的评价——世掌经纶，教成天下。

《增补三字经》与翰林张炜

张炜(公元1809—1859年),字昞堂,一字赤侯,号讱斋,山西朔州鄯阳(今山西朔州市朔城区)小堡村人,出身书香之家。五世祖张鸿翱,字凌霄,由岁贡生担任平阳府垣曲县训导,后补万泉县教谕。曾祖张永倬,太学生。祖父张锵,字声达,庠生,"肆志农桑,祖业大振,较前代倍为饶裕",是一个擅长理财的文人,朔州知州曾赠以"守道存诚"匾额。张锵育有三子,长子张书绅,曾任山西稷山县教谕,擅长笔墨,为著名乡绅。当时天主教已传入晋南,他并任天主教神父,受其影响,乡人多信奉天主教。次子张书田,贡生。三子书忍,号九亭,也为贡生,即张炜之父。

嘉庆二十五年(公元1820年),张炜为廪生,也就是公家给予膳食的生员，当时年仅十一岁，就为其祖父《皇清例赠修职佐郎声达张翁墓表》丹书篆额。道光二十一年（公元1841年），张炜考中辛丑科二甲进士，被选为翰林院庶吉士。道光二十四年散馆，授职翰林院编修。道光二十六年（公元1846年），张炜同潘曾莹一起担任丙午科乡试云南考官。道光二十七年，张炜朝考列二等，与侍讲学士、后来大名鼎鼎的曾国藩等，一同赶上了"遇缺提奏"，也就是如果官职有缺额，他们就可以补缺任职。道光二十九年（公元1849年）五月，他由翰林院保送给道光皇帝，先升迁为河南道御史，再转京畿道御史。在御史任上，张炜尽职尽责，多有建言。如咸丰元年（公元1851年）六月，参奏直隶已革巡检罗世瑶，指控其"控征税弊混，案延不结"，恐有"挟制回护"等，结果这位罗世瑶与直隶总督讷尔经等人，一并被交部议处。

鸦片战争后，清朝危机四伏、财政日绌，而当时京城的官员、贵族却仍旧歌舞升平，生活极其奢华。张炜关注民生民风，曾建议加以限制。《大清文宗显皇帝实录》卷五十一记载："壬子谕内阁：御史张炜奏，请严禁演戏奢靡积习等语。京师五城，向有戏园戏庄，歌舞升平，岁时宴集，原为例所不禁。惟相延日久，竞尚奢华，如该御史所奏，或添夜唱，或列女座，宴会饭馔，日侈一日，殊非崇俭黜奢之道。至所演各剧，原为劝善惩恶，俾知观感。若靡曼之音，斗狠之技，长奸诲盗，流弊滋多，于风俗人心，更有关系。现在国服将除，必应及早严禁。著步军统领衙门、五城御史先期刊示晓喻，届时认真查办。如仍蹈前项弊端，即将开设园庄之人，严拏惩办，以振靡俗而除积习。"

由于张炜的奏请，咸丰帝下谕要求晓谕禁止、认真查办，使京城的奢靡之风有所收敛。

咸丰二年（公元1852年），张炜担任该年顺天乡试同考官，之后再升迁为刑科给事中。

咸丰三年（公元1853年），张炜向咸丰皇帝奏"陈敌（指太平军）大股已窜河北，请谕令直隶取陕甘等督抚并力合围剿"。同年五月，因太平军北伐，咸丰帝添派朝臣巡视京城，张炜被委巡视西城，密防形迹可疑之人。五月二十六日，太平军主力渡过黄河，占温县，进围怀庆（今河南沁阳），与城内外清军相持。六月，张炜奏称："温县、武陟，皆与山西泽州、潞安等府，仅隔太行一山。太行迤东，为山西、河南交界，山东转北，为山西、直隶交界，现在贼匪被围司马集，惟有聚而歼旃，并扼据险要，遏其窜逸。"咸丰赞同张炜的看法，在派兵进剿的同时，命将张炜奏折抄送五百里内各地州府。

咸丰三年（公元1853年）秋，张炜升迁太常寺少卿。他"才优学博，圣眷特隆，凡有肇修盛举，靡不躬膺其选，恩叙递及"。咸丰三年冬十月，张炜奏各省捐输奏报无几，也就是各省应上缴的捐款数目很少，请饬查办。咸丰帝即命各直省督抚严饬所属，凡有捐项，随交随解，核实请奖，并明白示谕。

张炜于公务之余，对启蒙课本《三字经》进行增补。咸丰四年（公元1854年），撰成《增补三字经》一书。

咸丰五年（公元1855年）八月，他由太常少卿调任奉天府府丞兼提督学政，官阶升至从二品通奉大夫。奉天府为京府，清朝留都盛京，即今天的东北沈阳，是清王朝龙兴之地。奉天府设府尹一人，由满人充任；府丞一人，辅佐府尹，掌盛京、吉林学校考试，三年一换。奉天府府丞兼提督学政，是清朝封疆大吏中为数不多由汉人担任的重要官职。学政俗称"学台"，与布政使、按察使等同，与督抚平行，在职期间享受钦差待遇。视学之际，张炜亲编教材，并勒于石上，供生员抄阅。他文思敏捷，治学严谨，深受当地文士仰慕。

咸丰七年（公元1857年）五月，张炜母亲蔚太夫人去世，六月张炜丁忧归家，料理丧事。守孝期间，为父母整修陵园，立《诰赠通奉大夫张九亭张公任暨德蔚太夫人合葬墓表》，由姻亲进士、翰林院典簿姚师锡撰文，是研究张氏家族的珍贵文献。墓园华表上书"世德作求龙章锡命荣三代，书香永继燕翼贻谋寿万年"，系三代帝师、兵户礼工诸部尚书、内阁大学士祁寯藻之子、著名书法家祁世长亲笔所书。张氏陵园规格很高，存有清朝张氏历代墓表，可惜"文化大革命"中遭到破坏，2010年重新修复，为重要文物遗址。

张炜旧居曰"太史第"，上题："经筵日讲、起居注官、太子太保、文华殿大学士、翰林院掌院学士加三级穆彰阿；经筵日讲、起居注官、太子太保、武英殿大学士、翰林院掌院学士加三级潘世恩，为赐进士出身翰林院获庶吉士张炜立。道光二十一年岁次辛丑季冬穀旦。"

张炜生平诗文著述颇多，但大多未刊行，只有《增补三字经》由其次子耀奎于光绪元年（公元1875年）刊刻，流传于世，其时距张炜去世已有十六年。全书由自序、正文、跋三部分组成。正文前有"鄯阳张仪善堂本"字样。张炜在《自序》中说："《三字经》一书，为发蒙之准的，俗曰《小纲鉴》，惜其中有略而不详之处，余心焉憾之。壮时役志科名，频年设馆授徒，以八股试帖为急务。通藉后供职史馆，笔墨辄无暇日。癸丑秋由刑科迁太常，除春秋祀典及每月堂期而外，公事颇简，爰忆受书时呻咏《三字经》，犹能熟读，遂于太极、推原、起义、三才、四时类中，各增数条，冀广幼学之知识。以下由干支而阐天数循环之蕴，复于经、子史略加论断，详明时代之接续，俾学者童而习之，读史时已晓然历代起末之由，并叙出学人趋向，以端始基。而原本亦间有酌易字句，释其心所未安，题曰《增补三字经》，聊揭数十年心事，未知有当于大雅之意否也。咸丰甲寅上巳日，鄱阳张炜昄堂甫识于宣武城南寓所闲存书屋。"

咸丰甲寅为咸丰四年（公元1854年），说明《增补三字经》成书于太常少卿任上。当时张炜的寓所在宣武城南，即今北京宣武门外以南，也称宣南，为北京中心城区之一。

《三字经》原文一千二百字，经张炜增补后增加到一千八百字。修改补充后，内容更加丰富，层次更加分明，涉猎更加广泛。如原文中的"一而十，十而百，百而千，十而万"，改为"一而十，百千万，相倍蓰，至无算"，就算术原理的阐述相对扩展开来；再如"君则敬，臣则忠"，改为"君则仁，臣则忠"，"仁"字就比"敬"字的内涵深长。凡此不胜枚举，因此当代学者杜成辉博士以专家之言概括："张炜不仅擅长文墨，精通文史，在天文地理和音乐术数方面也有相当造诣。《增补三字经》教育理念新颖，在今天仍有较高的学术价值，是张炜留给后人的珍贵财富。"

张耀奎为《增补三字经》作跋曰:"先君(指张炜)《增补三字经》,都人士艳称之,年乡世谊及门人中多怂恿成梓,辄笑应曰:'此吾授儿孙本耳,何足阅世!'迄今先君见背阅十六载,著作文诗盈箧,奎不敏,不克继武科第,笔耕依人,无以刊刻成卷,抚手泽之犹存,辄泫然而泣下。惟此本字数无多,集笔墨资赀尚为力所能举,爰抄付剞氏,先君数十年攻苦略见一斑,质诸乡人,冀博雅君子鉴定焉。光绪乙亥晓春望日,张耀奎谨跋于朔平府署馆舍。"

丁忧期间,张炜暂时远离了官场的功名利禄、世务经纶,晓苦枕砖,恪尽孝道,期待着复出后报效国家。且其虽年仅46岁,但已官至正三品,离位极人臣应该仅一步之遥了。然而,一场致命的危机,却正在悄然而来!

咸丰八年(公元1858年)是又一个大比之年。而恰恰在这一年,又发生了清代第三次大的科考作弊案,即戊午顺天乡试舞弊案,另两次分别是顺治十四年(公元1657年)的丁酉舞弊案和康熙五十年(公元1711年)的辛卯舞弊案。

这次乡试,八月初九开始到八月十六顺利结束,应试一千余人,录取三百名。但十月初七,御史孟传金以实例参本上奏,指出"疑是作弊严重"。咸丰帝准奏,并责成怡亲王载垣、郑亲王端华、兵部尚书陈孚恩及后来的吏部尚书全庆,组成专案组严查重办。经查,所奏属实,涉案人员颇多,形成连环案,且不少高官子弟也通过递条子参与作弊,使"条子"成为戊午舞弊案的关键词。

清廷震怒,下旨从严从重,严惩不赦,于是主考官、从一品户部尚书柏葰,同考官浦安,兵部侍郎李鹤龄,考生、刑部主事罗鸿绎被斩，副主考、兵部尚书朱凤标被罢职，副主考、都察院左副都御史程庭桂被发配黑龙江，其子程炳采被斩，其余罚款、开除、降格官员共九十一人。

咸丰八年（公元1858年）十月至次年七月，是戊午舞弊案侦查追责的关键阶段，按说与丁忧在家的张炜毫无瓜葛，可不幸的是其次子张耀奎也到舞弊案的浑水中凑了热闹，相传曾参与了递条子。张炜震惊之余别无良方，只好急赴京城了解详情，悄然拜见了恩师祁寯藻。祁寯藻素来亲重张炜，遂慨然答应面见咸丰探问内幕。祁寯藻入宫面圣后，试探着询及弊案一事，咸丰帝当即答曰："他在丁忧，与他何干？"即留祁寯藻陪在君侧下棋解忧。然而，这番棋却下出了谁都想不到的后果！由于咸丰皇帝棋兴正浓，双方杀得天昏地暗，耗时很久分不出胜负。而那边心急如焚的张炜只能闷坐等消息，等呀等，恩师入宫久久不归。张炜一想大事不好，准是儿子张耀奎深陷其中，案情严重，不仅使自己英名毁于一旦，更牵连恩师涉嫌包庇之罪，晚节不保。"守道存诚"治家族训何在？"养不教，父之过"，自己又该如何承担？一急之下，也不等恩师了，独自回到家中，毅然选择了以死殉道，从容吞金自尽。

这是一场天大的误会，但悲剧已经酿成。咸丰皇帝闻知，深感痛惜，特追赠其为"经筵日讲、起居注官、太子太保、文华殿大学士、武英殿大学士、翰林院掌院学士加三级"，以表达对张炜的哀怜。这道圣旨至今为其后人雕版保存。

曾有人写过两副对联，纪念这位马邑名人，对联如下：

世德作求　龙章锡命荣三代

书香永继　燕翼贻谋寿万年

耕读传家　守道存诚

燕翼贻谋　造福后人

这两副对联概括了张炜的生平，也算是对马邑这个地方文功武绩的一种怀念。

大清榜眼——王赓荣

前边说到，进入清代，马邑已经完全转化为一座文化名城。康熙年代，田喜霮横空出世，成为一代帝师，为马邑这地方大大增了光、添了彩。而二百多年过去，马邑又出了一位大文化人。他，便是鼎鼎大名的王赓荣。马邑人在清代的一头一尾，都以文化名人享誉朝廷、传颂四方，这不能不说是马邑历史上的一大盛事。

王赓荣（公元 1840—1895 年），字向甫，号春舫，亦号午樵，清代朔州城内人。他出名，或者说走上人生的成功道路，首先就是通过科考。有清一朝近三百年间，科考一百一十二科，状元及第者一百一十四人，三晋大地都寂寥无闻，与状元没有份，只有榜眼一人、探花三人。三位探花

分别是闻喜县的乔晋芳、太谷县的温忠翰、稷山县的王文在，而榜眼就是我们现在正要讲的王赓荣！

王赓荣幼时，随祖父王瑞公在太原县教谕任所学习，十二岁就通晓经史典籍，诗文、词赋皆能成篇，书法尤显遒美。后来，他随姑父韩秉钧在石楼县教官署中学习，十九岁时回到朔州，应童生试名列第一，进入州学学习，成为一名州廪生。咸丰十一年（公元1861年），选为拔贡，即朔州贡献给朝廷的一位优异学子。

接下来怎么办呢？根据当时规定，各州府推荐给朝廷的贡生，朝廷还要进行复试。同治元年（公元1862年），王赓荣参加朝考拔贡复试，名列一等，于是取得了担任官职的资格，被授任小京官，供职刑部，后任山西祁县、安邑等县教谕。同治四年（公元1865年），他返回京城再任小京官。其时侍御吴鸿恩，以才华名盖京都，主持"愿学堂"和"观善堂"的讲学，王赓荣受业于其门下，文学及书法造诣日益精进，与稷山县王念堂、平定县王镜逸合称"山右三王"，享誉京城。

　　王赓荣以贡生身份担任公职，用今天的话说，就是保送的高中生，这固然也不错，但和通过科举考试考中进士，甚至名列三甲（状元、榜眼、探花）的巨大荣誉来比，终究还是不够：为什么不能通过自己的拼搏，再上一个更高的台阶，成为更高层次的社会精英呢？王赓荣的目光，又投向了参加进士科的科举考试。好在当时规定，入职贡生仍然可以参加科举考试，于是，王赓荣参加了光绪二年（公元1876年）的丙子科会试。这期会试也分两场，第一场王赓荣龙跃云津，因此得以进入第二场的殿试。殿试是在宫殿内举行的考试，皇帝往往亲自出面，或出题，或监场，甚至口试考生，形式上非常隆重，当然也很严格。这场殿试以育德、崇俭、任贤、岢出四事策问，王赓荣列举先贤名臣所为，以敬儒、尚俭、亲贤、屯田阐明己见，凭着超群的才华在殿试中脱颖而出，高中一甲进士第二名，也就是我们常说的榜眼，年仅三十七岁。当时的考试过程非常严格，谁也很难作弊，但最后的放榜却另有玄机。面对主考官呈递上来的拟录取名单，有时皇帝要考虑全国范围的地域平衡，会钦点某位来自落后地区、名次靠前的考生为状元，这样就不至于使各地的差距太大。例如乾隆就曾把拟选的状元挪后，改选原来第八的甘肃考生为状元。那皇帝这样改会不会令众人不服，闹起科考案呢？不会。原因在于这种纯文科的考试，很难有一个绝对评判标准，第八与第一之间难有明显的差距，甚至会出现差异极大甚至截然相反的评语，这就是俗话说的"文无第一，武无第二"。这种皇帝亲自干预科考放榜的情况不止出现过一次，但基本是拟选的状元名次下降了，而原来拟选的榜眼却不会变动，从未有过拿拟选榜眼折腾的例子。说了这么多，结论就是状元可能有变，但榜眼却货真价实，所以王赓荣的榜眼是真实而可靠的，是实至名归的科考第二名。这个成绩也是有清一代山西考生所获得的最高科考荣誉。

取得榜眼的头衔后，王赓荣被授任翰林院编修。光绪十年（公元1884年），他出任监察院御史。时逢中法战争，云南巡抚唐炯都因抗法不力被罢免治罪；而同样消极抵御、不战而退的云贵总督岑毓英却未被查办，官职依旧。王赓荣不畏权势，愤然于"同罪异刑，于理不公"，遂上疏弹劾。

权臣李鸿章为此大肆攻击王赓荣，引起光绪帝及朝中大臣的不满，欲将李革职问罪。王赓荣闻知，置个人恩怨于不顾，以国家民族大义为重，多次上疏朝廷：与其对李鸿章革职，倒不如委以重任，利用他的外交特长和军事手段，让其戴罪立功；若不力，再予以问罪。此言一出，赢得了满朝大臣的一致赞誉，并得到皇帝认可。李鸿章闻悉后，也深为其坦荡胸襟所钦服，于是在王母六十八大寿时手书七言联为老夫人祝寿。同时，丙子科同科状元曹鸿勋、探花冯文蔚、工部尚书祁世长、御史何玉福、何福堃、翰林院编修陈履亨、庞玺、康际清等二十四位与其同朝为官的达官好友，也联名共书十二条屏为老夫人祝寿。祝寿文由翰林院编修李殿林撰文，真迹现在朔城区马邑博物馆展出。

此后，王赓荣又在御史任上多次弹劾山西不称职的州县官员，均被朝廷采纳，下旨予以罢免，有效肃清了地方吏政。他还奏请朝廷查清各县岁员，以疏通教官之拥挤，并奏设山西归化等七厅学校，核定生员名额，以普及国家之文化。

光绪十一年（公元1885年），他出任江西乡试副考官，后又多次担任诸试主考官，并被选派负责稽查督促仓库等事宜。

光绪十二年（公元1886年），王赓荣出任广西浔州知府，官从正五品。当时浔州地处偏僻，境内僮族、瑶族杂处，民风剽悍，治安较差，挑唆诉讼、持械相斗、聚众赌博等屡禁不止。王赓荣上任后，广为晓谕，严饬有加，革陋还淳。同时避用高压酷政，进一步兴学重教，改善民风。他常常亲临书院讲课授业、主持考试，对诸生中学业优良而家境贫寒者，时常召至州署亲自督促学习，并经常给予公费奖励。

清代浔州设有两个关卡，月底造册申院，随收随交，但历任知府只报六成。王赓荣上任后摒除陋习，按七成呈报，月终解款，毫无短缺，丰盈了地方财政。

为官一任，造福一方。王赓荣三年浔州知府任上，地方百业兴旺，社会风气大为改观，政绩斐然，屡获朝中重臣褒奖，并以"才堪大用"向朝廷加以保荐。

光绪十五年（公元1889年），王赓荣以继母年高需要孝奉，又其本人不服南方水土，患上腹痛为由，上表致仕，乞归故里，获得朝廷恩准。临行之期，万民空巢，争相送别，很多人泫然泣下，留念之情，感人至深。

光绪十九年（公元1893年），太谷官绅邀其主持太谷"凤山书院"讲席，年过五旬的王赓荣慨然赴邀。其间，他事无巨细，躬行践履，每教学一课必先备教案，终日讲解，孜孜不倦。同年，在恩科加试中，其门下弟子八人成绩卓然，显示出王赓荣在教育方面的特殊才能。

光绪二十一年（公元1895年），王赓荣终因积劳成疾，不幸病逝于太谷凤山书院，享年五十六岁。

王赓荣居家孝友，为官清廉，正直敢言，图强致政，以清正不苟取信于民，为世人所称颂。他一生勤于治学，诗书为伴，诗文、著作及书法作品传世极多，著有《得无讱斋诗文集》，刊刻于世的有《得无讱斋时文试帖》《得无讱斋试帖评注》《浔州课士拟程》《徐广轩润第之盖怨文解》及《蔚先生某之学易管窥》等，脍炙人口，获得较高的社会赞誉。

特别值得一赞的是王赓荣的书法作品。他的书法是晚清"馆阁体"的典范。清妍儒雅、稳健端庄；银钩铁画、功力精深。楷书以柳、欧体筑基，未越池镬；行草自苏、赵研衍，可概时风。概因年代距今较为接近，所以流传后世颇多，马邑博物馆字画厅就展出了其部分书法作品。相传慈禧太后对其书法极为欣赏，使用的团扇即敕命王赓荣亲笔所书。

王赓荣的文化成就，为古城朔州增光添彩，为历史上的马邑形象再造提供了重要的推动力；而他刚正不阿的政治品质，又再现了马邑人的精神和气质。这些，都是我们今天引以为荣的宝贵精神遗产，也正是需要我们努力弘扬的正能量。

请到朔城区马邑博物馆来，一睹王赓荣留下的宝贵墨迹！

牧者如歌，牧者如神
—— 马邑的牧马人

  马邑本来是一个不算大的地方，但这里出将，出名将，是历史上有名的"名将之乡"。而除了一大批武功盖世的名将外，这里也出其他名人，有在科举考试中高中状元、榜眼的超级文士，有贵为"婕妤"的著名美女加才女，有"法门龙象"、创立佛教一大宗派法相宗的一代高僧，甚至，这里还出过特别另类、别的地方很难有的特殊人物——几位国君级别的大人物，如定杨可汗刘武周和后唐武帝李克用等，使马邑成为一时的国都！什么样的人都出，而且不断地出，从前到后绵延近二千年，这太神奇了，奇哉马邑！

  这里谈谈马邑另一个非常另类的专业人才，即牧马人。马邑这地方的名字就与"马"有关，早在两万八千年前，这里就有峙峪文化，先民们猎野马为食，所以就被称为猎马人；

猎马人之后，因为马邑宜养马，所以就发展出规模很大的养马业，马邑即因此命名，而出现了一种新职业，就是牧马人；有了牧马人、有了马，于是大批马邑人变成了骑马人，骑士、骑将、骑兵统帅，在历代的骑兵战中大显神威。猎马人离我们太遥远了，骑马人已说过而后边还要再谈，同时马邑牧马人中的张万岁是中国古代的"马神"，已有专文介绍。这里讲的是另外两位马邑牧马人。

先说班壹。战国末年，秦灭六国，楚国令尹（相当于宰相）子文的儿子在战乱中来到晋、代之间，也就是马邑地区。史书上说，子文初生，被遗弃于云梦泽。那里本是楚王的游猎区，有很多老虎出没，可老虎不但不伤害子文，反而以虎乳哺育子文。正因为父亲有这样一段故事，而因为虎身上有一道一道的斑纹，楚人把虎叫作"班"，所以他的儿子在逃亡中，就以"班"为姓，并取名为"壹"。班壹漂流到马邑后，看到这里有着良好的饲马条件，而且当地百姓有养马的传统，就开始大搞畜牧业。起初他没有固定的居所，主要活动在班氏（今怀仁东境）一带，后来又来到楼烦（今朔城区梵王寺村北）。

说到这里不妨多用点笔墨简单说说楼烦的沿革。春秋时活跃在北方的游牧民族主要有匈奴、林胡、东胡和北狄。楼烦是北狄的一支，初期主要活动在今山西保德、岢岚、宁武一带，后来势力逐渐扩展到北起今呼和浩特南至今朔州，并建国，史称楼烦国。尔后南下，扩张到今太原及灵石一带，对赵国构成了威胁。赵武灵王胡服骑射、变法扩地后，赵国的经济军事实力大大增强，开始南征北战，东讨西伐，先后击败匈奴、林胡、楼烦，从而稳定了边境，巩固了赵国的统治。《史记》记载，赵武灵王击破楼烦后，并没有赶尽杀绝，而是"致其兵"，就是把楼烦军队招降为其所用，并在之后的战争中取得了奇效。秦灭赵后，留在赵军中的楼烦军人就地定居了下来。因此，也有史学界学者认为，秦汉以来许多叫楼烦的地方均可能与此有关。秦一统后，设置了楼烦郡，西汉则在战国新城（今朔城区梵王寺村北）故城设立了楼烦县。北魏至隋唐时期，楼烦县建制仍在，但治所和辖地一再南迁，初在原平大阳村，后迁至今忻州静乐县，而现在太原市的娄烦县在隋唐时期尚隶属静乐县（楼烦郡治）。

　　书归正传。再说班壹到了楼烦不久，就有了牛、马、羊数千群，富甲天下，而且子孙繁衍，成为山西北部第一豪门大姓。秦始皇下诏以班姓名县，置班氏县，属代郡（治所即今河北蔚县）；另置楼烦县，属雁门郡（治所即今朔州右玉）。这样，班氏的畜牧区就地跨二郡，范围极大。那么，班壹一个外地人、南方人，为什么会在不长时间内，在马邑获得极大成功、大放异彩呢？其原因除了马邑有适合发展畜牧的条件和班壹本人的聪明才智外，更重要的原因，就是班壹带来了绚丽多彩的楚文化，并与当地的乡土文化结合在一起。楚文化是中国古代非常重要的地域文化，流行范围极广，而且影响中国历史达上千年。老子、庄子、荀子、韩非子、屈原、宋玉都是楚文化的代表人物，它各方面的成果琳琅满目、五彩缤纷，而它的特点就是想象力丰富、奔放、自由，富有浪漫色彩。至于代北一带原有的文化，则是刚毅、厚重、朴实，富有尚武精神。这二者一旦结合在一起，就会产生非常惊人的成果。我们常说汉文化是如何的辉煌灿烂，实际上，汉文化主要就是秦文化与楚文化的结合。那么，凭什么说班壹的成功是两种不同文化的结合呢？首先，班壹是善于经商的楚人，他能够成功地将畜牧业产业化，他的养殖规模在当时晋北一带，甚至在整个中国都是没有的，他也因此成为一方首富，而这是过去的马邑人所没有做到的。其次，他能将自己的畜牧产业同当时国家的需要结合起来，他养的马是军马，他的养马场是为国家服务的，等于国家军马场。史书上说秦始皇派大将蒙恬北征匈奴，在马邑一带养马，并命名新建的城邑为马邑，但蒙恬的养马同班壹的养马恐怕是一回事。这道理很简单，既然班壹已经有了大规模的养马场，而且卓有成效，能够为秦军提供大批良马，那蒙恬何必又劳民伤财，再建新的马场，去搞这种费时费力的基础建设？何况蒙恬与匈奴的对峙时间很短，从公元前215年到公元前210年被屈杀只有五年时间，蒙恬就是有天大的本事，也无法在这么短的时间内建成新的马场并培育出大批合格军马，所以，所谓蒙恬养马，实际应该是指利用原有的班壹马场而非新建。我们在秦始皇兵马俑博物馆看到的那么多大陶马，其原型有很多应该是来自班壹的养马场。秦始皇是最典型、最著名的实用主义者，当巴（今重庆一带）地的一位名叫清的寡妇给秦始皇的统一大业提供了巨大财力支持时，秦始皇毫不吝惜地封赏、表彰巴寡妇清，在她死后还为她筑起一座高台，取名叫"女怀清台"，以怀念清的贡献。而这位清也成为直到今天重庆市仍然要隆重纪念的重要历史人物。也是在秦朝，一个名叫乌斯倮的人在甘肃泾川一带养马、牛，数量多至以谷来计算，秦始皇也给了他大的赏赐和封邑，以示表彰。把自己的财富积累同国家利益结合在一起，变成官商，甚至国家级的大官商，巴寡妇清、乌斯倮都走在历史的前列。同样的道理，班壹如果仅仅是一个富有的"土老帽"，没有为秦始皇的统一大业做什么贡献，极端残忍多疑的秦始皇会给他这样的恩隆吗？合理的推想是，如果真是那样，班壹早就人头落地、畜产充公了。班壹同巴寡妇清和乌斯倮所处的时代相同，做法与过程也差不离，就是将自己的养殖活动与国家的需要结合起来，最后的结果就是自己的姓变成了县名，从秦始皇那里获得了荣誉和封赏。而这也从侧面证明，蒙恬的马场或者未建成，或者未起作用，不然秦始皇大封赏班壹干什么？班壹成功的第三点原因，就是努力培养和教育子弟，使班氏发展成一个在中国历史上有很大影响力的大家族，群星闪耀，人才辈出，而且绵延数百年，这也是马邑当地以往从来没有过的。史书上说班壹活了百余岁，以寿终。他有这么大的福分，使得北方人羡慕不已，于是很多人就以他的名字"壹"为字，希望借此为自己带来福运。唐代史学家颜师古，还专门就当时人爱用"壹"字取名发议论道："（就好比）马邑人聂壹之类也。今流俗书本多改此传'壹'字为'懿'，非也。"并认定在北方流行的是"壹"而非"懿"。马邑人聂壹，我们在张辽一文中已经说过，系西汉时人，谋略家，三国大将张辽的祖先。

从班壹开始，繁衍出一个在中国历史上具有重大影响的家族，持续达二百多年，而且地跨晋北马邑和关中扶风。接续这个家族的传承链条，早已不是牧马人这个职业，而是文化、精神、人格和才智。那这个从班壹开始的班氏家族，究竟繁衍、培育出什么样的人才呢？其中，班婕妤是这个家族走向辉煌的关键人物，是这个人才辈出链条上的关键环节，关于她和后来的班氏家族，我们在前边已经作了叙述。

　　这些类型有异、差别很大的人物，同出于一个家族，说起来非常让人惊异，而这就与这个家族的创始人班壹有很大关系。我们可以对比，在马邑的历史上，班壹是第一个具有较高文化素养的杰出人物。如果不是班壹利用自己的文化优势，对子孙们采取了人格、文化、技能的全面培养，代代相传，绵延不息，哪会在一个家族内出这么多杰出人才？在滋育这些班姓杰出人物的文化血脉中，很明显有楚文化的创造精神和华丽多彩，以及马邑人的厚重朴实、强悍坚韧的风尚。西汉后期，班氏家族由马邑迁到右扶风安陵，成为当地最有声望的家族之一。而这个家族从马邑迁移到关中的原因，可能就与班氏一个女孩入宫、成了婕妤有关。算下来，班氏家族在马邑经历了总计二百多年的岁月，不但为国家和马邑当地贡献了大量人才，而且深深影响了马邑人的思想观念，使得刻苦读书和勤奋创业的人生价值理念在马邑蔚然成风，后来马邑有大批人才绵延而出，正是班壹开了先河。班壹是马邑历史上第一个知名的牧马人，但他又不仅仅是一个普通的牧马人。准确地说，他是马邑历史上第一个名人，大名人。马是班壹的财富，是他进入上层社会的台阶，后来所发生的许多事情都同他的地位有关，亦即与他的养马事业有关。依靠养马过程中所历练出的坚韧、顽强，依靠文化精神、政治和经济头脑，班壹硬是把单纯的养马业这样一种经济活动，升华为具有政治、军事和文化色彩的大事业。牧者如歌，牧者如神，班壹的事业可歌可泣。他创造了一个牧者的神话、一个家族的辉煌。

马邑所出的第二个牧马人当数尔朱荣。

尔朱氏出自哪里？现在多数史学家认为是东胡的一支，也就是源自东方的一个少数民族部落。十六国时期，尔朱氏投靠鲜卑族拓跋部，定居在尔朱川（今山西临县），所以这个原本无姓的部族就以"尔朱"为姓。后受封进驻马邑一带，居住在北秀荣川的梁郡城。北秀容川，位于今朔城区下团堡乡和小平易乡西部一带，而梁郡城则在今天的朔城区北二十里一带（今朔城区下团堡村），清代时遗址尚存。等到了尔朱羽健时，正赶上北魏拓跋珪进取中原，尔朱羽健率领他的部族战士立下军功，被封为散骑常侍，并获得他所居住的北秀容川方圆三百里作为封地。经过几代人的接续，到了孝文帝太和年间，尔朱新兴接过了领民酋长的接力棒。传说一次他看到一条白蛇，头有两角，蛇行到新兴马前，新兴求白蛇保佑自己畜牧兴旺。果然，新兴在得到神蛇的佑护后，畜牧日益兴盛，牛羊驼马多到无法一一去数，只能以颜色分群，并以山谷来计数。新兴为北魏政权提供了大量军马，很得统治者欢心，于是他的地位日益巩固。他不仅为朝廷进贡马匹，就连需要拉关系的大臣们，也是一有机会就赠送良马，"赠马"成了他最主要的行贿手段。他七十四岁去世后，就将位子传给儿子尔朱荣。

尔朱荣（公元493—530年），皮肤白皙，容貌俊美，幼年时就有神机明断的本事。他爱好狩猎，号令严肃，继承爵位后当上了将军。正光四年（公元523年），爆发了轰动全国的六镇起义，天下大乱。尔朱荣看到时机来了，就散卖牲畜，召集义勇并提供军马，组成骑兵化的军事集团。起兵后，尔朱荣一方面为北魏王朝进击蠕蠕（一个北方的游牧民族），一方面努力铲除敌对势力，在这个过程中他不断壮大势力，逐步控制了今山西的大部分地区，以晋阳（今太原）为首府，成为坐镇一方的实力派。随着敕勒部的斛律金、斛律平兄弟投奔尔朱荣，以尔朱荣为首的北秀容集团更如虎添翼。接着，又有河北人高欢等豪杰加入，使这个集团更加壮大。高欢还曾对尔朱荣建议道："您有十二谷的马匹，正好可以兴兵起事，霸业可举鞭而成。"这话说到尔朱荣的心坎上，于是高欢就成为尔朱荣的重要谋士。过了不久，贺拔允、贺拔岳弟兄也投靠到尔朱荣的麾下，尔朱荣大喜曰："得卿兄弟，天下不足平也。"

当时的北魏王朝危机四伏，起义的葛荣所部已兵指洛阳，而王朝内部却矛盾重重，到了你死我活的尖锐地步。尔朱荣趁机扶立一个毫无实权的小皇帝孝庄帝，自己开始掌握北魏的军政大权。后来在"河阴之变"中，他大杀公卿朝士一千三百余人，北魏王朝已经名存实亡，完全成为尔朱荣操纵的傀儡。尔朱荣掌握了朝政，就回过头来对付日益壮大的葛荣起义军。激战之后，生擒葛荣，并收降其部族，他更是气焰熏天，无人可比。

尔朱荣取得节节胜利并飞扬跋扈时，也为自己埋下了败亡的祸根。在那个兵连祸结的乱世，谁不是在努力寻找每一个可利用的空隙以求一逞？在身边心腹的不断挑唆下，尔朱荣扶立的孝庄帝开始暗中策划，准备一有机会就对尔朱荣下手。终于，机会来了！看起来懦弱无能的孝庄帝，找借口骗尔朱荣入宫，在早已埋伏好的人手配合下，亲手杀了尔朱荣。因为尔朱荣平时残暴成性，消息传开，京城一片叫好之声。当时尔朱荣年仅三十八岁。尔朱荣死后，他的侄子尔朱兆、弟弟尔朱世隆等人打着为他报仇的旗号，在中国北方又闹腾了一阵子，也一度风生水起，但终究难成大气候。这个以尔朱荣为首的北秀容集团，在经历十多年的征战杀伐后，终于彻底覆灭了。

尔朱家族是靠养马起家的，他们是不折不扣的牧马人。马是这个家族最大的财富，也是他们的军事战略物资。我们不妨想想高欢对尔朱荣说的，有"十二谷"的马，这是个什么概念？意思就是马实在太多，数不过来，只好以谷为计算单位了。一谷大概有多少，再乘上十二，那数字可真够吓人的。而接着，在随后的残酷激战中，尔朱荣的骑兵大显神威，此时他又变成了骑马人，但仍以拥有大量的马为后盾。相比之下，同时代别的军阀，想要组建成规模的骑兵，自己不养马，马从哪里来？结果就只能是靠抢或者买，而这两者都非常不可靠：抢不好就会搭上自己的性命。而如果买马，所需的大把的钱又从何而来？一对比，尔朱荣的优势太明显了。所以说，尔朱荣就是马邑所出的第二个著名牧马人。

除了班壹、尔朱荣和张万岁三位，马邑历史上还有其他的牧马人，这里就不一一列举了。牧马人听起来不高贵，级别也很低，但却实惠、重要，对国家、对时代有实实在在的特殊贡献。许多人身为重臣，但还要兼领牧职，在"马上得天下"的时代，特别是在风云变幻的乱世，拥有大量马匹，那可比不能吃不能穿的金银财宝管用多了。正因为如此，唐代安禄山在造反之前已经当上了三镇节度使，官居二品，是唐玄宗宠幸的大红人，还念念不忘要兼一个楼烦监牧使的七品小官，原因就是监牧使直接管养马场，可以直接从马场上选调良马，由此就可见牧职的重要性了。说完了牧马人的故事，不要忘记，安禄山所兼的楼烦监牧使，管辖范围就包括朔州的养马场。因此，安禄山也算我们朔州、我们马邑的一个牧马人！

骑者无敌，骑者如风
—— 马邑的骑马人

在马邑所出的大把人才中，最多的就是骑马人。这是因为他们几乎都是骑将、骑帅，而没有什么步将，他们的命运与马紧紧结合在一起，是骑马人！所以对"骑马闯天下""马上得天下"的说法非常认可，甚至到了痴迷的地步。五代时马邑人安重荣曾对人说："天子，兵强马壮者当为之，宁有种乎？"就是这种信念的直白表露。这话套用了秦末陈胜说的"王侯将相宁有种乎"（难道王侯将相就该是天生的吗），但又更具体强调了只要"兵强马壮"就能当上天子，而血统无所谓。在很多时候，马邑既出人又出马，由马邑人组成的骑兵部队就是"兵强马壮"的代名词。那么，古代是怎样看待马邑骑马人这样一个群体的呢？前边提到，五代时后唐创始者李克用曾给后梁朱温写过一封信，信中狠狠地嘲讽、羞辱了朱温。特别需要注意的是，这封信中特意提到了"马邑儿童，尽成锐将（我手下的'马邑儿童'，现在都已成为精锐的将领）"，可见李克用对马邑的分外倚重（李克用手下最有名的大将周德威就是马邑人）；反过来，朱温看到"马邑儿童"一句时不由得暴跳如雷，说明他对马邑也有着深刻的印象。而换一个角度看，这篇文章不啻为已经成长起来的"马邑儿童"的一份宣战书：我们已经长大成人，放马过来吧！下面，我们就介绍一些具体的马邑骑马人，并试图诠释，他们是怎样由"马邑儿童"变成三晋名将的。

乞伏慧（生卒年不详），马邑人，鲜卑族，祖、父都是鲜卑族的领民酋长。他从小接受了家庭的熏陶，不仅聪慧过人，而且喜欢骑马射箭，练得一身好武艺。北齐时他在朝廷当官，因立有军功，与兄长一齐被封为王。一门二王，这在当时可是了不得的，受到社会各方的赞扬和称羡。他曾跟随名将韦孝宽出击尉迟惇，立有大功，一下子就升迁为大将军，又参与平息尉迟迥叛乱，进位柱国，赐爵西河郡公。他想把他得到的官爵让给兄长，朝廷不许，可此举得到社会上的一致好评。后来出任几个地方的地方官，都治理有方，深受百姓爱戴。在凉州（今甘肃武威）总管任上，他大力整顿边防，"严警烽燧（修整烽火台），远为斥候（设立观察哨）"，使得屡屡犯边的突厥竟然不敢再进入凉州境内。在湖南、广西一带，他"躬行朴素"（带头提倡艰苦朴素），使得当地浮华的社会风气有了大的改观。在当天水太守时，当地自然条件艰苦，老百姓还要忍受繁重的劳役，痛苦不堪。正在这时，好大喜功的隋炀帝要路过天水。他不忍心再让百姓劳顿吃苦，就没有大肆铺排迎接。看到御道不够平整，献上的食物又不够精美，隋炀帝大怒，立刻命令将乞伏慧斩了！但看到乞伏慧从容镇定、视死如归的样子，就连残暴成性的炀帝也不由得为之动容，又改令释放了他，削去官职。就这样，乞伏慧坦然而无怨无悔地在家中度过晚年，结束了他起伏而多彩的一生。乞伏慧文武双全，其人格魅力既然连隋炀帝都不得不服，那就更足以让马邑人为之感动和骄傲了。

安金全（生卒年不详），五代时人。他的籍贯不详，史书上只好笼统地说他是"代北人"。实际上，这种含糊不清的籍贯在五代时非常普遍，因为战乱，太多的人根本无法确定到底是哪里人。反过来，因为同时代马邑出了不少姓安的名人，所以安金全是马邑人的可能性很高。安姓，在晋北、冀北一带很多，与唐朝时的安禄山同出一源，属于少数民族，再往前推，又可能是来自昭武九姓中的安国，即今天中亚的布哈拉。

安金全家世代都是边将，少年时就很勇敢，善于骑射。后唐李克用时当上了骑将，屡次跟随李克用南征北讨，立有很多战功，年老了就告退在太原家中。天祐年间（公元904—907年），后梁朱温的部将王檀率兵进犯太原，而这时后唐庄宗李存勖还在河北南部，根本来不及回师救援。镇守太原的监军张承业"大恐"，不知所措。他动员各种工匠，登上城墙准备防御。王檀的部队就要开始发动猛攻了，可这些工匠们根本没有受过军事训练，面对来犯之敌，连拉弓放箭的基本功都不会，这仗该怎么打？安金全看到形势危急，就去找张承业说："老夫抱病退居，没有担任军职。然而大王（指李存勖）的家属都在这里，太原又是大王的事业根基。一旦失守，大势去矣。请您打开军备库，让老夫替您退敌。"张承业赶快照办。安金全披挂上马，召集子弟和退休的诸将，统共有几百人，乘着夜色出北门，"击贼于羊马城内"。这次突然出击，一下子就击溃了王檀所部，慌乱之中王檀赶快撤退了。不久，援军赶到，太原之围被化解掉了。很显然，在此次守城过程中，如果不是安金全挺身而出，太原肯定守不住。然而，李存勖是个狂妄自大而且从来不体恤属下的统治者。凡大将立功，他总是将功劳据为己有；而一旦有过错，他又会全推给部将（以前对周德威就是这样，而周德威之死就与李存勖的瞎指挥有直接关系）。因此，事过之后，对安金全这次大功，他居然提都不提，直到他死后后唐明宗李亶继位，才给安金全封赏，让安金全当上了振武军节度使。不过，治民为政不是安金全所长，就在奉调入京时他却一病不起。他去世后，明宗为之废朝两日，表达沉痛哀悼。安金全所长还是在军事方面。当年后唐、后梁对峙时，后梁方面派出的侦察游骑，不管来多少都被安金全生擒，吓得后梁的侦察兵们再没敢来，并且为安金全起了一个外号，叫安五道。五道是什么意思呢？原来，民间相传，阎罗王手下有一位五道将军，把守鬼门关，谁也逃不过他的法眼和双手，因此就用五道将军来比喻安金全。来自敌方的反面评价，恰好是对安金全的正面肯定。安金全，好样的！

安元信（公元862－936年），五代时朔州马邑人。他的族属不明，但是少数民族的可能性极大。少年时他就同那个时代马邑诸多青少年一样，善于骑射，指哪射哪，百发百中。李存勖当晋王时他赶去投奔，后来就归明宗李亶统率，因为战功累累被提升，驻屯于代州（今山西代县）。当地太守张朗很器重他，他也以兄长来对待张朗，二人处得很好。后来，当后晋石敬瑭起事时，他曾力劝张朗早做准备，以防不测，但张朗没有听他的，于是二人有了隔阂，最终反目成仇。安元信准备杀张朗，没有成功，就和安审信一道投靠了石敬瑭。石敬瑭看到安元信来投很高兴，就问他："你看到什么利害，才会背强归弱来投奔我？"安元信回答道："我不会观星算命，只会就现实例子来推断。凡是做帝王的，出语行令，都应该言而有信。我听说您曾经答应某人保其一生，但后来又随便杀了他，这是自欺欺人。这人是国之至亲，尚且无法自保，您怎么能保住天下的人心！以这个例子而言，您很可能不久败亡，哪里谈得上什么强弱！"听到这番坦言直告，石敬瑭不但没有生气动粗，反而觉得安元信是个实诚人，于是就开怀接纳了他，并委以军事重任。后来他屡立军功，官也越做越大，直到开运三年（公元946年）病逝。靠着坦率的批评而受到信任，这也是一种难得的机遇。但在五代那个乱世，什么不可理喻的事都有可能发生。

安重诲（？－公元931年），其先本北部酋长，这肯定是少数民族了，但是哪个民族、籍贯哪里都不详。因为马邑姓安的人多，所以他或许就是马邑人。

安重诲在后唐明宗李嗣时做官，随从征讨，有十来年时间，深得李嗣的信任，官也越做越大。他这人，有时显得特别仗义：一次一位县令得罪了李嗣，李嗣盛怒之下要杀此人。看到李嗣发怒的样子，没有人敢出面保这个县令，只有安重诲冒着风险替这位县令求情，结果李嗣冷静下来，也就饶了这位县令。有时候，安重诲却很不冷静。当时后唐与淮南军阀徐知诰对峙，徐知诰派人暗中见安重诲，说是要投降后唐，安重诲很高兴，就赠给徐知诰一条玉带作为信物，价值极高，但后来就不了了之了。安重诲担任枢密使期间，精明强干，无论贵戚、军人、酋长，还是自己的亲友，都无法私自干政。然而这种情况持续了一段时间后就开始改变，他大量安插亲信、重用私人，独揽大权，什么事都要过问，引起很多人的不满，也有人预言他必遭大祸。此时，有人散布流言，说有算命的替安重诲算命，说他贵不可言，而且就要担任统帅去征讨淮南。如此重大的事情传得流言纷纷，明帝李亶闻言大吃一惊，就召见安重诲，并对他说："朕听说你私下安插心腹，购买军器，准备征讨淮南，有没有这事？"安重诲听后惶恐不安，赶快辩解道："兴师命将，这是陛下独有的权利，我哪敢私下为之？这一定是有人在造谣中伤、挑拨离间，请陛下追查。"话虽这样说，但李亶并没有释疑，下来就问安从进等大臣，看这事该怎么办。同样姓安的安存进态度很坚决，说愿以全家性命保安重诲没有异心。他说："这一定是奸人在挑拨离间。安重诲跟随陛下三十余年，从小官一直做到重臣，从来都是尽心尽力，他怎么会有反叛之心？"李亶听了安存进的力保，态度才稍微缓和。但此后安重诲却有些不依不饶，他先是要辞职告老还乡，未被批准；接着又要求给自己一镇，要去当一个地方官。反复几次，李亶火了，就对安重诲说："你要走就走，我自有人！"幸亏那位以模棱两可、"和稀泥"著称的宰相冯道从中说合，安重诲才得以继续留在朝廷，不过实权已受到牵制，大不如前了。在随后处理一系列事件时，他虽然竭力左右逢源，但却左右不讨好，引起更多的猜忌。他无奈之下要以死来证明清白，但益发说不清楚。此时朝廷派来要员查证安重诲的问题，就在安重诲下拜迎接朝廷要员时，同来的一位将军却突然用大木槌猛击安重诲的头，安重诲立刻倒了下去。他的妻子抱着安重诲的遗体对大员说："您要杀他也不难，何必如此突然下手！"正说话间，妻子头上也遭到猛击。夫妻俩就这样被杀，死后尸体裸露，血流满院。那么，此事该如何了结呢？一方面，清查安重诲家，发现他家并没有多少财产。他当了几十年的重臣，为朝廷立有大功，应该宽恕他，给予安葬。也就是说，杀他是杀错了或者太过分了。但造成此次惨案的又一原因，在过了一段时间后才透露出来。原来，当时后蜀统治者孟知祥曾经派人给安重诲送去百两黄金以搬回家属。事成后，孟知祥对手下人说："到处都传闻枢密使（指安重诲）如何了得，说他是天地间的奇才，结果只用百两黄金就能搞定，他也真算不了什么，成不了什么大事。安重诲不足畏，后唐政权也就没什么可怕的。"孟知祥开始造反，他守住艰险之地，抗拒后唐政权。这事是对安重诲之死的又一种解释。然而，还有第三种解释。安重诲挨了重击，但还用最后一口气对来人说："我死不足惜，只恨没有替朝廷除去潞王！"说完就断了气。潞王是谁呢？就是后来的后唐末帝、清泰帝李从珂！这意思就是，朝廷中明争暗斗已到了水火不容的地步。安重诲是潞王的对头，而来人却是潞王的亲信，当然要除掉安重诲，绝不能留下活口！安重诲之死，到底是因为什么？这件事已成为后人无法理清的罗生门。但有一点是可以肯定的，那就是在混沌乱世，政治斗争极为复杂、残酷以至血腥，军将与少数民族出身的安重诲，头脑中没有那么多的弯弯绕，无力应付这样的乱局，也在情理之中。马邑多军将，武功盖世，精于骑射，但政治方面是其短板，这在安重诲身上又一次得到体现。

李存孝（？—公元894年），本姓安，名敬思，沙陀族人。他的籍贯不太清楚，有人说是代州飞狐，但未必可靠，也有人认为他应该就是马邑人。他小时候犯事，成了囚犯，被解救出来后当了小军官，长大后精于骑射，骁勇冠绝一时。他经常单骑突出当先锋，未尝挫败。后来做了李克用的养子，跟着李克用南征北战，无不获捷。一次后梁攻占了太原，李存孝奉命率五千骑救援泽州（今山西晋城）。后梁军向泽州守将李罕之喊话道："你完蛋了！十天之内，你沙陀（李罕之是沙陀人）就会连墓穴都找不到了！"同为沙陀族的李存孝听到这刺耳的叫骂，就选精骑五百，绕着梁营也高声回骂："我就是你们说的找墓穴的沙陀人！正等着吃你们梁军的肉犒赏我军！你们赶快派长得肥的来应战！"这些对骂太难听了，于是梁军中一名勇将邓季筠忍不住出马挑战，李存孝挥舞着长𥂕（类似长矛的一种兵器），策马直冲过去，经过一番激战，生擒了邓季筠，并俘获战马千匹。接着，又乘胜追击围困泽州的梁军，俘斩万计。这之后，李存孝一连打了几个大胜仗，但李克用这种刻薄的主子，并没有给他应有的奖赏，反倒把应该给他的赏赐给了别人，气得李存孝几天没有吃饭；只是在李存孝战绩太显赫、实在说不过去时，才封李存孝为汾州（今山西汾阳）刺史。再往后，李存孝又受到诬陷，自恃战功的他愤愤不平，就背叛了后唐而改投后梁。李克用知道后大怒，亲自率师来讨伐李存孝。但李存孝可不是个好惹的，几次战斗都给了李克用下马威。在与李克用部将李存信的战斗中，李存孝偷袭敌营得手。李克用想深沟高垒围困李存孝，但存孝不断用铁骑冲突，使李克用的沟始终挖不成。后来几经反复，存孝终于战败，落到了李克用手中。他向李克用求饶，但李克用深知"缚虎易而纵虎难"，岂肯轻易放他！就将他押至太原，残酷地车裂了他。然而，李存孝的本事在李克用心中有着深刻的印象，怎么也磨灭不去，所以李克用在杀了李存孝后，也时而为他的死而长吁短叹。李存孝每临大敌，身披重铠，背弓持𥂕，带两名随从组成三人战斗组，打累了可以在阵中换马，轻捷如飞。他有时挥舞铁鞭，挺身陷阵，万人都挡不住他，这样的功夫只有古代的张辽、甘宁可以相比了！杀了李存孝，李克用连着十多天闷闷不乐，无心茶饭，并私下对部属说太遗憾了。后来，有次李克用同手下人玩游戏，无意中谈到李存孝，流涕不已，深感痛惜。这时，一向与李存孝不和的勇将康君立却表示不以为然。李克用闻言大怒，很快找机会毒杀了康君立，由此可见李克用对李存孝极端矛盾而痛苦的态度。与官方对李存孝的恩恩怨怨不同，民间则是以一位勇将来看待他，并盛传李存孝可以杀虎。《水浒传》中说李逵连杀四虎，听到的人不信，说："当年李存孝才杀得一虎，你怎能连杀四虎！"小说家之言不足为信，但李存孝是杀虎第一人的传闻一直流传到后世，可见他的神勇影响是如何广大。

安重荣（？－公元942年），字铁胡，五代时朔州人。从他姓安可知，他也应当是少数民族。前边提到他曾经说，天子也不是天生的，只要兵强马壮就可以当。这快人快语，体现出他鲜明的个性。他素以勇武闻名，后晋高祖石敬瑭听说后，就派一位使者来见安重荣，想招降他。重荣私下答应了使者，可他的母亲、兄长都坚决反对，还准备杀了使者。重荣连道不可，说："让我用射箭来卜算一下。"他竖起一支箭，自己退到百步外张弓搭箭，发愿道："如果石公（指石敬瑭）能当上天子，我第一支箭就能射中。"结果一箭射出，如流星般飞去，射中了百步外的另一支箭！接着他又发第二个愿："我要是能当上节度使就也能射中。"结果第二支箭也神奇般射中！到了这个地步，他的母亲、兄长也没法再反对，就让他去投靠石敬瑭。他带着千骑到了太原后，石敬瑭果真拜他为节度使。

安重荣虽然是一介武夫，但对如何处理政事却并不陌生，手下也不敢欺瞒他。一次，一对夫妇讼儿子不孝，安重荣就拔出宝剑，让做父亲的杀了不孝之子。结果父亲流着眼泪下不了手，说自己实在不忍心。这时他的妻子在旁痛骂做丈夫的，还夺过宝剑追逐老公。看到这种情势，安重荣就问到底怎么回事，原来做母亲的是继母，所以才会这么狠心。安重荣怒声让那个继母滚，然后在后面一箭射杀了她。

　　安重荣生逢乱世，目睹了一个个"皇帝"怎么当上又怎么被废黜甚至被杀，所以才有了"天子宁有种乎"的感叹。虽然这话是大逆不道的造反之言，其实安重荣心中未必没有当天子的念头，只不过很长时间他都没有流露出来，藏在心头，隐而不发。当时石敬瑭卖身契丹，甘愿对契丹以父相称。契丹益发骄横，而石敬瑭却更加恭谨，一幅奴颜婢膝的样子。安重荣对此十分不满，愤然说道："贬损我中国以尊夷狄，滋扰我困弊不堪的黎民，去满足契丹无尽的贪欲，这是后晋万世的耻辱！"并且几次拿这样的话语去嘲讽石敬瑭。契丹的使者几次路过安重荣的地盘，安重荣都绝不为礼而声严色厉地辱骂，甚至还杀了契丹使者。当时吐谷浑（西部的一个少数民族）也隶属于契丹，不堪忍受其暴虐和压迫。安重荣知道后，就与他们暗中联络，动员他们转而投靠后晋，契丹知道后就派使者来对石敬瑭施加压力。令人想不到的是，石敬瑭居然连连对契丹使者鞠躬俯首，满嘴好话，不断道歉。接着，石敬瑭下令在各地搜索进入内地的吐谷浑人，将他们驱逐出境，送还契丹。但吐谷浑人知道回去后凶多吉少，因此去而复返，不愿忍受契丹人的杀戮。对这部分流民，安重荣都接待并收留了他们，并且将他们组织起来，形成了自己的私人武装。至此，安重荣与石敬瑭对垒的形势已见端倪，他杀了石派来的指挥使贾章。贾章的小女儿还是小孩，安重荣打算放了她，结果女孩说："我家三十余口都死于战乱，现在活着的只有我和父亲，如今父亲又被杀，我岂能独生！让我去死！"女孩慷慨就死，其刚烈的事迹被民众广为传颂，大家也由此看出安重荣不久就会败亡。此后，安重荣变得骄横起来，谁都不放在眼里。他虽然没有自称天子，但那副排场却不亚于天子。他嫌代表身份的金鱼袋不足显贵，就刻了玉鱼佩戴，还娶了两个妻子。天福六年（公元941年），契丹的使者拽剌过境，安重荣与拽剌互相都出言不逊，结果安扣押了拽剌，并以轻骑进犯契丹南境，抓了很多人，将他们迁移到河北一带。此时，安重荣上书石敬瑭，说契丹内部众叛亲离，各受压迫的少数民族都怨愤满腹，想脱离契丹的统治。目前形势很好，可以乘机攻打朔州。朔州是安重荣的老家，但此时安是以一个战略重镇的角度去考虑的。这个建议无疑是对的，可石敬瑭根本不考虑，并狡辩道："我之所以与契丹和亲，是为了天下苍生。现在我拥有整个天下，也不得不臣服于契丹。而你仅仅只有一镇之地，反倒要与契丹对抗，力量相差甚远，你也太不自量力了吧！你一意孤行，只会自取其辱！"不过，安重荣虽然与石敬瑭口舌相交，但背地里却也同契丹勾结。契丹看到后晋方面君臣相争，暗中欢喜，乐得坐山观虎斗，期望石敬瑭与安重荣两败俱伤。

安重荣准备造反的心迹逐渐显露，他母亲又表示不可，安重荣就再次拿射箭来推算成败。他祝道："我如果能拥有天下就能射中。"结果又是一发而中！神箭如是，此乃天意，母亲再也无法阻挠了。此后，安重荣弄来五色鸟，说是凤凰。又找人铸了一支大铁鞭，说是神鞭，如果指向谁，谁就立刻会死；有了这铁鞭，他就自号"铁鞭郎君"，每次出行就以这支铁鞭为先导。种种神异灵迹，无非是为他准备进位大造舆论。然而，相反的灵异也出现了！他所在的军镇城门有一个铁铸的胡人像，一天头忽然无故掉了下来。安重荣听说后，虽然感到不高兴，却也没有往深里想。这掉头的是一位胡人像，可安重荣小字正是"铁胡"！他居然没有由此醒悟，不知道将要祸从天降了。这年冬天，石敬瑭手下另一位部将安从进反，他也跟着反，带兵来到邺城之下，与石敬瑭派来的杜重威对峙。这时他手下的一名将领反水转而投靠石敬瑭，安重荣对此毫不知情，等到听说时已经晚了，败局已定，只好混在辎重队中落荒而逃。几万人的部队只剩下十余人，好不容易才逃回驻地，但杜重威的追兵又至。经过一番挣扎，最终城破被杀。他的首级被送到石敬瑭处，这个汉奸命令将安重荣首级涂上漆，转送到契丹。安重荣的一生就这样在大起大落中结束了！

说到这里，再综述一下马邑诸将的骑射水平。古代用"百步穿杨"来形容射手们的顶尖功夫，史书上对马邑诸人的射术也用能射中飞鸟甚至一箭双雕来描述；然而，这些说法都缺少具体的场景作支撑，云里雾里，让人半信半疑或根本难以置信。唯独安重荣，是几次用射箭来祷祝，且两次三支箭都能射中，说得有鼻子有眼，看起来似乎可信度较高。假如真的如此，那安重荣就是马邑诸将中的一流射箭高手了，可以作为马邑精湛射术的代表人物。

党进（公元927—978年），朔州马邑人。从他姓党可知，他也许有着羌族血统，因为"党"是羌族大姓，多在山西、陕西。党进起家也是在五代的后晋，当时他在马邑杜重威家中做事。杜重威喜欢淳朴谨慎的他，直到他长大了，还让自己的妻妾与他待在一起，对他丝毫没有戒心。等杜重威失败，他依靠身强体壮，投军入伍，当了一名小军官。历经后周入宋，一路升迁，成为掌握相当权力的地方军事首长。

宋开宝元年（公元968年），宋太祖赵匡胤征讨盘踞在太原的北汉，以党进为前军首领。人马来到晋阳城外，还未来得及列阵，北汉的一员骁将突然率领四百骑冲了过来！来人是谁？说出来会吓你一跳！来人正是北汉大将、威震四方的杨继业！党进一看大事不好，奋不顾身带领一拨人马与杨继业混战一场。杨继业见战况不利，情急之下竟然跳进了护城河，正在这时援兵赶到，城上放下绳子，才将杨继业吊入城中。赵匡胤对此役中党进的表现大为激赏，对他奖励了一番。过了几年，再次攻打太原，党进仍然有不错的表现，因此得以升迁，并在宋太宗时当上了忠武军节度使的大官。他在任时，有一天从外边回来，发现卧榻上竟然有一条大蛇睡在被子里！他大怒，抓住蛇并烹食，谁知竟然突发暴疾，医治无效而亡，时年五十二岁。

党进行伍出身，形貌魁梧，不爱说话，每次穿戴好甲胄，都毛发倒竖，完全是一个标准的悍将形象。他的名字叫"进"，但常自称"晖"。问他为什么，他解释道："我这样叫起来顺。"看来也是个不拘小节的人。起先，禁军中的军官，都将自己统帅的人数记在一块板上。一次，宋太祖赵匡胤问党进："你带领多少人？"党进不识字，就举起自己的那块板说："我的队伍都在这块板上。"赵匡胤一听笑了，也喜欢党进的朴实憨厚，对他益发信任。党进曾受诏巡查汴京，看到有养狗、养猫的，就骂道："买肉不去孝敬父母，反倒去养猫养狗，都给我放了！"宋太宗赵光义的手下曾架着鹰来到市中，党进也让给放了，别人悄悄对他说："这可不是一般人家的鹰，是晋王（当时赵光义还是晋王）家的。"党进就改口对架鹰的人说："那你好好养着，别让它乱飞！"市民们听到后都笑，并将这笑话四处传扬。早年，党进曾在杜重威手下做事。杜重威死后，子孙穷困潦倒，党进不顾杜重威的"反逆"身份，每月都拿出自己的官俸接济这些杜氏后人，受到士大夫们称赞。有的人还感到羞愧，觉得不如一个不识字的军将仗义。

党进以一个不识字的武夫，历经后晋、后汉、后周到宋朝，换了不同的主人，但都能得到主人的信赖，身居高位，这与他诚恳、朴实、忠厚的性格分不开。值得一提的是，党进自己一生戎马，属于马邑所出的骑马人。而他的儿子党崇义担任闲厩使，是马政方面的高官，负责饲养、管理皇家的御马，职责重大，且专业要求很高，不懂养马的人是无法胜任的。所以，党崇义又是前文所说的马邑牧马人。而这一骑马人后代里面最为有名的则是其第十一代子孙，金代大文豪、大书法家党怀英。据载，山东曲阜孔庙"杏坛"两字即党怀英亲笔所书。最出色的牧马人、最优秀的骑马人，都出在马邑，而且世代相传，这又是马邑的一大地方特色。

杨沃衍（公元1179—1231年），一名斡烈，赐姓兀林答，金代朔州静边官庄人，本属唐括迪剌部族。杨沃衍年轻时曾为北边屯田小吏，正赶上朝廷命令他所属部族迁到内地，他不愿意迁徙，就率领本部族来到朔州南山茶杞沟，开始了反迁徙的抗争。他聚集起数千人，大家共推他为招抚使，并把这条沟称为"府"，从而吸引了附近大量的民众。不久，他们便与官府派来的大军展开对抗，连获小捷，后因粮食缺乏而退走。随后转战晋北各地，四处抢掠，造成民众不安。金朝廷看到杨部声势浩大，就派人招安，杨也就顺势接受。金宣宗闻知很高兴，任命杨沃衍为武州（故治在今山西神池县西）刺史。杨沃衍来到武州后，由于饱经战乱，这里早已残破不堪，条件艰苦，环境险恶，但他坚守城池，不辱使命。金贞祐四年（公元1214年），蒙古大军来攻，杨沃衍死战二十七天，终于坚持不下去，只得边战边退。金廷看到武州没法再守，就让杨沃衍转到岢岚，并将岢岚升格为节镇，擢升杨沃衍为三品节度使。为报答朝廷厚恩，杨沃衍上书称："为人不死王事而死于家，非大丈夫也！"充分表达了以身报国的决心。后来，他在陕西、甘肃一带与西夏人交战，屡获战果，受到嘉奖。兴定元年（公元1217年），因为累有战功，金朝廷赐其"杨"姓，官职也再次提升。

当时，金、西夏、南宋、蒙古（元）处在混战中，战局胶着，杨沃衍在这纷乱的局势中仍能寻找到机会，不断有所斩获。在一次战斗中，杨与另一位叫胡土门的将领约好，一起投入战斗。但那位胡土门仗恃自己是宿将，没把杨沃衍放在眼里，也没把会师当回事，结果失约，变成杨单独苦战。战后，大家都要求斩掉那位失约的胡土门，而杨沃衍最后却力保他免死。在长期征战中，金军粮草渐渐不济，陕西行省要求将领们实行"清野"，也就是对老百姓展开大搜刮。杨沃衍坚决不从，说："如果清野，百姓将怎么活？"他带兵坚守边境，护佑着老百姓度过了春荒，直到收麦。后来，在四方角力的纷乱战局中，蒙古人逐渐占得上风。大兵压境，金王朝的压力日渐沉重，杨沃衍只得且战且退。这时，已经投降了蒙古帝国的白留奴、刘胜向蒙古大帅建议招降杨沃衍。刘胜见到杨沃衍，就劝他道："投降能做大官，否则只有死路一条！"杨沃衍把刘胜叫到面前，猛然拔出宝剑砍翻刘胜，厉声道："我起家贫贱，蒙受国家大恩，你竟然敢用投降来污辱我！"随后，他召集部下交代完后事，朝着汴京的方向哭拜道："我无面目再见朝廷，唯有一死！"三拜之后，自缢而亡。其部下随从死的有十余人，活着的放火烧掉其居所后撤离，杨沃衍的一生就这样悲壮地结束了。

纵观马邑的骑马人，从汉代算起到金、元时，先后持续了上千年。每逢改朝换代的动荡时机，都有马邑的骑马人挺身而出，在纷乱的时局中跃马扬鞭、弯弓挺枪。他们凭借着年轻人的锐气和一腔热血，投入汹涌的时代大潮中，展现出精湛的武功和奋不顾身的战斗精神，成为时代的弄潮儿。然而随着时代的不断进步，单纯的"武艺"已经不再是决定战争胜负的主要因素，而代之以军事智慧、政治素养和人格魅力等等。就这样，马邑的骑马人逐渐退出了历史舞台。留下的，则是关于他们的激昂慷慨和不朽传奇。

秦月汉关照互市

"秦时明月汉时关",月亮还是那轮月亮,关城还在那个地方。马邑饱经战乱,见证了无数世事沧桑,但每逢战火稍息,就会因身为边塞重镇和地处咽喉要道而化身为边贸互市的中心。

早在汉代,这里就开展了互市贸易。互市,就是隔着边境的各族百姓,约定好时间,到指定地点进行贸易,交换各自需要的各种产品。这不仅是各族人民生产、生活的需要,也是中原统治者"怀柔"政策的一个重要组成部分。道理很简单,允许双方贸易往来,总比双方劳民伤财、打得你死我活要强得多。而且,用农副产品换马,这还是重大的军需采购行动,关乎国防建设的大计,所以双方对互市都十分重视。

汉代互市，主要的交换物品是马匹与丝绸。汉朝用丝绸换少数民族的马，而这也就是举世闻名的丝绸之路最初的贸易内容。马邑互市，并不是漫无秩序的民间活动，而有正规的管理机制，也有相应的管理机构，这从已出土的西汉陶器上刻有马邑市的铭文就可以得到确证。铭文上的"市"，指的就是市场的管理机构，其长官称"丞"。市丞主要职责有三项：确定开市、闭市的时间，校验度量衡器具的准确与否和维护交易秩序，对交易的商品征税。至于互市的时间是不定期的，长则半年，短则半月。双方还有一条不成文的协定：如果正处在交战状态，那互市时双方就得休战，使交易能正常进行，朝廷还往往要派军队保护互市现场。当时的互市对双方重要到何等程度呢？说来可能让人吃惊！《史记》匈奴传记："自是（指'马邑之谋'后），匈奴绝和亲，攻当路塞，往往入盗于汉边，不可胜数。然匈奴贪，尚乐关市（仍然喜欢关市这种贸易形式），汉亦尚关市不绝以中之（汉朝也仍然继续开放关市而没有终止，以缓和双方的紧张关系）。"此时，双方已撕破了脸皮，正要拉开架势打个你死我活，但对维持关市的态度却如此一致，可见关市不到万不得已是不能关闭的。至于为什么刻有"马邑市"铭文的陶罐很多，可能当时就是用来装酒的。匈奴人爱喝酒，但自己不产，就只能用畜产品来换。我们可以设想：日中击鼓二百下开市，客商和双方民众进入市场，开始交易。经过激烈的讨价还价，双方都换得自己满意的商品，然后心满意足地在市中小憩，吃吃喝喝。酒足饭饱，等到了闭市时鸣钲也就是敲锣三百下，他们就携儿带女，乘着挤得满满当当的马车或牛车，乘兴而返。这时，不仅互市现场，就连整个马邑城也都充满了祥和、安宁的气氛。

还是那轮月，还是那座城。月上城头，照出马邑的古老，也投射出几分静谧与安详。从三国到北朝后期，尽管战事频仍，但马邑的这种互市从来没有停止过。虽然时间不能确定，间隔有长有短，但因为各族都有需要，谁也离不开互市，所以一有机会，互市就会继续，为战乱中的古城带来几分和平的气息。至于互市的物品，仍然以绢马贸易为主，只是少数民族对中原的手工艺品、生活用品的需求大增，这从内蒙古各地出土的大量精美手工艺品就可以得到佐证。马邑曾出土了一件精美绝伦的西汉青铜雁鱼灯，但那究竟是自用还是出口商品，而且是不是马邑本地生产的，目前还都是未解之谜。

到了隋代，开展边地互市已成为重要的国家政策。还是那轮月，还是那座城。马邑交易中心的地位更加巩固，互市的规模更大，而交易的内容也大大增加。像马匹这种价值较高的商品，由于交易双方对价格有分歧，于是就出现了交易中介人——牙人，又称牙子、市侩，由他们两边说合，最后确定一个双方都能接受的价格。同时由于参加交易的人分属不同民族，彼此语言不通，通译也就是翻译这样的新职业也随之出现，使互市时的场面变得更加热闹。然而，很多人互市越玩越老练、越成熟，不但会利用互市牵制对方，甚至用互市做幌子，设下圈套引诱对方上钩。隋炀帝设下的"马邑互市"就是一场大骗局，导致马邑城变成了大屠场，这是不幸孤例。但从用来引诱对方的"天子大出珍物""若有来者，即得好物"等说辞来看，当时已有了珍贵的高级奢侈品入市，所以才能诱骗对方上钩。同时，有经验的少数民族也已经不再简单地以物易物，拿东西换东西了，他们开始收取货币，拿去买自己需要的东西；如果没有合适的，就将钱带回去，下次再买。这也从内蒙古地区出土的大量隋代货币得到了印证。

唐代，随着经济的繁荣和社会的安定，互市贸易已经逐步定型，政府采取了一系列管理措施以确保互市的正常进行。还是那轮月，还是那座城，马邑成为事关国家大计的重要边贸中心。当时唐与突厥、回纥都有规模极大的绢马贸易，每年输入的马达到十万匹，而输出的丝绢数量竟然有四十万匹。如此巨大的交易，必须有固定的交易场所，而马邑就是其中著名的一处。政府派专人在马邑收马、验马，并负责将验收合格的马赶回内地。当时政府规定：沿边进行的互市，不但有专门的机构负责，而且检查督促都很严格；市场本身要有围墙，有墙当然就有门，设专人把门；交易的贵重商品还须由官方确定价格，交易才能进行。唐代中期以后，交易物品出现了重大变化，就是茶叶成为主要出口商品，因此边贸也由绢马贸易改成茶马贸易。由于商品经济有一定发展，所以互市时也出现了新的情况：那就是对输入输出的商品，有了更高的质量要求，分类和分级也变得更细，但随之而来的贸易纠纷也开始增加。一些狡诈的汉族商人用假冒伪劣商品欺诈对方，当时回纥人就投诉唐人用来换马的丝绸缺尺短寸、又稀又薄，质量很差。但反过来回纥和突厥给唐的马匹中也有很多老弱病残，不堪骑行。这种双方对着干的局面持续了一段时间，最终两败俱伤，对谁都没有好处，于是双方都自我约束，改变了互相欺诈的情况。不过，总体来说，当时市场交易的秩序还是不错的。从出土文书看，对互市时的欺诈行为，官府查究得很严，而且判案时没有种族歧视，打赢官司的既有汉族，也有少数民族。

马邑成了互市重点，当然就必须有相应的设施，如客栈、货栈、餐饮等服务设施，以及道路、关隘等，需要时还能提供车辆、搬运等服务，这些都促进了马邑经济的繁荣。此外，数量较大的输出商品，如果能在马邑当地生产当然就更好了，这样可以大大节省物流成本，于是马邑的手工业就有了大的发展。名将尉迟敬德是锻铁匠人出身，他锻出的铁器应该就有很多是互市交易的商品，因为当时少数民族对铁器的需求量很大，以致有时候中原政府会限制铁器出口，以制约少数民族。

五代到宋朝再到辽代，秦月照旧朗朗，汉关仍然巍巍，而马邑作为边贸中心的地位依然没有改变。不同的是，以往马邑在中原政权管辖下，但此时却属于辽国，辽宋间贸易频繁。开泰三年（公元1014年），辽专门设立转运使，并在马邑设置榷场，与宋朝进行贸易往来。辽向宋输出马、羊、骆驼、盐、皮毛等，而从宋输入茶、瓷器、漆器、药、丝绢、书籍等。双方也都有禁令，宋方禁铜、铁、矾、米、私茶和《九经》以外的书籍入辽，而辽也禁止军马、牝羊和粮食入宋。但除榷场外，民间私下进行的贸易却难以禁绝：私盐进入宋朝，冲击着宋朝的食盐官卖制度；宋朝禁止铜钱外流，但辽却通用宋钱。值得一提的是，由于贸易的促进，马邑的瓷器生产也具有了一定规模，瓷器变成马邑互市中自产自销的一项重要商品。元代的情况没有大的改变，而马邑一带的商品生产上了一个新台阶。煤已经成为重要的燃料而得到普遍推广，同时元政府还在马邑设织染局，生产棉麻纺织品。1992年在朔城区出土一批瓷器，包括高足青花杯、绞胎瓷碗、青釉刻花盘、白釉高足杯等。这批瓷器保存完好，制作精良，其中绞胎瓷碗更是难得的珍品。同时，朔州一带还出产高质量的黄酒，并得到威尼斯旅行家马可·波罗的高度赞赏。这些都为马邑的互市贸易提供了更雄厚的基础。

随着边贸的不断发展，贸易双方的生活习惯也发生了大的改变：汉民开始爱上蒙古风味的饮食，如奶茶、羊肉，而蒙古族人也喜欢上煮浓茶、饮烈酒；人们的穿戴也日益接近，皮袄、皮帽成为双方的共同喜好；喇嘛教也逐渐影响到马邑当地的宗教信仰，马邑出土的鎏金铜造像中，有相当一部分都是有关喇嘛教的。

总之，绵亘上千年的马邑互市，沟通了沿边境各方各族的经贸往来，促进了各方的经济发展。更重要的是，它融化了各族间的仇恨隔阂，成为许多少数民族融入中华民族大家庭的重要催化剂，具有十分重要的历史意义和现实意义。

今天的朔州市朔城区，就是历史上有名的重镇马邑，富山富水富文化是其真实写照。

组织编写一本关于马邑历史文化书籍的想法，是在从事文物旅游工作后产生的。

2012年4月28日，马邑博物馆建成开放，更觉得这个想法有付诸实践的迫切性。2013年9月，陕西历史博物馆研究员王世平先生来朔辅导博物馆讲解员时，那种对马邑历史文化的熟知与赏识，让我们深为折服。

文化这个东西，正如余秋雨先生所说的："我们想用文字来定义它，这就像要把空气抓在手里，除了不在手里，它无处不在。"确实，"在这个世界上，没有别的东西比文化更难捉摸"。

马邑文化也是一样。三国张辽"步卒八百破敌十万"的霸气，唐朝马神张万岁养马的传奇，后唐名将周德威"虎帐夜谈兵"的惬意，北宋安德裕父子三年双中状元的佳话，明初马邑大移民的恢宏，清代翰林张炜增补《三字经》的胆识，清末榜眼王赓荣横溢的才华……尽管都已成过往，但他们展现的性格以及所蕴藏的精神，却是马邑文化的精髓所在，也是我们应当继承和弘扬的重点。

基于这样的考量，我们从重要人物与重大事件入手，来发掘马邑文化这一"富矿"，且把它定名为《走读马邑》。我们深知这有以偏概全之嫌，决意以后从游读、赏读方面予以弥补，但这又是后话。

眼下，经过三年的努力，我们业已挖掘整理出部分"资源"。陕西历史博物馆研究员王世平先生、大同大学辽金文化研究所杜成辉博士怀着一颗眷恋之心，不惜浓墨重笔，对马邑的历史人物、事件作了有见地的剖析；山西省内画坛知名人物亢佐田、王学辉、李江鸿等诸位先生挥毫泼墨，淋漓尽致再现了历史人物与事件的风貌；著名书法家、篆刻家何永泽先生不吝宝墨，题写书名；我的大学同窗、现山西大学历史文化学院院长、教授郝平欣然作序；朔城区文物旅游局赫志刚、温江鸿俯首案头数月之久，或编撰，或注释，或校正，或勘误，或书法，或作画，丰富了书稿内容。付梓之时，对各位的付出一并致谢！

秉承先辈精神力量，增强马邑文化的自觉与自信，激发建设美好家园的巨大正能量，是我们组织编写和出版《走读马邑》的不变初衷。

朔州市朔城区文物旅游局　杨永胜

二〇一六年元月二十六日